Os Donativos Empresariais e o seu Tratamento Fiscal

Os Donativos Empresariais e o seu Tratamento Fiscal

Daniel Martins Geraldo Taborda

2011

OS DONATIVOS EMPRESARIAIS E O SEU TRATAMENTO FISCAL

AUTORES
Daniel Martins Geraldo Taborda
EDITOR
EDIÇÕES ALMEDINA, S.A.
Rua Fernandes Tomás nºs 76, 78, 80
3000-167 Coimbra
Tel.: 239 851 904 · Fax: 239 851 901
www.almedina.net · editora@almedina.net
DESIGN DE CAPA
FBA.
PRÉ-IMPRESSÃO
AASA
IMPRESSÃO E ACABAMENTO
PAPELMUNDE, SMG, LDA.

Maio, 2011
DEPÓSITO LEGAL
327849/11

Apesar do cuidado e rigor colocados na elaboração da presente obra, devem os diplomas legais dela constantes ser sempre objecto de confirmação com as publicações oficiais.
Toda a reprodução desta obra, por fotocópia ou outro qualquer processo, sem prévia autorização escrita do Editor, é ilícita e passível de procedimento judicial contra o infractor.

BIBLIOTECA NACIONAL DE PORTUGAL – CATALOGAÇÃO NA PUBLICAÇÃO
TABORDA, Daniel Martins Geraldo, 1976-
Os donativos empresariais e o seu tratamento
fiscal. - (Teses de doutoramento)
ISBN 978-972-40-4482-8
CDU 658
      657

Para o Vasco

NOTA PRÉVIA

Esta publicação corresponde a uma versão reduzida e adaptada da dissertação de doutoramento em Gestão de Empresas, área de especialização em Finanças, apresentada à Faculdade de Economia da Universidade de Coimbra, sob orientação do Professor Doutor António Martins, e intitulada "Determinantes dos Donativos das Empresas Portuguesas – Análise Particular do seu Tratamento Fiscal". Foi publicamente defendida em 2 de Junho de 2010, tendo sido aprovada com distinção e louvor.

O texto original, concluído em Dezembro de 2009, sofreu algumas alterações, em particular ao nível da revisão bibliográfica, da análise e tratamento dos dados e da actualização de algumas normas legais que, entretanto, foram reformuladas.

Assim, omitiu-se a revisão de literatura relativa à identificação e caracterização das variáveis utilizadas nos modelos explicativos e a parte do tratamento estatístico, assente na metodologia dos dados em painel, aplicada a uma amostra de dados de empresas portuguesas disponibilizados pela Direcção-Geral de Informática e Apoio aos Serviços Tributários (DGITA). Trata-se de uma parte nuclear da dissertação, mas a sua complexidade e especificidade determinaram que se optasse por um resumo das conclusões gerais obtidas.

Acresce a conformação do texto com as alterações contabilísticas e fiscais, operadas pelo processo de normalização de contabilística, que entraram em vigor em 1 de Janeiro de 2010.

Por fim, reforço o meu profundo agradecimento, verbalizado no texto original da dissertação, a todos os que me acompanharam neste caminho.

PREFÁCIO

Na literatura económica e na discussão política existe, há muito tempo, uma questão fulcral relativa ao papel das entidades empresariais: devem estas organizações buscar apenas o lucro dos seus investidores ou existem objectivos sociais mais amplos que devem nortear o comportamento dos gestores que as administram?

As respostas têm variado. O conhecido *dictum* de Milton Friedman, segundo o qual *"the business of businesses is business"*, marcam um dos extremos deste debate, ao sustentar que, cumprindo a lei, o objectivo de uma empresa será a maximização da riqueza dos accionistas. As actividades filantrópicas seriam, caso este assim o entendessem, levadas a cabo pelos investidores a título individual. Não deveriam pois os gestores extravasar o objectivo de gerir as empresas procurando a rendibilização do capital e envolverem-se em causas filantrópicas para as quais não estariam mandatados.

No outro extremo situam-se os defensores da responsabilidade social das empresas. Para estes uma entidade empresarial tem obrigações para com a sociedade e não apenas relativamente aos investidores. Entendendo estas organizações como entidades que interagem constantemente com a sociedade através de relações com trabalhadores, clientes, fornecedores, Estado, investidores e outras partes interessadas (*stakeholders*), esta corrente defende que os gestores devem procurar avaliar o impacto das suas decisões num contexto mais vasto do que o simples reflexo na riqueza dos accionistas.

Este vivo debate tem sido ainda condimentado pela teoria da agência, a qual analisa, entre outros assuntos, as relações de poder entre accionistas e administradores no âmbito das modernas sociedades de capitais, onde se verifica a separação entre propriedade e administração. É que, argumenta-se, muitas vezes as actividades filantrópicas das sociedades são baseadas nas preferências dos gestores, visando aumentar o seu prestígio, e não se enquadram no mandato que receberam dos accionistas.

Em suma a filantropia empresarial pode, num extremo, ser vista como uma actividade que extravasaria as competências dos gestores, delapiando recursos dos investidores. No outro será encarada com um objectivo nobre da actividade empresarial, ampliando o papel social das organizações empresariais, e legitimando mais vincadamente a prossecução de outros objectivos, tais como a rendibilização do capiatl investido.

Em países como os Estados Unidos, os exemplos recentes de Bill Gates e Warren Buffet mostram que a filantropia tem vindo a ganhar relevo e visibilidade. A motivação para dar algo em troca do que se recebeu ao longo de uma vida (*give back to society*) parece estar em crescendo, e até se pode afirmar que as actividades filantrópicas vão sendo geridas de forma cada vez mais profissional.

Num tempo em que os Estados carecem de recursos para sustentar financeiramente muitas actividades que lhes são imputadas, a filantropia ou mecenato empresarial têm um fértil campo de actuação potencial.

A meu ver, a perspectiva que limitaria a filantropia empresarial em virtude do conflito potencial entre gestores e investidores está ultrapassada. Tenho como certo que o capitalismo constitui, até hoje, o sistema que mais tem contribuído para a prosperidade económica mundial. Todavia, não é menos certo existirem áreas que, não interessando ao investimento privado no sentido de rendibilizar capitais, e sendo os recursos do Estado limitados, sempre haverá boas razões para a filantropia empresarial se envolver em causas que contribuam para minorar as desigualdades geradas pelo sistema económico, e fomentar certas áreas negligenciadas pela actividade empresarial.

A intervenção social das empresas está assim cada vez mais legitimada. E devendo os accionistas cuidar da avaliação das causas apoiadas, pode afirmar-se que existem mecanismos para tal apropriados.

A investigação científica sobre esta matéria, para além da análise dos factores que induziriam actividades filantrópicas, tem procurado testar empiricamente que tipo de características ou atributos das empresas estariam relacionados com um incremento da actividade mecenática. Assim, o tratamento fiscal dos donativos, o tipo de actividade das empresas, a dimensão e outras variáveis explicativas têm vindo a ser testadas, existindo já um vasto acervo de estudos empíricos que abordam a questão.

Entre nós, a discussão científica da filantropia, numa perspectiva económica e, sobretudo, a análise empírica sustentada em bases de dados com dimensão apreciável, não são ainda temas muito explorados.

Orá é um importante contributo para esta análise que o livro de Daniel Taborda, que muito me honra prefaciar, vem falcultar ao leitor.

Resultando da tese de doutoramento que apresentou na Faculdade de Economia da Universidade de Coimbra, onde obteve o merecido êxito, o autor vem agora trazer a um público mais vasto o resultado do seu trabalho.

Assim, na primeira parte da obra, discutem-se as correntes analíticas que abordam a questão da responsabilidade social das empresas, confrontando pontos de vista e discutindo amplamente a questão de saber se a responsabilidade social conflitua com o objectivo da rendibilização do capital investido ou, bem ao contrário, pode ser complementar desse desiderato.

A segunda parte, apresenta-se uma análise estratégica da filantropia, concentrada na inclusão do mecenato em aspectos mais vastos da actuação empresarial e trazendo à colação o *marketing* de causas como sustentáculo da filantropia.

Na terceira parte, Daniel Taborda analisa, em primeiro lugar as formas que o Estado pode usar para incentivar as actividades filantrópicas. Ocupa aqui naturalmente, o elemento tributário um lugar de destaque. Como bem se sabe, o tratamento fiscal dos donativos constitui tema bem caro a quem estuda a filantropia empresarial e seus factores determinantes. Ainda nesta parte são apresentados de forma acessível ao leitor, o resultados do vasto trabalho estatístico que a dissertação continha, e que agora se circunscreveu, a fim de os divulgar de forma mais simples.

Por fim, na quarta parte, desenvolve o autor uma larga análise do tratamento fiscal dos donativos em Portugal. Nela é abordado o enquadramento do donativos dos vários impostos do nosso ordenamento tributário. Em todos os casos o autor descreve soluções vigentes e aponta limitações ou lacunas que, se colmatdas, podem melhorar a coerência global do regime.

O livro que ora se dá à estampa contribui, e de forma bem significativa, para uma melhor apreensão de uma tema entre nós ainda pouco investigado. O conhecimento das variáveis que influenciam os donativos das entidades empresariais é um elemento que os decisores políticos podem usar para melhor definirem formas de intervenção do Estado relativamente ao mecenato.

A percepção empirica das motivações filantrópicas no mundo empresarial português é outra das importantes linhas de análise que o livro oferece ao leitor. Por tudo isto, trata-se de obra valiosa que vem dar ao estudo do mecenato empresarial um forte estímulo. E cumpre assim a Universidade um dos seus importantes papéis: produzir conhecimento sobre um tema actual e pertinente, que seja depois levado a um público mais vasto.

Coimbra, Março 2011.
ANTÓNIO MARTINS

RESUMO

A concessão de donativos pelas empresas é uma modalidade filantrópica que tem merecido o financiamento do Estado. Concretiza-o através do reconhecimento de benefícios fiscais aos mecenas que apoiam actividades socialmente relevantes, prosseguidas por determinadas entidades tipificadas na lei.

Grande parte destas entidades inclui-se no terceiro sector. Este sector privado não lucrativo reforça os laços sociais, desenvolve o sentido de responsabilidade cívica e de pertença e fortalece o pluralismo. A prossecução do interesse colectivo legitima o seu financiamento público. A política fiscal desempenha um papel central na subsidiação indirecta do terceiro sector, por natureza menos intrusiva e mais consistente com a sua independência, o que justifica uma análise do regime do mecenato à luz das motivações dos mecenas.

Sob a perspectiva do sector empresarial privado, que atribui donativos e usufrui dos inerentes benefícios fiscais, importa compreender quais as razões que subjazem a esta opção. Vista como uma actividade discricionária da empresa, o debate sobre a concessão de donativos desenvolveu-se em torno da escolha entre a protecção dos interesses dos titulares do capital e a responsabilidade social das empresas. Os donativos constituem um instrumento de demonstração explícita pública do empenho da empresa no domínio social e podem assumir uma dimensão estratégica. A literatura recente sustenta que concorrem para a legitimação da empresa, reforçam a sua reputação e promovem a satisfação dos stakeholders.

Neste trabalho, apresentam-se as diferentes perspectivas teóricas em torno da concessão de donativos empresariais e as tendências mais recentes deste fenómeno e sintetizam-se as conclusões gerais da análise empírica de dados relativos a empresas portuguesas. Com base nos resultados obtidos, designadamente na elasticidade rendimento e na elasticidade preço dos donativos, descreve-se e comenta-se criticamente o regime fiscal dos donativos vigente em Portugal, procurando contribuir para a melhoria da política fiscal no âmbito do mecenato.

ÍNDICE

NOTA PRÉVIA	7
PREFÁCIO	9
RESUMO	13
ÍNDICE	15
LISTA DE SIGLAS	17

1. INTRODUÇÃO — 19

2. A RESPONSABILIDADE SOCIAL E A GESTÃO ORIENTADA PARA OS STAKEHOLDERS — 31
2.1. A ética empresarial e a responsabilidade social — 31
2.2. A performance social — 38
2.3. A teoria dos stakeholders — 40
2.4. A responsabilidade organizacional para além do cumprimento da lei — 45
2.5. Objectivos organizacionais complementares ou conflituantes? — 47

3. OS ASPECTOS ECONÓMICOS E AS TENDÊNCIAS RECENTES DA FILANTROPIA — 55
3.1. As motivações filantrópicas — 55
3.2. A filantropia estratégica — 64
3.3. O marketing de causas: uma modalidade filantrópica? — 74

4. AS POLÍTICAS PÚBLICAS E A FILANTROPIA — 81
4.1. O Estado e o terceiro sector — 81
4.2. As despesas públicas e os donativos: o efeito *crowding-out* — 91
4.3. Os modelos da maximização dos lucros e da maximização da utilidade dos gestores — 97
4.4. As perspectivas sobre a aceitação fiscal dos donativos — 104
4.5. Síntese dos resultados empíricos — 109

5. O TRATAMENTO FISCAL DOS DONATIVOS EM PORTUGAL 115
5.1. O mecenato e os benefícios fiscais 115
    5.1.1. Os desagravamentos fiscais 117
    5.1.2. A derrogação do sistema de tributação-regra 124
    5.1.3. A despesa fiscal 133
5.2. A dedutibilidade dos donativos em sede de IRC 138
    5.2.1. Enquadramento geral 138
    5.2.2. A relevância fiscal dos gastos em IRC 141
    5.2.3. Os donativos como liberalidades 150
5.3. As principais alterações produzidas pelo regime do mecenato previsto no EBF 156
5.4. O regime do mecenato em sede de IRC 161
    5.4.1. A relação entre os donativos mecenáticos e os patrocínios 161
    5.4.2. Análise das entidades donatárias e das actividades apoiadas 169
    5.4.3. O mecenato para a sociedade de informação 195
5.5. O regime do mecenato em sede de IRS 200
5.6. O tratamento dos donativos em sede de IVA 211
5.7. O tratamento dos donativos em sede de IS e (ainda) a avaliação dos donativos em espécie 218
5.8. O mecenato científico 225

6. CONCLUSÕES GERAIS 231

BIBLIOGRAFIA 245

LISTA DE SIGLAS

CIMI	Código do Imposto Municipal sobre Imóveis
CIMT	Código do Imposto Municipal sobre as Transmissões Onerosas de Imóveis
CIRC	Código do Imposto sobre as Pessoas Colectivas
CIRS	Código do Imposto sobre as Pessoas Singulares
CIS	Código do Imposto do Selo
CIVA	Código do Imposto sobre o Valor Acrescentado
CPPT	Código de Procedimento e de Processo Tributário
CRP	Constituição da República Portuguesa
CSC	Código das Sociedades Comerciais
DGITA	Direcção-Geral de Informática e Apoio aos Serviços Tributários
EBF	Estatuto dos Benefícios Fiscais
INE	Instituto Nacional de Estatística
LGT	Lei Geral Tributária
NCRF	Norma Contabilística e de Relato Financeiro
OCDE	Organização para a Cooperação e Desenvolvimento Económico
PME	Pequenas e Médias Empresas
POC	Plano Oficial de Contabilidade
SNC	Sistema de Normalização Contabilística
STA	Supremo Tribunal Administrativo
TCA	Tribunal Central Administrativo
UE	União Europeia

1. Introdução

Nos EUA, Canadá e Reino Unido e, mais recentemente, na Holanda, Alemanha, Austrália e Rússia, a literatura tem-se debruçado sobre a filantropia empresarial, concretizada pela atribuição de donativos. Porém, em Portugal, não abundam estudos que a tenham por objecto.

A compreensão das razões que estão subjacentes à filantropia empresarial suscita especial interesse num quadro em que se atribuem responsabilidades sociais às empresas e, paralelamente, se assiste a uma proliferação de iniciativas de apoio à comunidade. Seja por razões estratégicas, económicas, de responsabilidade social, de maximização da utilidade dos gestores ou de protecção fiscal que as organizações atribuem donativos, a verdade é que o Estado português tem estimulado estas despesas, quando canalizadas para actividades específicas prosseguidas por determinadas entidades.

A acção social do Estado, dificultada no capítulo do fornecimento de serviços públicos por força das limitações orçamentais, tem vindo a ser complementada e, nalguns casos, substituída pela iniciativa do terceiro sector (sector privado não lucrativo), cujo financiamento assenta não só nas transferências públicas directas, mas também nos donativos atribuídos pelo sector privado. É precisamente para fomentar este comportamento que o Estado consagra benefícios fiscais aplicáveis às empresas que apoiam determinadas instituições, cujo interesse público da sua actividade justifica que aquele participe de forma indirecta no seu financiamento, abdicando da receita fiscal inerente.

A relutância que por vezes existe em pagar impostos, assente na impossibilidade de os cidadãos vislumbrarem uma contrapartida directa do seu esforço, é suprimida pela vantagem de poderem acompanhar a actuação das entidades do terceiro sector e de seleccionarem as suas causas preferidas, retirando satisfação do seu contributo para o bem-estar geral.

O conhecimento dos factores que influenciam os donativos facilita a captação de fundos pelas instituições do terceiro sector, garantindo a sua viabilidade económica e capacidade de intervenção. Compreender o papel que o preço dos donativos desempenha no respectivo montante, bem como na apreensão dos motivos que estão na base do comportamento filantrópico empresarial, é fulcral na definição da política fiscal.

A filantropia, cuja origem etimológica deriva do grego, significando amor pelo Homem, enquadra-se na filosofia do humanismo moderno e, contrariamente à caridade, que é mais individualizada e casuística, visa criar oportunidades de desenvolvimento. A verdadeira filantropia almeja a erradicação das causas que justificam a caridade. Não se confina a um conjunto de contribuições fugazes e fortuitas que, movidas por uma lógica estritamente assistencialista, criam uma cultura de dependência.

O mecenato é mais orientado para o apoio da cultura, ciência e educação. Confunde-se frequentemente com a filantropia, mas o seu escopo é mais circunscrito e direccionado, constituindo uma forma de a concretizar. Está associado à oferta de bens e serviços de natureza pública, ou semi-pública, intimamente relacionados com causas "nobres". A expressão "mecenato" deve-se a Caio Mecenas, nascido por volta de 70 a.c.. Foi um colaborador próximo do Imperador César Augusto e era um homem de grande fortuna, notabilizando-se pelo apoio a diversos projectos culturais, designadamente às obras de Horácio, de Propércio e de Virgílio.

É comum que a filantropia apareça associada ao espírito empreendedor que privilegia a quantificação dos resultados sociais das suas acções, rejeitando, por regra, programas sociais exclusivamente assentes na "caridade desresponsabilizante", tais como apoios ocasionais ou aleatórios. Destacamos a *Fundação Rockfeller*, instituída em 1913, que financiou projectos na área da educação e da saúde (contribuiu para a cura da febre-amarela e conduziu à revolução verde na agricultura), a *Fundação Ford* e a *Fundação Carnegie* (criadas em 1936 e 1911, respectivamente), apelidadas por Arnove e Pinede (2007) de "*Big Three Foundations*". Apesar das suas especificidades, a actuação destas instituições converge num denominador comum: a eficácia social. Esta preocupação está bem vincada na obra de Carnegie ("Wealth", que remonta a 1889), onde exaltava outros milionários a colocarem as suas fortunas em prol do bem comum, não sob a forma de caridade, mas sob a forma de filantropia, ou seja, promovendo o desenvolvimento efectivo dos destinatários. Atente-se no legado de um dos Rockfellers que, nos anos 60, exortava à mensuração dos resultados das acções sociais: a expressão *"venture-philanthropy"*, da sua autoria, foi recuperada por vários autores, reportando-se às exigências da acção filantrópica no plano da eficácia social.

Um exemplo actual de dedicação ao desenvolvimento humano foi distinguido, em Dezembro de 2006, com o prémio Nobel da Paz: Muhammad Yunus. Este economista fundou, em 1976, o *Grameen Bank* na Índia, que começou por ser uma organização não governamental e, em 1983, formalizou-se como banco, especialmente vocacionado para conceder crédito a pessoas carenciadas (em particular mulheres), que não conseguiam satisfazer as necessidades de financiamento dos seus projectos empresariais. Foi pioneiro no microcrédito, que consiste em emprestar pequenos montantes a pessoas mais desfavorecidas, que, fruto da sua condição, viam negado o acesso ao crédito. O apoio de projectos produtivos, que de outra forma não seriam concretizáveis, constitui um caso exemplar de cidadania empresarial. Combate a pobreza e a exclusão social e, simultaneamente, incentiva a poupança, o emprego, o empreendedorismo e a independência profissional.

A filantropia é muitas vezes exercida através de entidades do terceiro sector. Estas instituições funcionam como intermediários que recolhem donativos e os afectam à prossecução de actividades socialmente relevantes. Para além dos argumentos económicos tradicionais, designadamente as vantagens propaladas pela teoria dos custos de transacção na selecção e operacionalização da canalização de fundos, as regalias no plano fiscal e regulatório e os sinais positivos enviados aos outros agentes económicos, importa trazer à discussão factores de ordem psicológica e sociológica (Bilodeau e Steinberg, 2006). Neste contexto, emergem as teorias da motivação baseadas nas necessidades, em particular a da hierarquia das necessidades de Maslow que, depois da satisfação das necessidades primárias (fisiológicas e de segurança), identifica a categoria das necessidades secundárias que agrupa, por ordem decrescente de importância, as sociais ou de associação, de estima (*status* e reconhecimento social) e de realização.

É, assim, admissível que os indivíduos prefiram exercer a sua generosidade em conjunto com outros que partilham os mesmos valores e sentido cívico, construindo e sedimentando relações sociais e satisfazendo necessidades de associativismo e de aceitação e aprovação sociais. As entidades do terceiro sector surgem como um agente aglutinador, que reforça a identidade e o sentimento de participação e de pertença dos indivíduos. Paralelamente, facultam às pessoas a possibilidade de evitarem contactos directos com os destinatários finais dos donativos, mantendo o anonimato.

Em Portugal, o terceiro sector, considerando as suas vertentes cooperativa e social, abrange, para além das cooperativas e das instituições dos subsectores autogestionário e comunitário, todas as entidades sem fins lucrativos, autónomas do Estado, que prosseguem fins de solidariedade social. Mas não é fácil delimitar as suas fronteiras[1].

O que se reputa útil reter neste trabalho é que, nos últimos anos, se assistiu à reemergência do terceiro sector, equiparado ao conjunto de entidades que, muito embora tenham uma natureza heterogénea, não são públicas e, também, não são privadas lucrativas. Esta reafirmação beneficia das relações, de natureza diversa, que o terceiro sector, animado pela solidariedade privada[2], estabelece com o Estado, enquanto agente promotor do interesse público. Sandfort (2008) agrupa estas relações em três tipos: complementaridade, suplementaridade e factor de mudança. Ou seja, para além de partilharem com o Estado a prossecução do bem-estar, cooperando, concorrendo, ou, inclusivamente, substituindo a sua intervenção directa em áreas para as quais estão mais vocacionadas, as entidades do terceiro sector funcionam como agentes de transformação social, modificando as percepções dos cidadãos, influenciando as decisões políticas e encorajando o comportamento cívico.

---

[1] Este facto é agravado pelo uso, indiscriminado, de várias expressões na literatura. Santos (1999:15) dá nota que "em França é tradicional a designação de economia social, nos países anglo-saxónicos fala-se de sector voluntário e de organizações não lucrativas, enquanto nos países do chamado Terceiro Mundo domina a designação de organizações não governamentais".

[2] Casalta Nabais (2006a:629) esclarece que "a solidariedade pode ser entendida quer em sentido objectivo, em que se alude à relação de pertença e, por conseguinte, de partilha e de corresponsabilidade que liga cada um dos indivíduos à sorte e vicissitudes dos demais membros da comunidade, quer em sentido subjectivo e de ética social, em que a solidariedade exprime o sentimento, a consciência dessa mesma pertença à comunidade".

Drucker (1993) anteviu que as necessidades sociais agrupar-se-iam em dois vectores: a ajuda humanitária e os serviços destinados à comunidade. O primeiro vector radica nos excluídos sociais e desamparados que, desde sempre, despertaram sentimentos altruístas; o segundo, mais recente, ainda que não dispense o humanismo, baseia-se na prestação de serviços na área social (o aumento do número de idosos e de famílias monoparentais, entre outros factores, contribui para o seu crescimento). Referindo que os resultados dos governos no campo da acção social ficam aquém dos obtidos pelas entidades independentes sem fins lucrativos, Drucker defende a subcontratação dos seus serviços pelo Estado. Estimular a criação de organizações no sector social constitui uma medida que concorre para um desempenho mais eficiente do governo, reforça a cidadania e renova o espírito comunitário.

Os indivíduos exercem a sua cidadania participando activamente no sector social, geralmente pela via do voluntariado e da concessão de donativos, realizando assim as suas aspirações de compromisso, de pertença e de contributo para a comunidade. Procurando apoio, mais uma vez, nas palavras de Drucker (2003:186), "diferentes sociedades e diferentes países vão seguramente estruturar o sector social de modo totalmente diferente (...). Contudo, todos os países desenvolvidos necessitam de organizações comunitárias no sector social, independentes e autogovernadas – para providenciar os serviços comunitários indispensáveis, mas, acima de tudo, para restabelecer os laços de comunidade e o sentimento de cidadania activa. Historicamente, a comunidade era uma fatalidade. Na sociedade e na política pós-capitalistas, a comunidade tem de se tornar um compromisso". Para além de reconhecer que a sobrevivência do capitalismo depende da resolução de problemas estruturais, tais como a pobreza do terceiro mundo, as desigualdades e discriminações sociais, a violência étnica e civil e a deterioração do meio ambiente, com consequências positivas na expansão do próprio mercado, Drucker propõe que o capitalismo seja um meio para atingir um fim mais virtuoso: a efectivação do bem-estar geral, conseguida de forma responsável e partilhada.

De facto, o interesse próprio (*self-interest*) puro leva ao desrespeito dos direitos dos outros, prejudicando a troca, o mecanismo central da economia de mercado. Para Kolm (2006a), a reciprocidade pode ser vista como um substituto do mercado, mas é, fundamentalmente, um suporte do mercado. Ou seja, reconhece que a reciprocidade subjacente ao acto de doar pode ser uma alternativa à economia de mercado, mas acentua que o funcionamento desta depende da reciprocidade. A concepção do mercado como uma instituição que assenta numa base de confiança e de solidariedade corresponde à sua formulação inicial. A sua dinâmica é condicionada pelos sentimentos morais dos indivíduos. Bruyn (1999) destaca que Adam Smith e outros precursores da economia de mercado propuseram, justamente, uma "economia moral".

Para se conseguirem acordos e soluções eficientes exigem-se concessões recíprocas e um espírito colaborante. Por outro lado, o papel correctivo das falhas de mercado, desempenhado pela reciprocidade, complementa o sector público, que, normalmente, exerce esta função de forma centralizada e autoritária (Kolm, 2006a). Neste contexto a filantropia empresarial é uma variável-chave. No seu estado mais puro, consubstancia-se numa responsabilidade discricionária da organização que envolve escolhas na afectação voluntária dos seus recursos com o propósito de contribuir para o desenvolvimento social, entendido num sentido amplo.

Ao longo das últimas décadas, as organizações incorporaram a preocupação de investirem na sua dimensão social, sem estarem exclusivamente concentradas na maximização da remuneração dos seus sócios, o que potenciou o financiamento de actividades e de projectos comunitários. De acordo com o princípio do benefício, o fornecimento de recursos públicos e a definição de políticas de estímulo por parte do Estado (infra-estruturas, educação da força de trabalho, incentivos, entre outros), que criam um ambiente propício ao desenvolvimento das empresas, têm subjacente um contrato implícito cuja contrapartida se reconduz ao apoio à prossecução do bem-estar colectivo.

A legitimação das organizações sob o ponto de vista social passa pelo estreitamento do fosso entre as expectativas da comunidade e a sua actuação, alicerçadas numa mensagem de compromisso social contínuo e permanente. Nesta medida, Palazzo e Richter (2005) identificam quatro instrumentos fundamentais para a legitimação social de uma organização: filantropia (caricaturada pela frase "fazer bem e recompensar a sociedade"); promoção da colaboração e participação dos stakeholders[3]; divulgação de informação relativa às práticas socialmente responsáveis

---

[3] Trata-se, segundo Freeman (1984:46), de "qualquer indivíduo ou grupo de indivíduos que podem afectar ou ser afectados pelo cumprimento dos objectivos da organização".

adoptadas e em fase de preparação e, por fim, auto-regulação (formalização de códigos de conduta aplicáveis às organizações que, voluntariamente, se agrupam em associações promotoras de práticas de responsabilidade social).

Com efeito, o poder das empresas não é apenas económico, é também político e permite-lhes rivalizar com diversos Estados na cena internacional, em particular quando estes são economicamente débeis e têm grandes fragilidades no fornecimento de serviços públicos. As multinacionais, por via da acção filantrópica, suplementam e, em alguns casos, substituem a acção social dos Estados, garantindo a sua participação na definição das políticas sociais, humanitárias e ambientais. Ou seja, auto-regulam-se e desempenham um papel-chave na organização política e económica dos países, zelando, naturalmente, pelos seus próprios interesses. De facto, para além de o poder das empresas não lograr passar o teste da legitimidade democrática, não se pode esquecer que a sua visão e grau de intervenção nas questões sociais são condicionados pela relação que estabelecem com o cumprimento dos seus próprios objectivos, nem sempre coincidentes com o interesse público.

Assim, não é despiciendo o facto de a responsabilidade social organizacional não ser exercida sob um mandato democraticamente atribuído, elemento que legitima a actuação do Estado, o guardião do interesse público. Este problema é potenciado pelo fenómeno da globalização, que cria condições para que as grandes empresas exportem a sua dimensão social para países estrangeiros, influenciando o seu desenvolvimento através da filantropia.

Haley (1991) defende que, quando as empresas actuam no mercado externo, os donativos podem funcionar como um instrumento de apoio às subsidiárias estrangeiras, acelerando a sua aceitação junto da comunidade. Os resultados de Brammer et al. (2009) sugerem que a política filantrópica desempenha um papel estratégico, uma vez que limita o grau de exposição das empresas aos riscos sociais, económicos e políticos advenientes da internacionalização. Confirmaram que o nível de donativos concedido pelas multinacionais é maior nos países que enfrentam graves problemas sociais e políticos. Também Smith (1994) e Burlingame e Smith (1999) constataram que os fundos, anteriormente destinados ao país de origem, vêm sendo reafectados para novos mercados geográficos, por força do fenómeno da internacionalização direccionado para economias emergentes, onde o impacto destas iniciativas é mais expressivo (ainda que, naturalmente, devam ser tidas em consideração as especificidades do contexto sociocultural). Independentemente das razões que a sustentam, o problema que emerge da globalização filantrópica prende-se com a real intenção que poderá estar na base deste comportamento empresarial: a capacidade de influência nos governos nacionais.

Tal não obsta a que a responsabilidade social das empresas acarrete vantagens para a comunidade. Atente-se, por exemplo, na resposta das organizações às catástrofes naturais, através de contribuições monetárias e em espécie e auxiliando directamente os seus funcionários. Os resultados de Bin e Edwards (2009) realçam o apoio efectivo e o empenho comunitário das empresas na sequência do Furacão *Floyd* na Carolina do Norte em 1999. Muller e Whiteman (2009) efectuaram um estudo comparativo sobre o nível de envolvimento das grandes empresas globais em três recentes calamidades mundiais (o *tsunami*, em 2004, o furacão *Katrina* e o terramoto de *Kashmir* em 2005). Segundo estes autores, as 500 empresas da *Global Fortune* (EUA, Europa e Ásia) contribuíram com cerca de 1,2 mil milhões de dólares para estes desastres naturais. Detectaram um "efeito proximidade" no volume de donativos, isto é, as empresas direccionaram as suas contribuições para as catástrofes mais próximas da sua sede, ou de locais onde estão presentes, denotando sentido de responsabilidade para com a comunidade envolvente e uma procura de resultados tangíveis para os seus esforços.

A ampliação da área de intervenção das empresas não invalida que as despesas inerentes sejam concebidas como um investimento e não apenas como filantropia pura, com um cunho exclusivamente altruísta. Funcionam também como moeda de troca para a tranquilidade social, como instrumento de promoção da imagem da empresa no seu meio envolvente e, ainda, como escudo capaz de absorver um eventual impacto social negativo futuro, susceptível de mediatização, fruto dos ecos que os "casos empresariais" têm na comunicação social[4].

---

[4] Por exemplo, a *Coca-Cola* beneficiou do seu envolvimento com a comunidade quando, em 1999, enfrentou acusações de racismo por alguns funcionários descontentes. Os líderes da comunidade negra vieram publicamente manifestar o seu apoio à empresa, por sempre ter revelado um comportamento contra a discriminação.

Esta última ideia está em sintonia com a posição de Godfrey (2005) e de Stole (2008). Para estes autores, o investimento social condiciona a percepção que os stakeholders têm do carácter da organização, operando como um seguro que amortece eventuais penalizações futuras. Este escudo é eficaz, assegurada que seja a apreensão da genuinidade ou virtuosidade do investimento social, já que a sua natureza eminentemente instrumental pode ter reflexos contraproducentes. Neste sentido também se manifestam Brammer e Pavelin (2005), para quem as actividades sociais protegem o capital reputacional da organização de potenciais perdas que derivam de um comportamento socialmente incorrecto sancionado pelos stakeholders, e Fombrun et al. (2000), que assinalam a importância da constituição de um *stock* de capital reputacional, cuja acumulação deve preceder o despontar de uma crise, sob pena de os seus danos serem irreparáveis[5].

O capital reputacional de uma organização é um activo intangível que depende em grande medida do nível de confiança e de apoio concedido pelos seus stakeholders. Fombrun e Shanley (1990) encontraram uma relação positiva entre a reputação organizacional e o nível de donativos atribuídos e, bem assim, a instituição de uma fundação pela empresa. À semelhança de Hess et al. (2002) e de Williams et al. (2005), Brammer e Millington (2005a) argumentam que a reputação de uma organização pode ser consolidada por via da participação em actividades filantrópicas, e que os donativos podem desempenhar um papel determinante na gestão dos stakeholders.

O compromisso das organizações com a prosperidade social inclui actividades filantrópicas; políticas de redução dos impactos ambientais; preocupação com a higiene e segurança; marketing responsável; intro-

---

[5] Deephouse e Carter (2005) destacam que a principal diferença conceptual entre a legitimidade e a reputação organizacional, que têm muitas dimensões em comum, reside no facto de a primeira estar mais relacionada com a aceitação social das organizações, fruto do seu compromisso com as normas e expectativas sociais. A reputação tem vindo a ser utilizada para estabelecer comparações entre organizações, podendo incluir, entre outros atributos, o grau de adesão às normas sociais. Em sentido aproximado, Sirsly e Lamertz (2008) argumentam que, quer a legitimidade, quer a reputação, são aferidas pelos stakeholders, mas a primeira tem como padrões as vantagens sociais que gera, e a segunda assenta em critérios comparativos entre as organizações.

dução de práticas de *empowerment* nos funcionários e criação de igualdade de oportunidades de emprego, entre outras (Fombrun e Shanley, 1990, Brammer e Pavelin, 2006, Welford et al., 2007). Segundo Hall (2006), a própria filantropia empresarial não se esgota na concessão de donativos, assumindo outras vertentes, nomeadamente projectos conjuntos com a comunidade, marketing de causas, parcerias com o sector não lucrativo, patrocínios e programas de voluntariado.

A cidadania empresarial revela um nível de compromisso social que transcende as expectativas da sociedade em relação ao comportamento da organização. É um conceito mais amplo que concentra no seu seio a filantropia e outros programas voluntários, habitualmente de protecção social (educação e saúde) e ambiental (Gardberg e Fombrun, 2006), apoderando-se da posição central, outrora ocupada pelas expressões "responsabilidade social" e "gestão dos stakeholders" (Logsdon e Wood, 2002, Matten et al., 2003).

Contudo, ainda que também reconheçam a natureza mais lata da responsabilidade social, Campbell et al. (2002) fazem notar que perspectivar a concessão de donativos como a expressão de uma atitude socialmente responsável decorre da sua facilidade de mensuração, o que explica a sua popularidade nos trabalhos académicos. É uma dimensão da performance social das empresas que permite estabelecer comparações, medindo a "generosidade relativa", geralmente obtida pelo quociente entre os donativos e os resultados líquidos antes de impostos (Muller e Kolk, 2009).

À semelhança de Adams e Hardwick (1998:642), para quem "o que motiva os membros do órgão de gestão de uma organização a conceder donativos discricionários é uma questão de considerável importância", e de Campbell et al. (1999:376), que afirmam que "dada a potencial importância das decisões filantrópicas nas empresas, nas organizações não lucrativas e na sociedade em geral, é fácil compreender por que esta área merece investigação", Brammer e Millington (2004:1412) argumentam que determinar as motivações que estão na base dos donativos é um assunto que se reveste de grande utilidade, porquanto constituem "um excelente mecanismo através do qual se observa e analisa o *interface* entre stakeholders, estratégia e responsabilidade social". Buchholtz et al. (1999), conscientes do impacto da filantropia empresarial na sociedade, questionam as discrepâncias no comportamento filantrópico das organizações. Observam que o conhecimento dos factores que explicam por que empresas de dimensão comparável apresentam montantes de donativos tão diversos é, ainda, superficial e insuficiente.

Assim, e em face das questões conceptuais e empíricas que têm emergido na investigação sobre o tema, este trabalho pretende contribuir para o conhecimento dos factores que condicionam a política filantrópica empresarial em Portugal, analisando mais aprofundadamente os factores fiscais. Trata-se de um tema compósito, multifacetado e fronteiriço, com ramificações em diferentes áreas científicas. Para que os objectivos sejam atingidos, é composto por duas partes principais: uma de enquadramento teórico do tema; e outra que versa sobre a política fiscal portuguesa relativa ao mecenato, examinando, em pormenor, os incentivos fiscais aplicáveis aos sujeitos passivos de IRC, tendo como matriz o financiamento público de determinadas actividades e instituições, que, regra geral, se incluem no terceiro sector.

Na primeira parte, a atribuição de donativos é contextualizada na teoria dos stakeholders e na teoria da agência, com referências à performance social das organizações, à filantropia estratégica e ao marketing de causas. A influência do factor fiscal na concessão de donativos e as conclusões gerais da análise empírica, baseada numa amostra de dados de empresas portuguesas, são apresentadas. Abordam-se, ainda, as inter-relações entre os sectores público, privado lucrativo e privado não lucrativo, enfatizando as virtualidades deste último.

A relevância fiscal dos donativos enfrenta vários desafios e pode ser equacionada sob diversos prismas, pelo que a segunda parte deste trabalho incide especificamente na influência dos factores fiscais na concessão de donativos empresariais (capítulo 5). Para além de uma descrição detalhada do regime do mecenato em vigor, com maior dedicação às suas implicações em IRC, apresentam-se as razões que permitem caracterizar os donativos como fonte de protecção fiscal, comentam-se criticamente os limites da sua aceitação e os seus meios de promoção, enquadram-se algumas das tendências filantrópicas internacionais na legislação vigente em Portugal e sistematizam-se as opções da política fiscal nesta matéria. Tendo por base a relação estabelecida entre a taxa de IRC e o nível de donativos mecenáticos, bem como a análise do regime fiscal dos donativos empresariais, extraímos conclusões e recomendações que podem contribuir para o aperfeiçoamento da política fiscal no âmbito do mecenato empresarial em Portugal.

2. A Responsabilidade Social e a Gestão Orientada para os Stakeholders

2.1. A ética empresarial e a responsabilidade social
No quotidiano das empresas existem situações que envolvem dilemas éticos de difícil superação. Discernir entre o que é ou não correcto, tendo como pano de fundo um conjunto de valores socialmente aceites, dificulta a tomada de decisão, procurando-se minimizar os efeitos negativos indesejáveis que, subrepticiamente, podem emergir das várias alternativas[6]. Por exemplo, comercializar um medicamento a um preço acessível, contribuindo para a sua democratização, poderá induzir a selecção de fornecedores que operam num país com uma legislação ambiental ou laboral menos restritiva.

Muitos destes dilemas éticos envolvem uma escolha entre o bem-estar social e o da organização, pelo que padronizar comportamentos organizacionais em torno do que é melhor para a sociedade, sem comprometer a missão central da empresa, surge, neste contexto, como uma tarefa de difícil prossecução. Tal não obsta a que, actualmente, as organizações

---

[6] Acompanha-se, globalmente, o entendimento de Epstein (1989), segundo o qual a ética organizacional deve ser vista como uma reflexão esclarecida e sistemática, baseada em valores sociais geralmente reconhecidos, no significado moral das instituições num determinado momento e em políticas e comportamentos dos indivíduos e das organizações no decurso normal das suas actividades. De acordo com Reed (1999), o discurso ético perspectiva a moral ao nível do potencial de validade universal das normas. As normas morais emergem de um consenso racional, representando um interesse generalizado dos que por estas são afectados e que são chamados a participar na sua construção, interpretação e transformação.

venham adoptando políticas que previnam comportamentos perversos, nomeadamente prejuízos ambientais, desrespeito pelos direitos humanos (*Nike* e *Levis*) e práticas fraudulentas (patentes nos recentes escândalos contabilísticos protagonizados pela *Worldcom, Adelphia Communications, Global Crossing, Homestore.com, Livent Inc., Tyco, Conseco, Sunbeam, Enron, Xerox, Parmalat*, entre outras).

No plano organizacional, o esforço da ética empresarial e da responsabilidade social é comum, o que, aliado à multidimensionalidade dos conceitos, gera alguma complexidade. Dahlsrud (2008) analisou 37 definições de responsabilidade social, oriundas de 27 autores de várias nacionalidades e concebidas durante o período compreendido entre 1980 e 2003. As suas conclusões sugerem que as diversas noções de responsabilidade social são consistentes com cinco dimensões: económica, social, ambiental, voluntária e gestão de stakeholders. Argumenta que a heterogeneidade conceptual não é um problema, colocando o desafio na compreensão da forma como o conceito de responsabilidade social é construído num contexto específico e do modo como influencia a estratégia organizacional. Também Matten e Moon (2008) defendem que os significados e acções associados à responsabilidade social variam de país para país e, mais do que procurar definições universais, importa sistematizar e compreender as razões dessas diferenças.

De uma forma genérica, a responsabilidade social de uma organização é concretizada pela incorporação de preocupações sociais no seu processo de tomada de decisão, considerando os diversos interesses dos stakeholders e comprovando que o seu compromisso não se circunscreve ao cumprimento das obrigações económicas ou legais. Segundo a Comissão Europeia (2001), a responsabilidade social tem vindo a ser definida como a "integração voluntária de preocupações sociais e ambientais por parte das empresas nas suas operações e na sua interacção com outras partes interessadas". Brammer e Pavelin (2006) sublinham que o envolvimento voluntário das organizações na solução de problemas sociais é um aspecto presente em múltiplos enunciados do conceito de responsabilidade social, propostos na literatura e adoptados por diversas instituições.

As consequências da actuação da organização no ambiente externo, com o qual interage e, portanto, influencia, têm de ser quantificadas e devem funcionar como um *input* para a tomada de decisão. Não basta que as empresas sejam internamente eficientes (*doing things right*); é necessário que saibam relacionar-se harmoniosamente com o seu ambiente externo e contribuam para o bem-estar social (*doing the right thing*). Parafraseando Varadarajan e Menon (1988), *doing better by doing good*. De facto, numa óptica em que as organizações são entendidas como sistemas abertos, o processo de interacção com o meio envolvente reveste-se de grande importância, pelo que se torna premente adoptar medidas de avaliação que não estejam estritamente confinadas à expressão do grau de cumprimento dos objectivos económico-financeiros.

Wartick e Cochran (1985) apontam duas premissas de natureza ética sobre as quais assenta o conceito de responsabilidade social: a outorga de um contrato social pelas organizações, conformando o seu comportamento com o desenvolvimento da sociedade, e o seu contributo para o reforço dos valores sociais, assumindo um papel de "agentes morais". Em sentido diferente, aponte-se a tese de Friedman (1962, 1970), segundo a qual as organizações são construções legais, logo moralmente neutras. Este argumento invocado por Friedman parece ignorar que as organizações são compostas por pessoas. Como nota Eisenberg (1998), não é admissível que os membros dos órgãos de gestão, quando assumem funções numa organização, sejam encorajados a tornar-se amorais. Nem sequer é razoável exigir-lhes que subordinem a sua actuação exclusivamente a critérios de maximização de lucros, atribuindo-lhes a obrigação de justificar todo e qualquer comportamento à luz deste primado. Paralelamente, este autor sustenta que algumas condutas dos gestores, sendo aparentemente contrárias à maximização dos lucros, vêm, depois de uma análise mais detalhada, mostrar-se consistentes com este princípio. Um exemplo deste comportamento vislumbra-se em muitas actividades filantrópicas. Como realça Eisenberg (1998:16), "frequentemente uma empresa pode conseguir maiores lucros aparentando ser filantrópica, do que aparentando que os está a maximizar".

A premissa de que os indivíduos agem para maximizar a sua utilidade, e em que os seus comportamentos encontram total explicação na racionalidade materialista das escolhas, está tacitamente enxertada nos diversos campos da ciência económica. Reconhecendo que o interesse próprio materialista é a perspectiva de análise mais comum, Fehr e Schmidt (2006) e Fong et al. (2006) defendem que esta hipótese, rotineira e irrestritamente seguida por muitos economistas, tem vindo a revelar-se demasiado simplista e redutora. Os seus fundamentos ideológicos contrastam com os resultados de trabalhos das duas últimas décadas, que evidenciam que muitas pessoas agem para agradar aos outros e se movem pelo sentido de justiça e de reciprocidade. A investigação em torno da teoria dos jogos, através de experiências de laboratório controladas, sugere que há outras razões de natureza emocional que comandam o comportamento das pessoas e que há uma influência recíproca entre actores eminentemente egoístas e outros com diferentes motivações. A interacção entre estes dois grupos de actores induz alterações comportamentais mútuas. A inclusão da reciprocidade enriquece os modelos económicos em muitos aspectos, nomeadamente nas relações de troca dos mercados, comportamentos de grupos (com especial enfoque na família e nas empresas), finanças públicas e economia normativa (Kolm, 2006b).

Acresce que a prosperidade social deve ser considerada no leque de objectivos organizacionais, sob pena de provocar o próprio colapso do sistema económico-social. Mintzberg et al. (2002:73) sufragam esta ideia, declarando que "a prosperidade não é apenas económica (...). Tem de ser também social e isso depende da distribuição. A prosperidade real combina desenvolvimento económico com generosidade social".

Diversas correntes de análise têm contribuído para que a actuação das organizações esteja vinculada ao bem-estar social, aduzindo argumentos normativos (habitualmente sob a égide da ética aplicada às organizações), associados à teoria do contrato social (a utilização de recursos colectivos por parte da organização legitima que as reivindicações sociais sejam satisfeitas, em sintonia com o princípio da reciprocidade) e à teoria dos stakeholders[7], identificando-se no âmbito desta

---

[7] Em traços gerais, esta teoria preconiza que a empresa deve encarar os seus ambientes interno e externo como um vasto conjunto de stakeholders, que, para além dos sócios, inclui muitos interessados numa organização, daí que as suas decisões devam equacionar as repercussões que têm nos vários grupos. Donaldson e Preston (1995) procederam a uma catalogação das diversas abordagens que a literatura tem vindo a fazer da teoria dos stakeholders: normativa (enfatiza a obrigação moral de as organizações agirem em função dos interesses dos seus constituintes), descritiva (explanação do modo de actuação dos gestores e organizações), e instrumental (concentra-se na ligação com a performance económico-financeira). Jones e Wicks (1999) identificaram duas perspectivas diferentes na investigação da teoria dos stakeholders: a abordagem da ciência social, mais pragmática (descritiva e instrumental) e a abordagem baseada na ética (normativa). Propõem uma visão unificadora,

última uma vertente mais pragmática. É nesta abordagem, mais instrumental, que sobressai a relação entre a performance económico-financeira e a performance social.

Wicks e Freeman (1998) sustentam que a ética empresarial desempenha um papel nevrálgico no âmbito de uma sociedade capitalista, sendo omnipresente nos estudos sobre as organizações, e que deve ser incorporada de forma pragmática nas empresas. Num registo mais pessimista, que vitimiza a organização, posicionando-a como refém, Kapstein (2001) adverte que a ética no tecido empresarial tem sido alimentada pelas reacções das organizações à intimidação que, frequentemente, lhes é infligida pela sociedade civil. Aparentemente voluntária, a ética no sector privado assenta muitas vezes nos receios de críticas da imprensa e de boicote de consumidores, o que se traduz na adopção de medidas desproporcionadas, de que é exemplo a contratação de vice-presidentes para a responsabilidade social. Este autor acrescenta que, neste contexto, a responsabilidade social se torna muito permeável a recessões económicas, em que as preocupações financeiras estão no topo das prioridades.

Numa lógica mais moderada, mas ainda fora da moldura normativa, Pearson (2000) refere que a integridade nos negócios não é impulsionada pelo ideal de fazer o bem – a sua existência advém da necessidade de estabelecer alianças e colaborações de longo prazo, essenciais para o sucesso organizacional. Numa acepção distinta, Oliver (1991) admite que, em alguns casos, a responsabilidade social e a assimilação de critérios éticos não estão relacionadas com comportamentos planeados para obter ganhos. As organizações podem actuar ética e responsavelmente sem esperarem com isto colher benefícios, mas, simplesmente, por rejeitarem outra alternativa.

Para alguns autores, nomeadamente Friedman, arcar com a responsabilidade social traduz-se numa desvantagem competitiva face aos concorrentes que a evitam, em virtude de acarretar custos adicionais para a

---

de natureza híbrida, conciliadora das duas perspectivas de análise: uma teoria dos stakeholders convergente. Esta proposta parece querer realçar a dimensão estratégica da teoria dos stakeholders, expurgando do seu corpo teórico conceitos vagos pertencentes ao domínio da ética, sem, no entanto, esquecer este constituinte essencial.

organização. Por exemplo, não aumentar os preços para prevenir a inflação, ou reduzir o nível de poluição, para além do que a lei requer, subvertem a afectação eficiente de recursos.

Nesta perspectiva, estabelece-se uma relação negativa entre a performance social e o desempenho financeiro, enquadrando o problema como um sacrifício dos resultados financeiros em favor dos resultados sociais e acusando os dirigentes de afastarem a organização da sua trajectória natural rumo à maximização dos lucros.

Friedman (1970) entende que a responsabilidade social extravasa o âmbito dos objectivos organizacionais, devendo ser recentrada para a esfera individual, da dimensão humana. Não contesta que algumas formas de responsabilidade social sejam exercidas pelas empresas, desde que subordinadas ao princípio do benefício próprio. Com efeito, sustenta que boas relações com a comunidade podem atrair e reter melhores funcionários, reduzir os custos dos factores de produção, ou, no caso concreto dos donativos, podem ainda demonstrar a preferência dos sócios em canalizar apoio social através da empresa, aproveitando de vantagens fiscais. Friedman considera que apenas os indivíduos têm uma dimensão moral, rejeitando o mérito das iniciativas empresariais que, sob o chapéu da responsabilidade social, legitimam a afectação de recursos a actividades sociais por parte dos gestores, prejudicando o bem-estar dos clientes, os lucros dos sócios e os salários dos funcionários. Critica o facto de estas acções serem racionalizadas no quadro da responsabilidade social, na medida em que não contendem com o referencial preponderante do interesse próprio, e recusa a ideia de que os donativos cujos proveitos marginais são superiores aos custos marginais tenham uma natureza filantrópica. Sublinha que as actividades que não criam valor para a empresa não se compaginam com a sua missão e, por isto, devem ser evitadas, ainda que reconheça a importância da conformação da maximização de lucros com as regras fundamentais da sociedade, tanto fundadas na lei, como em valores éticos. Levitt (1958:42) comunga da ideia de que a única missão da empresa é gerar riqueza, embora sujeita ao preenchimento de requisitos mínimos de civismo, tais como a honestidade e a boa-fé. Reprova o comportamento das empresas que se envolvem em actividades periféricas, sob os argumentos retóricos e demagógicos da responsabilidade social, podendo degenerar para a procura de "lucros meramente adequados, não máximos".

Esta natural adesão às normas sociais proporcionou que alguns autores, de que constitui exemplo Carroll (1991), vislumbrassem nas palavras de Friedman uma oportunidade de atenuação do desfasamento conceptual entre a lógica da maximização de lucros e a responsabilidade social, permanecendo apenas como ponto de discórdia a componente intrinsecamente altruísta desta última, expressamente repudiada por este autor. Não acompanhamos este esforço de conciliação de visões tão distintas. Nem a responsabilidade social se esgota numa lógica instrumental, que reduz as preocupações sociais ao seu contributo para a maximização de lucros, nem este princípio deve ser visto como o único paradigma da "boa gestão". É certo que, tal como Eisenberg (1998) faz notar, a conduta ética e legal não é inconsistente com o princípio da maximização dos lucros, antes desenha as regras de cumprimento deste princípio. Todavia, tal não significa que todos os comportamentos que não sejam absolutamente coerentes com aquele princípio sejam contrários aos fins da empresa.

Para Friedman, no âmbito de um modelo assente na responsabilidade social, a relação de agência[8] desaparece, centrando-se em torno da seguinte questão: ou o órgão de gestão está ao serviço de causas sociais ou dos interesses dos sócios que o elegem.

A censura acérrima e veemente, protagonizada por Friedman, veio a revelar-se fundamental para o aumento do rigor e da sistematização do debate sobre a responsabilidade social das empresas (Carroll, 1999). Na verdade, as críticas ancoradas na tensão dialéctica entre a responsabili-

---

[8] A relação de agência baseia-se na contratação pelo outorgante principal (sócios) de agentes (gestores profissionais) delegando nestes os seus poderes de autoridade, mediante uma retribuição, com o propósito de valorizar o seu investimento. A perseguição de objectivos pelos gestores que entrem em rota de colisão com os dos sócios pode resultar em conflitos entre as partes, daí que estes tenham de adoptar mecanismos que minimizem um eventual comportamento oportunista por parte dos primeiros, originando os custos de agência. De acordo com Davis et al. (1997), tanto os agentes como os outorgantes principais do contrato de agência são motivados pelas oportunidades de maximizar a sua utilidade, ou seja, os sócios estabelecem sistemas de governação que aumentam os seus lucros e os gestores aceitam gerir os investimentos daqueles, porque lhes parece ser uma boa oportunidade profissional. Para Wang e Coffey (1992:772), "a separação entre a propriedade e o controlo induz a que os gestores ou agentes exibam diferentes interesses, diferentes atitudes face ao risco, e objectivos conflituantes com os proprietários ou outorgantes principais".

dade social e a performance económico-financeira, a par da necessidade de medir a primeira e de a articular com outras áreas organizacionais, impulsionaram e adensaram uma vaga de investigação em torno da performance social[9].

2.2. A performance social

Para Carroll (1979), a performance social das empresas é um conceito tridimensional que incorpora: responsabilidade social (envolve as expectativas económicas, legais, éticas e discricionárias que a sociedade tem das organizações num determinado momento), questões sociais (os temas que mais atraem a atenção das organizações são o ambiente, a discriminação sexual na contratação e a segurança dos produtos) e processos de resposta social (consistem na capacidade de a entidade se posicionar face a pressões sociais, correspondendo à fase de acção da gestão). Daqui se infere que a performance social é um conceito lato capaz de aglutinar a responsabilidade social e todo o amplo espectro de iniciativas e comportamentos organizacionais induzidos pelas normas sociais prevalecentes, recentrando o debate em torno da importância de as organizações "formularem e implementarem objectivos e programas sociais, bem como integrarem uma sensibilidade ética em todos os processos de decisão, políticas e acções" (Carroll, 1991:40).

O modelo proposto por Carroll foi posteriormente desenvolvido e refinado por diversos autores. Vaticinando que este modelo teria um futuro muito promissor, Wartick e Cochran (1985:758) definem-no como "a interacção subjacente entre os princípios de responsabilidade social, o processo de resposta social e as políticas desenvolvidas para abordar questões sociais". Os princípios são os valores que orientam as políticas de responsabilidade social e identificam-se com as quatro dimensões do modelo de Carroll; os processos consistem na resposta da empresa face

---

[9] Husted e Salazar (2006:75), envolvendo-se num exercício teórico especulativo, afirmam que, provavelmente, Friedman e os seus seguidores argumentariam, perante os resultados de alguns estudos que apontam para uma relação positiva entre a performance económico-financeira e a performance social, que "apesar de a performance social poder ser compatível com os lucros sob determinadas condições, não é consistente com a maximização dos lucros e por isto com a criação de valor para os accionistas".

às reivindicações sociais (reactiva, defensiva, de acomodação e proactiva) e as políticas englobam as formas concretas de actuação.

Também Wood (1991:693) reconhece que esta perspectiva integradora representou um avanço conceptual na forma de os investigadores estudarem a relação entre a sociedade e as empresas. Porém, avança com uma outra definição para a performance social: "a configuração de princípios de responsabilidade social, processos de resposta social e políticas, programas e resultados observáveis relativos às relações sociais da organização". Baseado nesta definição e nos contributos de Wartick e Cochran (1985), Wood reconstrói o modelo proposto por Carroll, sem, no entanto, se distanciar dos seus fundamentos. Este enriquecimento traduziu-se na inclusão dos impactos sociais do comportamento organizacional, dos programas organizacionais de implementação de responsabilidade social e das políticas direccionadas para as questões sociais e interesses dos stakeholders[10]. Esta dimensão é susceptível de observação, não se reduzindo a um conjunto de intenções ou percepções, e a "única parte do modelo da performance social onde a performance realmente existe" (Wood, 1991:711)[11].

O incremento da procura de organizações com elevada performance social por "investidores socialmente responsáveis" não reflecte apenas as preocupações sociais destes últimos, mas também a pretensão em reduzir o risco dos seus investimentos e de aumentar a sua valorização. Num quadro que alia preocupações sociais e interesses económicos, é natural que

---

[10] Wood faz notar que os vários stakeholders avaliam a performance social da organização de forma diferente, dependendo não só dos seus próprios interesses, mas também da sua compreensão e aceitação dos princípios de responsabilidade social e da relação que estabelecem com a performance social.

[11] Um outro contributo de Wood prende-se com os três níveis de análise dos princípios de responsabilidade social: ao nível institucional, o princípio dominante é a legitimidade social (a sociedade tem o poder de definir as missões das suas instituições, pelo que as organizações, enquanto instituições sociais, têm a obrigação de cumprir as funções que lhes foram cometidas, sob pena de, no longo prazo, serem sancionadas, perdendo a sua "licença para operar"); ao nível organizacional, o princípio da responsabilidade pública determina que a organização deve contribuir para o bem-estar social, devendo responder por eventuais externalidades negativas, e, ao nível individual, o princípio da gestão discricionária postula que os gestores, ainda que tenham liberdade de escolha, agem de acordo com regras compatíveis com o bem-estar da sociedade, segundo um nível de discernimento pessoal.

estes investidores seleccionem organizações cuja informação reflicta uma atitude socialmente responsável e que, enquanto titulares do capital, incitem a que as práticas de responsabilidade social se perpetuem. Ruf et al. (2001) apontam os investidores éticos para exemplificar que os titulares do capital podem não estar exclusivamente preocupados com a performance económico-financeira da organização, o que contraria a teoria de Friedman. Refira-se ainda que, segundo Scholtens (2006), há uma tendência de a banca avaliar o financiamento de projectos não apenas sob a lente financeira, mas também na perspectiva da performance social.

Em suma, subscrevendo a ideia de Mescon e Tilson (1987), no longo prazo, a integração de programas de performance social no planeamento estratégico da empresa, tirando partido das suas potencialidades enquanto vectores de comunicação com os stakeholders, será mais vantajosa do que tomar medidas reactivas, com inconvenientes gravosos no plano dos recursos despendidos e dos prejuízos causados na imagem da empresa, que, como já foi referido, podem ser irremediáveis.

2.3. A teoria dos stakeholders

A abordagem mais pragmática da performance social, enfatizando a mensuração do impacto da actuação da organização no bem-estar social, bem como a sua relação com a performance económico-financeira, enquadra-se na variante mais progressista da teoria dos stakeholders. A influência da teoria dos stakeholders neste debate está patente nas palavras de Ullmann (1985:543), para quem a performance social se "refere à extensão com que uma organização vai ao encontro das necessidades, expectativas e reivindicações de determinados elementos externos, para além dos que estão directamente ligados aos produtos e mercados da organização".

A teoria dos stakeholders encontra alicerces em muitas teorias económicas, designadamente na "economia dos custos de transacção". Em 1937, Ronald Coase concebeu a génese desta teoria, sugerindo que a integração vertical e a elaboração de contratos entre os agentes possibilitavam uma redução significativa dos custos de transacção no mercado, desempenhando a contratação um papel central na organização económica. Um dos seus corolários é que a razão de ser das empresas consiste em integrar transacções que, quando feitas no exterior, têm custos superiores, por não haver uma afectação de recursos tão eficiente, colocando a tónica na escolha entre os custos de transacção no mercado e o somatório dos custos de organização da empresa com os de internalização da transacção.

Williamson (1985) estabelece uma distinção entre custos *ex-ante*, que incluem os custos em definir e negociar um contrato, protegendo os interesses e respondendo às expectativas das partes e absorvendo as características da transacção, e *ex-post*, que derivam, por exemplo, da revisão do contrato devido a novas circunstâncias, da definição e monitorização das estruturas de governação, do custo do compromisso firmado e de possíveis litígios. Um resultado importante desta teoria é a racionalidade da internalização de algumas actividades que a organização obtém através de um grupo de stakeholders externo, caso os custos de transacção se revelem demasiado elevados (integração vertical). Sob outro ponto de vista, que presta homenagem à importância das partes interessadas, compete a cada empresa identificar os recursos disponíveis no mercado necessários à sua actividade e, face às contingências que não podem ser prevenidas pelos contratos escritos, honrar os contratos implícitos estabelecidos com aquelas.

À luz da teoria dos stakeholders, manter uma relação de proximidade e de colaboração persistente com as partes interessadas, alicerçada numa sólida conduta ética, gera benefícios no longo prazo. Visto noutra perspectiva, a viabilidade da organização ficará ameaçada, caso um grupo de stakeholders, interno ou externo, demonstre insatisfação. Daqui decorre que um dos objectivos principais do governo de sociedades seja não só alinhar os interesses dos gestores com os dos sócios, concretizando a teoria da agência no seu estado mais puro, como também sincronizar o cumprimento da missão da organização com as expectativas dos vários stakeholders. Entre muitos autores, refira-se que a abordagem de Jensen e Meckling, que remonta a 1976, advogou a importância da robustez das relações contratuais da empresa com os seus clientes, fornecedores, funcionários, credores e outros.

Muitas questões emergem da teoria dos stakeholders. Talvez a mais controversa seja a que resulta da constatação de Mitchell et al. (1997). Estes autores detiveram-se nos aspectos pragmáticos da gestão para os stakeholders e depararam-se com o facto de este conceito ter vindo a ser utilizado de uma forma demasiado lata, abrangendo conjuntamente stakeholders a quem a organização deve, de facto, prestar muita atenção e outros de somenos importância[12]. Baseando-se em dois atributos endógenos (poder[13] e legitimidade[14]) e num outro de natureza situacional (urgência ou premência de atenção num determinado momento[15]), descrevem as relações entre a organização e os stakeholders e, suscitada a importância de os mapear e de estabelecer canais eficazes de comunicação, defendem que aqueles a quem a empresa deve dedicar mais atenção são os que detêm simultaneamente os três atributos. Este modelo, fundado na identificação, acompanhamento e interacção dinâmica com as partes interessadas, tem por escopo aprofundar o nível de compro-

---

[12] Também outros autores distinguem os grupos de stakeholders, tendo em conta a sua importância para a organização. Para Clarkson (1995) e Hillman e Keim (2001), os stakeholders-chave, ou primários, constituem um grupo indispensável à sobrevivência e continuidade da organização. Incluem, geralmente, os sócios, funcionários, clientes, fornecedores e governo e a comunidade local que garantem infra-estruturas e mercados e estabelecem a regulamentação legal aplicável à organização. Greenwood (2001) constatou, mediante entrevistas que conduziu junto de gestores australianos, a divergência profunda das suas percepções sobre a comunidade: uns perspectivam a comunidade como o conjunto de funcionários, potenciais clientes e autoridades de regulação, ao invés de outros que vêem a comunidade como um stakeholder específico. Esta separação assume especial interesse quando transposta para os estudos sobre a filantropia empresarial, tornando o apoio à comunidade mais vulnerável às críticas daqueles que não lhe reconhecem o estatuto de stakeholder primário.

[13] Este atributo é consistente com as teorias da agência (os interesses dos accionistas devem ser atendíveis pela organização, dado que estes podem punir ou recompensar os gestores), dos custos de transacção e da dependência de recursos. Esta última teoria postula que estabelecer relações de confiança com os stakeholders que controlam recursos importantes traduz-se numa vantagem competitiva, por força de os custos de transacção envolvidos nas relações de confiança serem mais baixos para as partes contratantes. Dito de outro modo, as empresas reconhecem a sua dependência face ao meio envolvente e empenham-se em estabelecer boas relações com os detentores dos recursos que têm uma importância crítica na sua actividade.

[14] A legitimidade decorre da corrente institucionalista e tem como suporte a existência de stakeholders que impõem regras de actuação. A importância de a empresa ser aceite num determinado grupo ou contexto resulta da ruptura com o modelo burocrático e hierarquizado proposto por Webber. Actualmente, a empresa é parte integrante de uma rede de parceiros, com quem partilha o processo produtivo (atente-se no exemplo da *Coca-Cola* que apenas tem sob o seu controlo directo a fórmula do xarope e a gestão da marca, subcontratando todas as outras fases da cadeia de valor).

[15] O grau de atenção que um stakeholder exige num determinado momento é um atributo cuja pertinência e relevância advêm do facto de reflectir a parte dinâmica do modelo dos stakeholders.

misso destes agentes em torno de um processo de criação de valor para a organização. No entanto, o modelo proposto não incorpora quaisquer atributos dos gestores ou da organização, nem estabelece recomendações de actuação para com os stakeholders, adoptando concepções excessivamente generalistas e vagas.

Jones (1995) também se debruçou sobre as relações de confiança entre a organização e os seus stakeholders, em particular nos problemas que emergem da relação de agência, nomeadamente o esforço despendido pelo outorgante principal em escrutinar as actividades do agente, induzido pelos objectivos conflituantes e pelas diferentes propensões para a assunção de riscos. Estabelece uma ligação entre esta teoria e a dos custos de transacção, com base na evidência de que os custos de transacção incorridos na relação de agência derivam do oportunismo dos agentes[16] e do esforço da outra parte em asfixiar esse comportamento. Frequentemente, este esforço consiste no alinhamento de interesses de ambas as partes, ilustrado pelas *stock options*, que, por vezes, têm o efeito oposto ao desejado, quando despertam nos gestores a prática de actos artificiosos de manipulação da informação, no sentido de inflacionar rapidamente a cotação das acções. De facto, este tipo de remuneração em espécie dos gestores, por definição aleatória e dependente da evolução da cotação das acções entre o momento da atribuição da opção e a data do seu exercício, pode incentivá-los a aumentar de forma aparente a performance da organização, subordinando-a a uma lógica de curto prazo, criando directamente riqueza pessoal.

Jones aponta a cooperação mútua como solução para a redução dos custos de transacção e de agência. Reconhece, porém, que é de difícil prossecução, pois ao comportamento oportunista subjaz a intenção de colher benefícios no curto prazo, ao passo que, geralmente, uma atitude colaborante tende a remeter as compensações para um prazo mais longo. Assim, as pessoas não oportunistas são parceiros desejáveis para estabe-

---

[16] A assimetria da informação entre o agente e o outorgante principal propicia o aparecimento de comportamentos oportunistas no primeiro. Brammer e Millington (2006:6) constatam que "muitos teóricos estudaram a hipótese de a visibilidade da organização concorrer para a redução do grau de assimetria de informação entre os gestores e os stakeholders", e asseveram que as organizações com maior visibilidade pública estão mais susceptíveis ao escrutínio dos stakeholders e, bem assim, a maior regulação administrativa.

lecer relações contratuais duradouras, por força de os custos de monitorização do seu comportamento serem reduzidos.

A transposição desta abordagem feita a um nível individual para um nível organizacional exige o preenchimento do pressuposto de que a conduta de uma organização é identificável com a conduta dos seus gestores que, em nome dela, contratam com os stakeholders. Supõe, também, que estes são capazes de avaliar adequadamente a moralidade dos primeiros. Refira-se, ainda, que Jones reformula a perspectiva contratual avançada por Williamson, porquanto este último separa os gestores da organização. Isto é, a sua abordagem centra-se nos gestores como agentes que outorgam um contrato com a empresa e não os equipara a um grupo específico de stakeholders, que contrata em nome daquela, consigo próprio e com outros grupos de stakeholders. No seu estudo, Jones trata os gestores e a organização como uma única entidade, com o fundamento de que as suas decisões se confundem com a actuação da própria organização.

Wicks et al. (1999) observam que um comportamento oportunista dos gestores para com um grupo de stakeholders produz não só efeitos nocivos nas futuras interacções com esses agentes específicos, mas afectará também as relações com outros stakeholders (*"spillover effect"*). Reconhecendo que a criação de relações firmadas na confiança requer investimento, defendem que granjear um nível de confiança óptimo constitui uma importante dimensão estratégica. O nível óptimo resulta da criação e manutenção de uma relação de confiança estável potenciadora de *goodwill* com a outra parte, mas que, simultaneamente, reflicta um exercício constante de apreciação da sua integridade e idoneidade. Esta abordagem tem muitas afinidades com a cooperação condicional descrita por Fehr e Schmidt (2006), em que a avaliação regular e assídua da actuação do cooperante condiciona o grau de colaboração.

Um dos postulados que emerge naturalmente desta análise, comum a vários autores, é que uma empresa que soluciona os problemas inerentes ao comportamento oportunista nas relações contratuais dispõe de uma vantagem competitiva[17].

---

[17] Apoiando-nos nas palavras de Jones (1995:422), "as empresas que contratam (através dos seus gestores) com os seus stakeholders numa base de confiança e de cooperação mútua terão uma vantagem competitiva sobre as que não o fazem". Este autor exclui a hipótese de com-

O papel soberano que a teoria dos stakeholders representa na gestão está patente no protagonismo da sua retórica na estratégia de comunicação empresarial. O modo como as acções de responsabilidade social são comunicadas é um factor-chave no sucesso empresarial (Sen et al., 2006). Campbell (2007) separa o comportamento socialmente responsável retórico, ou simbólico, do substantivo. O primeiro baseia-se na promoção da imagem pública da empresa, procurando obter vantagens comerciais. O segundo revela uma preocupação efectiva com os stakeholders, afectando recursos organizacionais à satisfação dos seus interesses.

2.4. A responsabilidade organizacional para além do cumprimento da lei

A regulamentação legal, apesar de constituir uma importante componente do governo das sociedades, revela-se, por si só, ineficaz[18]. Os mecanismos codificados não têm uma dimensão moral, fulcral para o fortalecimento da confiança entre os diversos elementos de uma organização. Note-se, por exemplo, que a criação de condições de governação que exijam que os gestores actuem de forma responsável, mas ao mesmo tempo de forma independente, sem temer as ingerências e críticas de outros actores[19], é de difícil regulamentação.

Para Carroll (1991), no plano organizacional, a dimensão ética distingue-se da dimensão legal, por conter princípios não codificados que vão ao encontro dos valores morais da sociedade e das suas expectativas em relação à integridade e idoneidade da organização, contribuindo para a sua legitimidade social. Entendemos que o cumprimento de disposições legais sobre concorrência, segurança, higiene, disposições ambientais,

---

patibilização de uma rendibilidade elevada com atitudes oportunistas. O seu estudo sugere que a performance social de uma organização se consubstancia no fortalecimento das relações de cooperação e de confiança com os seus stakeholders, esperando-se que esteja positivamente relacionada com a performance económico-financeira.

[18] Coutinho de Abreu (2006b:5) define governação (ou governo) das sociedades, como o "complexo das regras (legais, estatutárias, jurisprudenciais, deontológicas), instrumentos e questões respeitantes à administração e ao controlo (ou fiscalização) das sociedades".

[19] Segundo Charkham (1992:9), "o primeiro princípio de uma saudável política de governação empresarial é que o órgão de gestão deve ser capaz de conduzir o negócio ao sucesso, sem sofrer interferências negativas do governo ou de outros órgãos da empresa, receando litígios ou demissões".

laborais, fiscais, entre outras, não deverá ter um excessivo destaque na avaliação da performance social, ainda que seja uma responsabilidade social das organizações. No mesmo sentido, Mcwilliams e Siegel (2001) sustentam que as acções socialmente responsáveis são as que proporcionam o bem-estar social, que estão para além dos interesses da organização e do que é legalmente exigido. Sob este último argumento, rejeitam que a não discriminação de minorias e mulheres seja sintomática da responsabilidade social. Esta última questão adquire uma nova dimensão, quando se verifica que, nas últimas décadas, a legislação tem vindo a incidir sobre matérias que anteriormente eram dadas como exemplos ilustrativos de uma orientação ética por parte das organizações, tais como a regulamentação ambiental, de consumo e laboral.

O cumprimento da legislação é pois uma medida necessária, e não suficiente, no conceito de responsabilidade social. De facto, num Estado de direito, o respeito pela lei é uma questão central, não devendo ser valorizado, apenas sancionado quando não verificado. Esta ideia está, de resto, implícita no pensamento de Carroll quando, num artigo posterior ao que apresentara o modelo piramidal, afirma que "é esperável que as organizações obedeçam à lei, porque a lei é a codificação social dos comportamentos aceitáveis e inaceitáveis" (Carroll, 1991:42). Também Schwartz e Carroll (2003) se detêm na reapreciação da responsabilidade legal, sublinhando a atitude socialmente responsável de algumas organizações no que se reporta à antecipação de alterações legais, de modo a que a sua actuação esteja instantaneamente conformada com a lei, aquando da sua entrada em vigor[20]. Daqui resulta que a responsabilidade social deve ser mais direccionada para uma atitude proactiva da organização face ao bem-estar social (de que constitui exemplo a filantropia).

Outro argumento, que goza de uma aceitação generalizada neste contexto, prende-se com a não interferência da lei nos contratos implícitos estabelecidos entre alguns stakeholders e a organização. A coesão do sistema assenta também em aspectos relacionais (confiança e cooperação), o que anima a tese de que os contratos não formalizados devem ser hon-

---

[20] Na verdade, não é olvidável a falta de tempestividade da codificação legal, verificando-se, não raro, um hiato entre o facto real e a sua regulamentação, ressaltando a importância da conduta ética na dimensão comportamental.

rados. Fundamentando-se na teoria dos custos de transacção, que perspectiva a empresa como uma "coligação de contratos", Cornell e Shapiro (1987) defendem que os interesses protegidos pela organização não se devem confinar aos dos sócios e distinguem entre as demandas explícitas e implícitas dos outros stakeholders. Das primeiras fazem parte as garantias dos produtos e a política salarial e, das segundas, a continuidade no fornecimento atempado de produtos aos consumidores, a segurança de emprego e planos de carreira aos trabalhadores e a participação em projectos futuros aos fornecedores.

Uma das características distintivas das exigências implícitas reside na dificuldade de as converter à forma escrita. Ficam, pois, desprovidas de relevância sob o ponto de vista legal, não implicando responsabilidades jurídicas no caso de serem frustradas. Segundo Cornell e Shapiro (1987), se apenas as reivindicações explícitas forem atendidas pela empresa, os stakeholders não desempenharão um papel relevante. Sob a hipótese de as reivindicações implícitas dos stakeholders serem consideradas pela empresa, as suas remunerações que, por definição, não estão contratualmente fixadas, dependerão das circunstâncias do caso concreto. Debilidades empresariais, incluindo uma situação financeira desequilibrada, poderão desencadear manifestações de vontade pelos stakeholders de substituírem os contratos implícitos por contratos formais, por suspeitarem que, no futuro, os primeiros não serão honrados, o que se traduz em maiores custos. Mais recentemente, Pajunen (2006) também sublinhou que é esperável que o compromisso contratual, tácita ou explicitamente subscrito pelos stakeholders de uma organização, seja cumprido, e que dele fluam benefícios para todos os intervenientes. No entanto, e como já se deixou dito, não há garantias de que o interesse próprio não se sobreponha à lógica mais reflectida de geração de benefícios colectivos, quer por relações formalizadas, quer por relações não codificadas, subvertendo o princípio segundo o qual uma conduta alicerçada em valores éticos conduz a bons resultados económico-financeiros.

2.5. Objectivos organizacionais complementares ou conflituantes?

O fulcro do debate sobre a responsabilidade social, que foi reacendido pelos recentes abalos do mercado de capitais, emerge da controvérsia que envolve os objectivos do exercício da actividade empresarial. Para Amaeshi e Adi (2007), a responsabilidade social empresarial é ainda um conceito contestado, que não está perfeitamente consolidado, encontrando-se num estado de evolução pré-paradigmático. Também Stevelman (2009) aponta a atomicidade das vertentes da responsabilidade social, tornando-o num conceito híbrido, partilhado por vários ramos do saber e em fase de estabilização. Assim, se por um lado, e como já foi referido, grande parte da literatura sufraga a protecção dos vários grupos de stakeholders, influenciada pela (re)emergência da ética organizacional, por outro, a tese de que as exigências dos sócios devem ser prioritariamente satisfeitas pela organização continua a reunir militantes[21]. Por exemplo, para Sundaram e Inkpen (2004), a maximização do valor para os sócios é o objectivo principal de uma empresa. Desde logo porque resulta da lei (é a assembleia geral de sócios que elege os gestores), é a melhor alternativa e é mensurável.

É irrefutável que o postulado da maximização dos lucros é o princípio dominante no direito societário. Fairfax (2006) afirma que tanto os defensores como os detractores da teoria dos stakeholders lhe reconhecem pouca importância na legislação comercial. Primeiro, porque a retórica da teoria dos stakeholders não molda verdadeiramente o comportamento das organizações, funcionando sobretudo como uma forma de comunicação mais conciliadora ou como um instrumento de diálogo, e, em segundo lugar, porque corresponde a uma fase temporária, cujo fôlego advém dos recentes escândalos financeiros.

Segundo Heath e Norman (2004:248), "os accionistas têm o direito de tratar a empresa como um veículo de maximização do retorno dos seus investimentos" e, naturalmente, os gestores têm de aceitar essa pretensão. Mas tal não implica uma visão fragmentária da organização, destituindo os interesses dos outros stakeholders.

---

[21] As recentes críticas à ética e à responsabilidade social das empresas, feitas por diversos autores na revista *The Economist* e em outros meios de comunicação social, foram compiladas por Stoll (2008). A autora entende que esta vaga de ataques é uma resposta ao domínio da corrente que as defende. Ou seja, perante a afirmação desta tendência, os críticos da responsabilidade social esforçam-se por descredibilizá-la junto da opinião pública. De Bakker et al. (2005) procederam a uma análise bibliométrica sobre a investigação em torno da responsabilidade social nos últimos 30 anos. Concluíram que é uma área prevalecente nas ciências da gestão, cuja evolução tem sido marcada pela constante introdução e desenvolvimento de novos conceitos, destacando-se a filantropia empresarial, a performance social, a gestão dos stakeholders, o desenvolvimento sustentável e a cidadania empresarial.

A maximização do valor para o accionista não é incompatível com o respeito e consideração pelas outras partes interessadas. É certo que a teoria dos stakeholders, na sua versão mais pura, poderá ser acusada de coarctar os direitos dos titulares do capital. Mas a pertinência desta objecção tem de ser enquadrada num contexto em que estes ditavam de forma soberana a actuação da empresa, mediante o poder institucionalizado de escolha dos gestores, e, como bem referem Sundaram e Inkpen (2004) e Fairfax (2006), em que a lei consigna a maximização de lucros, como se os sócios fossem os únicos stakeholders. Atente-se que o termo "stakeholder" surgiu com o propósito de sugerir uma analogia entre a relação dos accionistas (*shareholders*) com os gestores e a relação destes com as partes interessadas (Heath, 2006). Este facto é emblemático de que a génese e o processo de implantação da teoria dos stakeholders tiveram como sustentáculo a crítica fervorosa e contundente da ideia generalizada de que uma organização se consubstancia na outorga de contratos bilaterais, restringindo a missão dos gestores à satisfação dos interesses dos proprietários (Velamuri e Venkataraman, 2005). Ora, com base no pressuposto de que as organizações são o produto cumulativo de contratos entre os vários participantes, os seus fins não se esgotam na maximização de lucros, sob pena de a contratação ser exclusivamente bilateral (com os proprietários).

Sundaram e Inkpen (2004) promovem a maximização dos lucros à categoria de "melhor alternativa", invocando cinco ordens de razões: é um objectivo que favorece os outros stakeholders (a distribuição de lucros apenas ocorre depois de satisfeitas todas as outras obrigações, logo as exigências remuneratórias dos sócios estimulam a criação de valor, o que beneficia todos os stakeholders); cria condições para que a gestão assuma riscos (a aversão ao risco dos gestores diminui se estes se esforçarem por responder às exigências dos sócios, prestando mais atenção a novas áreas de negócio e a oportunidades de investimento); é mais fácil transformar os stakeholders em proprietários do que o inverso; no caso de quebra de confiança, os stakeholders têm mais protecção legal do que os sócios (os stakeholders têm normalmente contratos explícitos com a empresa, ao passo que os dos accionistas são implícitos, já que apenas têm acesso aos *cash-flows* residuais, estando menos protegidos sob o ponto de vista legal) e, por fim, estes autores aduzem que ter um objectivo societário concreto e delimitado é preferível a plúrimos objectivos.

Com efeito, é difícil responder a todas as exigências dos vários grupos de stakeholders, muitas vezes conflituantes, conduzindo a indesejáveis ambiguidades na fixação de objectivos. Já foi referido que se um grupo específico de stakeholders dispõe de um poder e capacidade de influência significativos na gestão da organização, os gestores podem ver-se forçados a alinhar o programa de responsabilidade social com os valores desse grupo de stakeholders, desconsiderando os interesses dos outros grupos. Consequentemente, o imperativo de fazer escolhas pode acarretar desvantagens sob o ponto de vista social, por e na medida em que será atribuída aos gestores uma liberdade de acção demasiado ampla, levantando problemas de credibilidade e transparência.

Jensen (2002) também observou que a teoria dos stakeholders, no seu estado mais puro, não oferece critérios objectivos para a resolução dos problemas que recrudescem do conflito de interesses entre os vários grupos de stakeholders, ou do *trade-off* entre a satisfação destes e a criação de valor para os sócios, alertando para os efeitos perniciosos do excesso de margem de manobra dos gestores. Sem medidas de performance objectivas, o órgão de gestão consegue incluir todo o tipo de acções no vasto espectro da satisfação dos interesses dos vários grupos, podendo, na verdade, concentrar-se na prossecução do seu próprio bem-estar, com reflexos no aumento dos custos de agência.

Este veio condutor também foi seguido por Heath e Norman (2004), fundando as críticas dirigidas à gestão orientada para os stakeholders em diversos argumentos. Defendem que se uma empresa opera para além dos seus limites legais, reconhecendo a obrigação de responder a todas as necessidades dos vários grupos de stakeholders, essas exigências, por razões de equidade, serão tendencialmente generalizadas a todas as empresas que operam na mesma indústria, redundando num aumento do nível de regulação governamental do sector. Assim, deve ser dada prioridade aos interesses dos titulares do capital, porque constituem o único grupo capaz de supervisionar e controlar as acções dos gestores, em virtude de não disporem de qualquer contrato explícito que, incondicionalmente, lhes confira o direito aos lucros.

Uma gestão orientada para os stakeholders abre um espaço de actuação demasiado amplo aos gestores, potenciando a satisfação dos seus interesses pessoais sob o argumento legítimo de estarem a atender aos de um qualquer grupo, com consequências na extensão dos problemas de agência a todos os stakeholders. Exige-se aos gestores que aumentem a quota de mercado, garantam que os produtos colocados no mercado tenham qualidade e respondam às necessidades dos clientes, pugnem pela imagem da organização, entre muitos outros. Neste quadro, é possível justificar diversas despesas, argumentando que foram feitas para alcançar determinados objectivos, que não a maximização dos lucros, mas que não estão verdadeiramente desarticulados com o expectável exercício das suas funções.

É verdade que "a teoria dos stakeholders coloca a empresa no seio de uma coligação de interesses no interior ou no exterior da organização que têm exigências conflituosas ou concorrentes" (Brammer e Millington, 2004:1413). Mas não se deve transigir ante o argumento da dificuldade de conciliação de interesses muitas vezes antagónicos. Ainda que demande mais discricionariedade, constitui um desafio que não pode ser subtraído à esfera de competências dos gestores. Entre nós, no âmbito do direito societário, Coutinho de Abreu (2007b:40) parece aderir a esta tese: "quanto maior o elenco dos interesses a considerar e quanto mais difusos e conflituantes eles forem, *maior será a discricionariedade* dos administradores e *menor a controlabilidade* da sua actuação – torna-se mais fácil justificar (apelando a um ou outro interesse) qualquer decisão". Em sintonia com esta posição, Margolis e Walsh (2003) assacam aos gestores a responsabilidade de actuarem perante exigências económicas e sociais rivais.

As dificuldades de mensuração que se deparam à satisfação e coesão dos stakeholders em torno da organização e à consistência entre os objectivos sociais e económicos são assumidas pela literatura. A mensuração da performance social e a sua relação com a performance económico-financeira constituem, verdadeiramente, a questão de fractura entre as diversas correntes doutrinárias, tal como ilustra o estudo de Berman et al. (1999).

Berman et al. (1999) adoptaram duas perspectivas na abordagem da gestão dos stakeholders: o modelo de gestão estratégica ("*strategic stakeholder management model*") e o modelo de compromisso intrínseco com os stakeholders ("*intrinsic stakeholder commitment model*"). No contexto do primeiro, a preocupação do órgão de gestão com os stakeholders é determinada pela percepção de que as relações estabelecidas com estes podem melhorar a performance económico-financeira da organização. No âmbito do segundo, há uma intenção em fortalecer as relações com os stakeholders, aprofundando o nível de compromisso, independentemente do seu contributo efectivo para o desempenho da organização (a vontade clara e incondicional em atender aos interesses dos stakeholders tem repercussões decisivas na formulação da estratégia). Repare-se que esta dupla abordagem deriva da definição bidireccional (de impacto recíproco) avançada por Freeman (1984), ora enfatizando o facto de os stakeholders influenciarem o cumprimento dos objectivos organizacionais (primeiro modelo), ora colocando a tónica na perspectiva de estes afectarem os stakeholders (segundo modelo).

O modelo de gestão estratégica funda-se numa lógica instrumental, em que as relações com os stakeholders são vistas como um meio para atingir o objectivo de maximizar os lucros. De facto, como notam Berman et al. (1999:492), "nesta formulação, a gestão dos stakeholders é parte da estratégia organizacional, mas não a define". Ou seja, os interesses dos stakeholders são considerados na tomada de decisão na medida em que acarretem valor estratégico para a organização. No limite, todos os outros stakeholders estão ao serviço dos accionistas, contribuindo para a maximização dos lucros, o que não difere muito da teoria neoclássica de que Friedman é signatário. Neste contexto, Hemphill (2004) sustenta que a teoria dos stakeholders estabelece um consistente enlace com a teoria económica tradicional, de protecção exclusiva dos interesses dos proprietários, uma vez que não pressupõe a existência de qualquer responsabilidade social para as organizações.

O modelo de compromisso intrínseco com os stakeholders emerge de uma atitude de obrigação moral do órgão de gestão no sentido de os objectivos organizacionais irem ao encontro das aspirações dos stakeholders. Esta abordagem encontra a sua génese na literatura referente à ética dos negócios que prescreve a importância da quantificação do impacto das decisões organizacionais em terceiros. No espectro deste modelo, o valor substantivo dos interesses dos stakeholders é inequivocamente reconhecido.

Berman et al. (1999) concluem que as relações com os stakeholders, sobretudo com os stakeholders-chave (funcionários e clientes), têm um impacto directo na performance económico-financeira. No âmbito do modelo de compromisso intrínseco com os stakeholders, os resultados obtidos não corroboram a hipótese de os seus interesses definirem a estratégia organizacional. Refira-se, no entanto, que os autores do estudo optaram por uma medida da performance organizacional genuinamente financeira, assumindo explicitamente que uma medida de performance mais abrangente poderia validar este modelo. Ou seja, sugere-se que uma abordagem normativa da teoria dos stakeholders (concepção da satisfação dos interesses dos stakeholders como um fim em si mesmo) se depara com sérias dificuldades de aplicação prática quando não prognostica vantagens económicas. Numa linha análoga, Campbell (2006) defende que as condições institucionais, tais como os níveis de regulação da indústria e de monitorização de stakeholders e de grupos de pressão, influenciam a responsabilidade social das organizações, indiciando a existência de uma dinâmica de conflito, negociação e exercício de poder.

Por isto, as relações ambíguas encontradas nos múltiplos estudos sobre a performance social e a performance económico-financeira temperam, ou, em alternativa, agudizam as perspectivas antagónicas em torno da responsabilidade social e da gestão dos stakeholders. Com efeito, o estudo da responsabilidade social tem vindo a ser orientado para a avaliação da performance social da organização e para a captura da relação de causalidade estabelecida com a performance económico-financeira[22]. A natureza pragmática da performance social remove a subjectividade dos julgamentos de ordem moral, típicos do idealismo ético.

A inexistência de uma relação universal entre estas variáveis não rompe com o corpo teórico que preconiza uma ligação proveitosa entre as vertentes económica e social. Demonstra, ao invés, a necessidade de serem consideradas as circunstâncias do caso concreto, nomeadamente a identificação dos objectivos que se pretendem atingir, assumindo, pois, uma natureza contingencial. Assim, importa desenvolver ferramentas e instrumentos de análise que permitam seleccionar investimentos socialmente responsáveis e rentáveis, compreender a melhor forma de a empresa se relacionar com a colectividade e incorporar as expectativas dos stakeholders no processo de tomada de decisão. O ponto de partida para apreender esta relação passa, inexoravelmente, por conceber a empresa como uma constelação de contratos entre diversos participantes.

---

[22] Remete-se o desenvolvimento deste tema para Taborda (2007).

Neste debate, a questão de se saber se o órgão de gestão deve maximizar lucros ou, em alternativa, atender aos interesses dos stakeholders, concretizando a responsabilidade social da organização, tem vindo a perder protagonismo. Estes modelos dicotómicos, alimentados pelas sucessivas críticas investidas na responsabilidade social, de que Friedman foi o principal precursor, cederam em favor de uma lógica aglutinadora. De facto, num quadro em que se atribuem às organizações obrigações sociais que transcendem as suas funções económicas de produção e distribuição de bens e serviços e de criação de um nível de lucros que remunere satisfatoriamente os seus sócios, impõe-se que a performance da organização seja avaliada contemplando estas novas dimensões. Note-se que o equilíbrio entre as medidas financeiras e não financeiras na avaliação da performance constitui a matriz dominante do *balanced scorecard*, uma ferramenta de gestão estratégica muito difundida na última década.

As dificuldades do Estado em satisfazer as necessidades colectivas concorrem para a assunção de responsabilidades sociais pelas organizações. Sentem o dever de ir ao encontro das expectativas dos clientes, criar riqueza e reparti-la, operar em continuidade, incentivar o desenvolvimento dos funcionários, optimizar a afectação de recursos, cumprir escrupulosamente a legislação, robustecer a sua posição no mercado e contribuir activamente para o desenvolvimento da comunidade. Daqui decorre a necessidade de os gestores desenharem uma estratégia que garanta conjuntamente um bom desempenho económico-financeiro e uma resposta adequada às necessidades dos stakeholders. Grande parte da literatura aceita que a responsabilidade social seja uma fonte geradora de valor, não se reduzindo apenas a um acervo de actividades discricionárias financiadas por capital ocioso.

Por outro lado, não é de excluir a contribuição das actividades filantrópicas para a criação de vantagens competitivas. Dado que a performance social é multidimensional, uma análise rigorosa deste conceito reclama uma desagregação em diversos elementos constitutivos. Um deles é precisamente a filantropia empresarial, que tem uma proeminência ímpar neste contexto. Como nota Sharfman (1994), evoluiu de uma actividade ilegal para uma actividade legítima e institucionalizada, tornando-se no eixo mais visível da performance social das empresas. Gan (2006:218) defende que "a filantropia estratégica simboliza os conflitos que os gestores das organizações actuais têm de explorar, compreender e resolver". No próximo capítulo, centrar-nos-emos nas tendências recentes deste fenómeno.

3. Os Aspectos Económicos e as Tendências Recentes da Filantropia

3.1. As motivações filantrópicas

Numa abordagem mais superficial, o estudo da concessão de donativos parece exorbitar das preocupações centrais da ciência económica. Para Schwartz (1968:480), a filantropia consiste numa "transferência de recursos de um doador para um beneficiário, um fluxo voluntário do doador, que não tem qualquer expectativa de contrapartidas, ou de que uma vantagem económica recompense o seu acto". Esta análise não vislumbra qualquer produto consumido pelo filantropo e, no plano organizacional, não preconiza uma afectação de recursos vinculada à maximização de lucros. Assim, a filantropia foi, durante muitos anos, tratada pela ciência económica com displicência.

Décadas depois, esta ideia ainda mantém alguns resquícios. Amaeshi e Adi (2007) constatam que a filantropia desafia frequentemente a lógica económica, derivando muitas vezes da benevolência. Também Andreoni (2006) questiona a forma como a economia aborda a filantropia, confrontando o carácter altruísta desta com os pressupostos tradicionalmente individualistas que suportam a primeira.

Ackerman (1996) nota que as premissas psicológicas e organizacionais e a abordagem metodológica da economia têm vindo a ser reexaminadas, possibilitando alargar o raio de acção desta disciplina para o sector não--económico, abrangendo, por exemplo, o estudo do altruísmo e do empreendedorismo não lucrativo. O altruísmo não é um tema lateral à ciência económica e, como se verá de seguida, tem sido apontado como uma alternativa credível ao interesse próprio, a matriz dominante desta ciência.

Para compreender a filantropia a um nível organizacional, é necessário ter em consideração questões atinentes às motivações dos gestores que, naturalmente, pertencem ao foro individual. Com efeito, o grau de sensibilidade social dos decisores condiciona a actuação filantrópica da organização (Campbell et al., 1999, Sánchez, 2000). Esta relação adquire maior pertinência no caso de a política filantrópica estar sob a égide do poder discricionário dos gestores, pelo que é influenciada por factores como as emoções, crenças e afectos.

A motivação altruísta consubstancia-se no desejo de melhorar o bem-estar alheio. Consiste numa escolha entre o interesse privado e o geral, cuja intensidade é normalmente medida pelo sacrifício pessoal suportado, e posiciona-se no extremo diametralmente oposto ao do interesse próprio. Muito embora o filantropo seja movido por uma amálgama de razões impossíveis de separar, a literatura referente à filantropia individual identifica quatro ordens de motivações na concessão de donativos:

1) Interesse próprio: as pessoas concedem donativos por interesse pessoal, para granjearem prestígio e reconhecimento sociais. A concessão de donativos gera efeitos sociais individuais, de que constitui exemplo a ascensão na hierarquia social, construindo uma aura de generosidade. De acordo com Schokkaert (2006), se estiver latente que as pessoas são movidas por prestígio social, uma boa estratégia das instituições do terceiro sector consiste em disseminar os nomes dos contribuidores, uma vez que este instrumento sinaliza a generosidade, poder e riqueza que eles pretendem publicitar. Conscientes de que a mobilização e captação de apoios demandam algo em troca, estas entidades podem facilitar a ostentação e o exibicionismo, ou o reconhecimento social, que, em alguns casos, subjazem ao acto de doar. Segundo Glazer e Konrad (1996), algumas pessoas revelam maior predisposição para conceder donativos no caso de a sua generosidade ser do domínio público, relegando para segundo plano o seu efectivo contributo para o bem-estar geral.

O interesse pessoal está subjacente noutras decisões de concessão de donativos, em particular nos casos em que o benefício da oferta supera o seu custo. Tal resulta da exploração da generosidade da outra parte, em que é esperável que o valor a receber exceda o valor da oferta, ou da sinalização de *goodwill*, promovendo o início ou a consolidação de uma relação profícua (selar um acordo, aumento da confiança, etc.). O seu valor monetário e simbólico testemunha a intensidade do desejo de estabelecer a relação. A ideia de "forte reciprocidade" enquadra-se no interesse próprio, uma vez que, como nota Kolm (2006a), a acção de dar depende da ameaça de não receber, e está profundamente associada a um relacionamento condicional, predominando motivações consequencialistas.

2) Reciprocidade: corresponde a uma relação bilateral, isto é, o sacrifício suportado por uma parte é acompanhado pelos benefícios extraídos pela outra. Ambas as partes que intervêm no processo de troca têm a ganhar, e estão conscientes de que o ganho de todos os participantes é condição necessária para a continuidade do processo. Pode ser vista como uma forma de cooperação, contrária ao individualismo, em que o ganho do recipiente virá, mais tarde, produzir vantagens para quem inicia a relação. Difere do interesse próprio, porque, segundo Kolm (2006b), o envolvimento na relação de troca poderá não ter o intuito de iniciar ou dinamizar um processo interactivo de dar e receber. Pode apenas ser impelido pela demonstração de generosidade e gratidão, balanceamento de posições, obediência moral, ou revelação de sentimentos positivos, configurando uma acção livre da análise custo-benefício que caracteriza o interesse próprio. Sacco et al. (2006) utilizam a expressão "razões comunicacionais" para exprimirem a necessidade de relacionamento dos indivíduos. Rotemberg (2006) destaca que as relações de proximidade, que se estabelecem entre algumas pessoas autenticamente altruístas, podem envolvê-las num processo interdependente, ou seja, numa sucessão continuada de actos de benevolência confundível com uma relação de reciprocidade.

A reciprocidade pode assentar no tratamento dos outros de forma igualitária e proporcional. Kolm (2006a) salienta que é na ideia de reciprocidade que os sistemas políticos do Estado Providência são desenhados. Atente-se, por exemplo, nas relações intergeracionais patentes nos sistemas de pensões contemporâneos e no financiamento de programas de protecção ambiental, em que os cidadãos aceitam transferências para determinados grupos, porque sabem que a hipótese de um dia fazerem parte destes é elevada. Constitui, por isso, uma força de interacção social que mantém o sistema coeso e pacificado. Sobre esse assunto, Kolm (2006a:388) afirma que "a vida em sociedade, de facto, pode ser vista como sendo, primeiro que tudo, uma rede densa de reciprocidades de vários tipos".

Em suma, a reciprocidade assume formas que variam entre o interesse próprio e o altruísmo puro, agrupando-se as várias causas em três grandes classes: iniciar uma sequência de trocas, restringindo-se o acto de dar ao escopo de receber; despertar, mostrar e gerar sentimentos de apreciação em relação aos outros e balancear posições, com base na retribuição por razões de equidade e justiça, repondo a igualdade e liquidando "dívidas morais" (Kolm, 2006a).

3) Adesão a normas e princípios: emerge da ideia de que as pessoas concedem donativos pelo sentido do dever e por pressão social (Schokkaert, 2006). Em relação ao primeiro aspecto, as pessoas sentem no seu íntimo um compromisso com a contribuição, querem obedecer a princípios pessoais e seguir a sua consciência. No que se reporta ao segundo factor, as normas que se impõem ao indivíduo são externas e as recompensas sociais estimulam o seu comportamento. Está relacionado com a necessidade de as pessoas se sentirem apreciadas e não marginalizadas socialmente. Elster (2006) enfatiza que este sentimento pode resultar dos critérios que as pessoas adoptam na avaliação das outras em determinadas sociedades – naquelas em que a preocupação com o bem-estar dos outros está muito enraizada, há incentivos para as pessoas agirem de forma desinteresseira e não oportunista, muitas vezes de forma indistinguível do altruísmo puro, por definição espontâneo e incondicional, mais consistente com uma conduta anónima.

4) Altruísmo puro: reflecte uma genuína preocupação com a situação do outro. É modelizado pela ciência económica através da interdependência de funções de utilidade, ou seja, a utilidade do recipiente integra a função utilidade de quem concede o donativo (Schokkaert, 2006). Smith (2008:51) defende que "dar faz parte da natureza humana; os humanos dão com o propósito de dar, e não para receber. A capacidade de amar os outros é, portanto, uma parte da natureza humana". Acrescenta que, nas relações interpessoais, é necessário dosear o desígnio de amar e servir os outros, com algum sacrifício pessoal, e a maximização da riqueza própria. A literatura recente tem salientado que, embora o *self-interest* seja um postulado hegemónico nos nossos tempos, assente no paradigma do *Homo Economicus*, não se pode omitir a dimensão moral do ser humano. Comungando desta ideia, Bardsley e Sugden (2006), Bergstrom (2006), Platteau (2006) e Smith (2008) observam que o primado do interesse próprio tem vindo a ser questionado nos últimos anos.

Uma acepção mais lata do conceito de altruísmo puro abrange o altruísmo paternalista, em que alguns aspectos concretos da situação do recipiente entram na função utilidade do doador, levando a que sejam seleccionados apoios específicos. O contribuidor identifica, de acordo com os seus valores e preferências, determinadas dimensões na vida do recipiente e impõe que este as desenvolva, canalizando apoio exclusivamente para aquelas, sem atender aos seus gostos (Kolm, 2006a, 2006b). Por exemplo, Ackerman (1996) adverte que uma pessoa pode querer apoiar a educação e recusar-se contribuir para o combate à pobreza; sente que o melhor a fazer é educar as pessoas e empenhar-se no combate ao analfabetismo. Ostrander (2007) observa que os filantropos têm vindo a exercer um maior controlo sobre as suas contribuições, reivindicando informação e garantias sobre o destino e a eficácia de actuação das entidades recipientes. A intensificação da competição entre as instituições do terceiro sector e a consolidação da consultoria profissional em filantropia aumentaram esta supervisão.

A incondicionalidade deste tipo de altruísmo pode ser questionada, originando um "paradoxo hedonista" e, portanto, com características próximas do interesse próprio. Não obstante, a verdade é que o prazer em ajudar o outro é o elemento que lhe confere o carácter altruísta. Sob o ponto de vista técnico, o altruísmo implica que a primeira derivada parcial da função utilidade em ordem aos recursos recebidos pelo recipiente seja positiva (Bardsley e Sugden, 2006), conseguindo-se uma solução paretiana: o donativo traz satisfação a quem dá e a quem recebe.

Afloradas as motivações individuais, é facilmente perceptível que o estudo da filantropia se depara com a análise de razões de diversa índole. Ainda que não haja uma contrapartida directa do donativo, é admissível que o filantropo espere, pelo menos implicitamente, obter vantagens no longo prazo. Esta expectativa de retorno diferido é de difícil captura, já que, como Elster (2006) faz notar, estabelecer a ordem dos factores, descortinar um nexo de causalidade e qualificar o ganho esperado como efeito lateral, ou motivação central, e, simultaneamente, não incorrer no raciocínio armadilhado simbolizado pela falácia *post-hoc, ergo propter hoc*[23], são tarefas complexas.

---

[23] O significado literal desta expressão é: "depois disto, logo por causa disto".

O acto de doar varia desde o mais generoso sacrifício em prol dos outros à instrumentalização de relações e posições sociais, de um acto espontâneo a uma estratégia social ponderada e concertada, de um sentimento de sinceridade a um de hipocrisia. Os benefícios do reconhecimento público, do *status* social, do prestígio e orgulho no acesso a grupos de elite, a necessidade de se ser apreciado e de receber gratidão, os sentimentos de desresponsabilização, de compromisso e de pertença e a importância da ideologia comum e da crença no valor moral da reciprocidade traduzem-se numa miscelânea de razões, impossíveis de decompor com exactidão. Mesmo no plano das relações familiares, Arrondel e Masson (2006) alertam para a existência de motivações eclécticas que acolhem simultaneamente razões altruístas e de troca. Tendo como pano de fundo as transmissões familiares *inter vivos* e *mortis causa*, Cremer e Pestieau (2006) apresentam a seguinte taxonomia: altruísmo dinástico (várias gerações familiares estão ligadas por uma cadeia de transferências, de modo a perpetuar o bem-estar de cada uma delas), utilidade (os pais retiram satisfação das transferências para os seus filhos, quer por sentimentos de virtuosismo, quer por razões paternalistas – desejo de controlar a sua vida), troca (transferências que resultam de um relacionamento estratégico entre pais e filhos, em que os primeiros compensam os segundos pela atenção e carinho que lhes concederam) e acidentais (contrariamente às anteriores, não são transferências planeadas, como ocorre em casos de morte súbita).

Relativamente à filantropia empresarial, Johnson (1966) elenca razões de maximização de lucros e de responsabilidade social. Nesta separação está implícita a tensão dialéctica entre estes dois propósitos, característica da década de 60. Actualmente, mais do que dicotómicos, surgem não raro como complementares, tal como sustenta a filantropia estratégica. Com efeito, Amaeshi e Adi (2007) notam que a própria responsabilidade social tem vindo a ser conceptualizada por via de uma dualidade lógica, isto é, no contexto do racionalismo intelectual (maximização de lucros) ou do racionalismo emocional (benevolência).

Sirsly e Lamertz (2008) defendem que as iniciativas estratégicas no plano da responsabilidade social devem conter três atributos: centralidade ou proximidade face à missão da empresa; especificidade dos benefícios advenientes (capacidade de a empresa capturar ou internalizar os benefícios gerados para a sociedade) e visibilidade para os stakeholders.

Em relação a este último, os autores advertem que a percepção positiva dos stakeholders pode ser controlada pela empresa, asseguradas que sejam determinadas hipóteses. Argumentam que a credibilidade da fonte é essencial para aferir da qualidade do programa de responsabilidade social e do respectivo impacto na reputação da empresa. Por exemplo, a mobilização (automática) dos *media*, que voluntariamente disseminam o programa, afasta o cepticismo dos stakeholders acerca do mérito social da iniciativa. Também Meijer e Kleinnijenhuis (2006) constatam que a comunicação social tem um impacto considerável na reputação das organizações, através da divulgação dos seus êxitos ou insucessos. Sublinham que o efeito da cobertura mediática na reputação organizacional depende da credibilidade de quem critica ou enaltece. De facto, "mais do que fazer apenas o que está certo, as iniciativas estratégicas de responsabilidade social podem ser perspectivadas como recursos raros, valiosos e difíceis de imitar, dotando a empresa de «vantagens de pioneirismo» [«*first-mover advantages*»] que se traduzem em ganhos de competitividade sustentáveis" (Sirsly e Lamertz, 2008:365).

Revisitando o modelo de Carroll (1979), as obrigações que as organizações têm para com a sociedade são catalogadas em categorias económicas, legais, éticas e discricionárias. Esta última dimensão ocupa o último nível da pirâmide no capítulo da responsabilidade social e incorpora as contribuições filantrópicas. A filantropia extravasa, pois, os limites da economia, da lei e até da ética, e encontra a sua justificação no eco do voluntarismo esclarecido da organização em envolver-se em causas sociais.

Num trabalho posterior, Carroll (1991) insere a filantropia empresarial no conceito mais alargado de cidadania, uma expressão que exalta o compromisso com a melhoria do bem-estar social, enraizando-se na moldura de valores, normas e princípios éticos da sociedade. Esta reavaliação conceptual suscitou a reformulação inicial do modelo de Carroll por Schwartz e Carroll (2003), que avançaram com a possibilidade de sobreposição dos domínios económico, legal e ético, por via de um diagrama de *Venn*, ao invés de os disporem numa base piramidal. Para além desta novidade, em vez de quatro domínios, o modelo passou a conter apenas três. A dimensão filantrópica foi-lhe subtraída, sob o argumento de não corresponder a uma verdadeira responsabilidade e de se entranhar na dimensão ética. Aduzem que a emergência da filantropia estratégica atribui à componente filantrópica um cunho económico, deslocando-se de uma dimensão meramente discricionária para uma marcadamente económica.

Independentemente da consistência dos argumentos carreados por Schwartz e Carroll, a filantropia é uma forma de as organizações assumirem ou exibirem publicamente a sua responsabilidade social. Como notam Shaw e Post (1993:745), "discussões acerca da responsabilidade social incluem invariavelmente um debate sobre os esforços filantrópicos das organizações". De facto, nas escalas que têm como propósito aferir da performance social das organizações, nomeadamente o KLD (*Kinder Lidenberg, Domini & Co. Inc.*), EIRIS (*Ethical Investment Research Service*) e TSI (*Total Social Impact Foundation, Inc.*), figura incontornavelmente a política filantrópica como um dos indicadores. Acresce que um dos critérios sociais de acesso ao DJSI (*Dow Jones Sustainability Index*), a par dos económicos e ambientais, é, justamente, a actividade filantrópica.

Sufragando esta tese, o estudo de Cowton (1987) revela que 48% das empresas inquiridas no Reino Unido invocaram razões de responsabilidade social para a concessão de donativos. Meijer et al. (2006), com base num questionário dirigido a empresas holandesas, verificaram que mais de 50% dos respondentes alegaram como principal motivo o envolvimento social (animado por factores idealistas ou éticos) e Sargeant e Crissman (2006) confirmaram que cerca de 83% das empresas australianas elegeram razões de altruísmo ("*good thing to do, irrespective of returns*") para a atribuição de donativos, o que corrobora os resultados da investigação obtidos no mesmo país por Bednall et al. (2001).

Também os resultados do Relatório 2002/Nº 4, do Observatório Europeu das Pequenas e Médias Empresas da Comissão Europeia (2002), demonstram que as três razões apontadas, com mais frequência, para a realização de actividades sociais pelas PME europeias se prendem com a ética (55%), com a melhoria das relações com a comunidade e autoridades públicas (33%) e com o incremento da fidelização dos clientes (26%). Importa, todavia, referir-se que, tal como insinuam Campbell et al. (1999), cuja investigação por questionário também sugeriu que as motivações filantrópicas tinham um cunho marcadamente altruísta, pode haver uma tendência de hiperbolização da generosidade, por se revelar "politicamente correcta". Vislumbra-se a possibilidade real de haver um desfasamento entre o significado da resposta e o que efectivamente acontece (Sargeant e Crissman, 2006).

Haley (1991) colheu na literatura três abordagens dominantes sobre o papel dos donativos: investimentos necessários, concretização da responsabilidade social e maximização dos benefícios dos gestores. A primeira está relacionada com a maximização dos lucros (aumentando receitas, reduzindo custos e explorando vantagens fiscais), a segunda com preocupações sociais das organizações e com a legitimação junto dos stakeholders (em alguns casos, sacrificando os lucros no imediato), e a terceira com a utilidade dos gestores (satisfação que retiram dos donativos organizacionais). Numa linha análoga, Sargeant e Crissman (2006) apontam razões estratégicas, altruístas, de natureza pessoal (dos gestores) e fiscais, e Campbell et al. (2002) agrupam-nas em estratégicas, altruístas, políticas e decorrentes do modelo de utilidade do órgão de gestão, destacando que não é só uma ordem de razões que, isoladamente, determina a concessão de donativos.

Também Gan (2006) considerou as hipóteses de as organizações concederem donativos por motivos estratégicos, respondendo a pressões políticas e do público em geral, ou, em alternativa, por razões de altruísmo, emergindo, neste segundo caso, o nível de necessidades dos destinatários, tendo em conta o estado da economia e as contribuições de outros filantropos. Neste sentido, Navarro (1988) confirmou que as contribuições empresariais e as despesas públicas se comportam como bens substitutos. Esta ideia é, de resto, partilhada por Hemphill (2004), segundo o qual, para além de causas historicamente apoiadas pelas empresas, designadamente as artes, se assiste ao direccionamento dos donativos para o financiamento de áreas tradicionalmente sob a responsabilidade dos governos.

A tendência de as organizações abraçarem funções tipicamente desempenhadas pelo Estado indicia que são animadas por razões de cidadania, não se eximindo à responsabilidade de contribuir para a melhoria do meio envolvente. Dito de outro modo, as organizações estão conscientes de que a sua intervenção tem uma utilidade proeminente, sobretudo em cenários de estagnação económica, em que o desemprego é elevado e os constrangimentos orçamentais públicos se fazem sentir com mais acuidade. Todavia, segundo esta hipótese, os donativos teriam uma maior propensão para aumentar em fases de recessão, o que não colhe validação empírica em alguns estudos, nomeadamente no de Levy e Shatto (1978).

Tal como defende a filantropia estratégica, Gan (2006) conclui que as motivações estratégicas e altruístas não são mutuamente exclusivas. As motivações altruístas convivem com outras de carácter mais pragmático, ou instrumental, que geram benefícios, tais como: aumento e consolidação da reputação e da legitimação social; incremento do nível de notoriedade da organização junto dos consumidores, possibilitando a fixação de um preço mais elevado face ao dos concorrentes por via da diferenciação dos produtos; promoção da produtividade; atracção e retenção de mão-de-obra qualificada; acesso facilitado a fontes de financiamento; estreitamento das relações com os stakeholders; redução do risco de intrusão das autoridades reguladoras e melhoria do ambiente organizacional. Na mesma medida, Brown et al. (2006) defendem que o ímpeto filantrópico dos gestores pode ser indissociável da criação de valor para a organização, rejeitando um antagonismo incontornável, ou uma ruptura conceptual.

Esta amálgama de razões interligadas traduz-se em sérias dificuldades para o Estado na regulamentação desta matéria, assim como para as entidades do terceiro sector na segmentação dos valores dos potenciais contribuidores, de modo a definirem um posicionamento estratégico apropriado.

3.2. A filantropia estratégica

Em homenagem a algumas tendências observáveis no fenómeno da filantropia organizacional, sobretudo no tocante à ideia de que a empresa não deve estender a sua responsabilidade social para além dos limites do seu negócio, devendo integrá-la nos seus objectivos, impõe-se uma breve referência à filantropia estratégica.

No final dos anos 80, assistiu-se à reinvenção da natureza da filantropia empresarial, no sentido de passar a incorporar um carácter estratégico, ideia que encontra suporte nas palavras de Useem (1988:79): "os donativos empresariais, contudo, são mais do que um produto passivo do sucesso empresarial. Também são utilizados para estimular o sucesso".

Tradicionalmente, a filantropia era vista como uma responsabilidade discricionária da organização, que escolhe afectar voluntariamente os seus recursos a actividades sociais desligadas da sua missão. Esta concepção reflecte bem a ausência da vertente estratégica da filantropia, enaltecendo a sua desconexão com o negócio. Em sentido diferente, Porter e

Kramer (2002:58) sustentam que a filantropia deve enquadrar-se nas competências centrais da organização e promover a sua reputação, definindo a filantropia estratégica como "actividades de generosidade que têm um tema, abordagem, objectivo ou foco específicos".

A fragmentação e descoordenação entre a estratégia da organização e a sua política filantrópica tornam a resolução dos problemas sociais, para a qual é prioritariamente endereçada, ineficaz (Porter e Kramer, 2006). Para Waddock (2000), a filantropia estratégica é um instrumento que possibilita articular os benefícios sociais com os objectivos organizacionais de uma forma mais visível, adquirindo, neste contexto, resultados mais nítidos sob o ponto de vista económico. Buchholtz et al. (1999) sublinham que este conceito representa um espaço de possível confluência entre os defensores e os opositores da filantropia empresarial no seu estado mais puro.

A expressão "filantropia estratégica" poderá parecer um oxímoro. Porém, como notam Saiia et al. (2003:188) "seria um erro banir o termo filantropia estratégica (...), simplesmente porque nos confronta com um paradoxo". De facto, o aparente paradoxo desta expressão desaparece tendo em conta a ambivalência funcional das organizações, que combinam o contributo para o desenvolvimento social com a responsabilidade fiduciária para com os investidores. Em sentido aproximado, para Bruch e Walter (2005), a filantropia estratégica revela uma dupla orientação da empresa: de mercado, respondendo às expectativas dos seus stakeholders, e de competência, incorporando as suas políticas filantrópicas no seu leque de competências centrais.

A filantropia estratégica é um exemplo de uma solução positiva nos campos social e económico, uma vez que concretiza a afectação de recursos da organização a questões sociais relacionadas com os seus valores e missão, demolindo o estigma de que o benefício da sociedade corresponde ao prejuízo da empresa (Mescon e Tilson, 1987, Marx, 1999, Saiia et al., 2003, Godfrey, 2005). Ou seja, consubstancia-se num casamento de interesses económicos e sociais baseado no direccionamento da filantropia para a melhoria do contexto social, o que se traduz em vantagens competitivas para a organização e num contributo efectivo para o bem-estar geral.

O altruísmo, endógeno à filantropia e que marca o seu código genético, partilha o seu protagonismo com a natureza estratégica das acções sociais. A filantropia tem um escopo bem mais ampliado de transformação social, diagnosticando as causas dos problemas e empenhando-se manifestamente na sua erradicação, deixando de constituir um conjunto de acções de beneficência avulsas ou fragmentárias de carácter assistencialista, ou um apaziguador de consciências. Em geral, os grandes filantropos são apologistas de "ajudar as pessoas a ajudar-se a elas próprias", isto é, não a superar os problemas de curto prazo, típico da caridade, mas a promover sustentada e definitivamente a satisfação das necessidades das pessoas. São empreendedores da mudança social. Burlingame e Smith (1999) realçam o desafio que se depara às instituições de ensino e investigação em ciências empresariais, no sentido de construírem ferramentas que auxiliem as empresas a avaliar os efeitos da política filantrópica na sua própria prosperidade e na sociedade.

Um dos exemplos que ilustram actividades de filantropia estratégica, apontados por Porter e Kramer (2002), são os programas de apoio à educação que aportam simultaneamente benefícios sociais e vantagens para a organização – o aumento da qualificação de mão-de-obra disponível contribui para a competitividade organizacional. A melhoria da competitividade do meio envolvente organizacional é um desafio cujos contornos evoluíram profundamente: deixou de se basear no baixo custo dos *inputs*, para se erguer em torno de uma maior produtividade, em que o nível de conhecimentos dos colaboradores e as relações com os stakeholders desempenham um papel determinante no sucesso da organização.

Porter e Kramer (2006) sublinham que o sucesso das organizações está dependente da riqueza da sociedade. Por exemplo, os níveis de educação, de cuidados médicos e de igualdade de oportunidades são essenciais para a produtividade da força de trabalho; a segurança dos produtos e das condições de trabalho não só atraem consumidores, como reduzem os custos inerentes aos acidentes de trabalho, e a utilização eficiente dos recursos naturais aumenta a produtividade. Por outro lado, a prosperidade da sociedade exige robustez ao tecido empresarial, beneficiando da criação de emprego e riqueza e da inovação. Em face desta dependência mútua, é crucial potenciar os pontos de intersecção: as escolhas feitas em cada um dos campos económico e social devem antecipar e maximizar os benefícios que acarretam para o outro, afastando-se de soluções de *trade-off* e procurando melhorias paretianas.

Com efeito, a democratização tecnológica e o acesso facilitado à informação e a fontes de financiamento induziram nas organizações um esforço dinâmico de procura de novas formas de granjear vantagens competitivas. Uma destas formas é justamente capitalizar a reputação, conseguida através de uma implementação eficaz de iniciativas sociais. Seifert et al. (2003) referem que, a par da marca, um importante recurso intangível, difícil de imitar, é a reputação da organização. A acumulação de capital reputacional tem como consequência a mitigação do conflito de interesses dos vários stakeholders da organização que, tal como já tivemos ocasião de analisar, podem resultar da concessão de donativos.

Brammer et al. (2006) conduziram um questionário dirigido a grandes empresas do Reino Unido, com o escopo de avaliar se a filantropia que empreendiam era de carácter estratégico. Estabeleceram como indicadores as estruturas e processos de gestão da filantropia no seio das organizações. Os resultados obtidos demonstraram que 81% das empresas inquiridas estabeleceram um orçamento específico para as actividades filantrópicas, 84% formalizaram um plano de actividades e 49% dispunham de uma comissão especificamente dedicada à atribuição de donativos. Com base numa amostra de pequenas empresas recolhida no Sudoeste dos EUA, e com cerca de 15 anos de desfasamento, os resultados de Thompson et al. (1993) concluíram que apenas 30% das empresas planeavam a sua actividade filantrópica.

O envolvimento da cúpula da organização na actividade filantrópica foi confirmado em mais de 75% das empresas por Brammer et al. (2006). Para Useem (1988), o nível de compromisso da gestão de topo, sobretudo do responsável máximo (CEO), influencia a qualidade, montante e selecção dos destinatários dos donativos, ainda que os departamentos a que esta actividade está operacionalmente adstrita difiram muito de organização para organização. Na mesma linha, Brammer e Millington (2003a) verificaram que a responsabilidade operacional da actividade filantrópica está vinculada quer a agentes directamente subordinados ao CEO, quer a departamentos especializados em responsabilidade social e, em alguns casos, incluída noutras funções mais clássicas, nomeadamente no marketing, relações públicas e recursos humanos.

Em ordem a promover a eficácia da filantropia empresarial, apresentam-se de seguida, sem pretensão de exaustividade, algumas das questões que devem ser ponderadas no processo de atribuição de donativos.

1) Formalizar um plano estratégico com objectivos específicos e acções de monitorização.

Porter e Kramer (2002) sublinham a importância das ferramentas de selecção e de operacionalização das actividades filantrópicas: definição de um contexto competitivo cujo desenvolvimento seja relevante para o sucesso organizacional; revisão das actividades filantrópicas, adequando--as ao reforço desse contexto; sincronização da política filantrópica com a criação de valor; exploração de oportunidades de acção colectiva, ou seja, promoção de uma rede de parceiros que colaborem no apoio filantrópico às mesmas causas e entidades, e monitorização dos programas filantrópicos. O contexto competitivo, segundo Porter e Kramer (2006), engloba a quantidade e a qualidade dos recursos humanos e de infra--estruturas; as regras de regulação da concorrência (políticas que protegem a propriedade intelectual, garantem a transparência, previnem a corrupção e favorecem o investimento); a dimensão e o nível de sofisticação da procura local (políticas de qualidade, fiabilidade e segurança dos produtos e direitos dos consumidores) e o incentivo à fixação de indústrias que fornecem bens e serviços necessários ao funcionamento de outras empresas. Aconselham a selecção de questões sociais que afectam de forma significativa o contexto competitivo da empresa, em detrimento do apoio a causas genéricas, que não têm expressão na sua competitividade.

Os resultados do trabalho de Marx (1998) sugerem que as organizações não avaliam devidamente o impacto da filantropia no cumprimento dos objectivos organizacionais e sociais. O autor critica a secundarização deste elemento essencial de um processo de formulação estratégico. Hess et al. (2002) enaltecem o relevo granjeado nos últimos tempos pelas auditorias sociais, que têm por escopo a avaliação da performance global da organização, estabelecendo padrões de conformidade entre os valores e a missão da organização e as relações efectivamente estabelecidas com os vários grupos de stakeholders. Uma vez que muitos investidores enfatizam *"the triple bottom line"*[24] dos seus investimentos, que combina crité-

---

[24] Esta expressão foi introduzida por Elkington (1997) e deriva da ideia de que uma empresa, para ser sustentável no longo prazo, deve agir de acordo com as expectativas sociais, minimizar os impactos ambientais que causa e ter solidez económico-financeira (*"people, planet, profits"*).

rios económicos, preocupações sociais e sustentabilidade ecológica, a auditoria tem vindo a deslocar-se do âmbito estritamente financeiro (Waddock, 2000).

Waddock e Smith (2000) defendem que a auditoria social, quando vista pelos gestores sob uma perspectiva construtiva, fornecendo linhas de orientação para um processo organizacional de melhoria contínua, com um especial enfoque nas expectativas dos stakeholders primários, contribui para a sincronização entre a responsabilidade social e a performance económico-financeira. Neste contexto, *The London Benchmarking Group* concebeu um modelo que avalia o grau de envolvimento comunitário, com base numa matriz que inclui o valor despendido com a actividade filantrópica e os benefícios que advêm para a sociedade e para a empresa, possibilitando quantificar e balancear os resultados obtidos e observar relações de causalidade (Ricks e Williams, 2005).

2) Garantir a eficácia do programa filantrópico no bem-estar social.

A consagração da filantropia como uma fonte de vantagens competitivas não invalida a produção de benefícios sociais nem deve ser confundida com um comportamento intrinsecamente oportunista. Revela, pelo contrário, uma atitude de liderança no processo de desenvolvimento social por parte das organizações.

Porter e Kramer (2002) salientam que a filantropia com impactos sociais relevantes constitui um mecanismo de mitigação do cepticismo do público em torno da ética empresarial, intensificado pelos recentes escândalos financeiros. Para Hyland et al. (1990), um dos requisitos essenciais da selecção das entidades destinatárias dos donativos prende-se com a respectiva reputação e *modus operandi*. Compete à empresa avaliar a eficácia da sua intervenção, uma vez que esta filtra o impacto social da iniciativa empreendida.

Reconhecendo a dificuldade em estabelecer critérios de avaliação da performance das entidades do sector social, Raiborn et al. (2003) sugerem os seguintes: existência de uma declaração escrita sobre a sua visão e missão e de objectivos concretos, capacidade de capitalizar a imagem e a notoriedade junto da comunidade, grau de captação e de fidelização de membros, razoabilidade e adequação das remunerações dos funcionários, definição e revisão de orçamentos de curto e de longo prazo, focalização nos seus propósitos e qualidade da sua *accountability*. Polonsky e Grau

(2008) defendem a criação de uma escala de avaliação da performance das entidades do sector solidário. Sugerem que deve ser composta por quatro vectores: eficiência operacional, cumprimento dos objectivos organizacionais, retorno do investimento e resultados sociais. Esta última vertente reveste-se de maior complexidade, porquanto teria de ser, ela própria, multidimensional, já que se destina a apreciar um conjunto de actividades muito diversas. Os resultados de Rumsey e White (2009) evidenciam que as entidades beneficiárias se esforçam por compreender e alinhar a sua actuação com os interesses dos mecenas, sem, no entanto, menosprezarem o resultado social da sua acção. Estão conscientes que as empresas esperam retirar vantagens da sua actuação e adoptam, em conjunto, uma estratégia assente na consolidação da reputação e na potenciação de benefícios mútuos.

Mullen (1997) destaca que, para se conseguirem resultados positivos visíveis, o relacionamento da empresa com a causa social deve ser duradouro. Neste sentido, Tracey et al. (2005) criticam a relação redutora que, não raro, se estabelece entre as empresas e as entidades do terceiro sector, lamentando a frequência com que as primeiras subcontratam as acções de responsabilidade social e imputam às entidades recipientes das suas contribuições o ónus de proporcionarem resultados sociais. Esta ausência de acompanhamento tem como consequências nefastas a falta de controlo da eficácia da acção social e de conexão com os valores da organização, bem como a excessiva dependência de financiamento das entidades do terceiro sector.

Nas organizações, a inexistência de mecanismos de avaliação dos resultados, produzidos pelas suas iniciativas sociais, contribui para o agravamento das acusações de arbitrariedade que ensombram estas actividades (Sasse e Trahan, 2007). Assim, o distanciamento das empresas em relação aos projectos sociais que apoiaram, não se envolvendo na dinâmica da sua execução por terem endossado essa responsabilidade às entidades recipientes, reduz a produção de benefícios sociais e económicos.

3) Estimular o contributo de outras organizações.

Contrariamente à prática corrente, as organizações devem publicitar os destinatários das suas contribuições, bem como a eficácia das actividades sociais que promovem. Para além de darem a conhecer publicamente os valores e a cultura desenvolvidos internamente, têm a vantagem de impelir outras organizações a apoiar causas sociais, aumentando a eficácia dos programas (Porter e Kramer, 2002)[25].

Uma das conclusões interessantes do estudo de Navarro (1988) prende-se com o problema dos *free-riders*. Este problema consiste na possibilidade de os funcionários de outras empresas, que partilham o meio envolvente com a organização que concede donativos, usufruírem dos benefícios gerados. Tal como defendem Porter e Kramer (2002), estimular outras empresas para se envolverem em actividades filantrópicas contribui para atenuar este problema. Na mesma linha, Eisenberg (1998), servindo-se do dilema do prisioneiro como exemplo ilustrativo, destaca que a mobilização de outros actores tem repercussões na diminuição dos custos inerentes ao oportunismo, levando a que as empresas, conjuntamente, beneficiem da melhoria do ambiente socioeconómico em que operam.

4) Escolher entre contribuições em dinheiro ou em espécie.

A filantropia organizacional engloba donativos em dinheiro e donativos em espécie, que abrangem produtos que a empresa comercializa e outros bens e serviços.

Há uma tendência generalizada para reduzir a filantropia organizacional às contribuições em dinheiro. Por regra, como já foi referido, os estudos académicos versam sobre esta modalidade dada a sua facilidade de mensuração, cuja excepção se poderá encontrar, por exemplo, nos trabalhos de Buchholtz et al. (1999), Brammer e Millington (2003a), Seifert et al. (2003) e Meijer et al. (2006). Brown et al. (2006) justificam esta exclusão dos donativos em espécie pela ambiguidade e inconsistência que a sua avaliação encerra.

Em todo o caso, intencionalmente ou não, a opção pelos donativos em dinheiro reveste-se de grande eficácia na promoção da reputação da organização. Segundo Brammer e Millington (2005a:40), "empresas que pretendem maximizar o impacto reputacional, devem conceder mais donativos em dinheiro", atenuando o cepticismo do público em relação ao virtuosismo do acto, fruto do seu carácter mais incondicional (Bae e

---

[25] Porém, como se verá mais adiante, em particular no que diz respeito às diferenças entre patrocínios e donativos, a publicitação ostensiva das contribuições concedidas enfrenta problemas de ordem fiscal.

Cameron, 2006). Clotfelter (1985) chama a atenção para o facto de o valor fiscalmente dedutível dos donativos em espécie ser o seu preço de venda, pelo que as empresas com custos de produção relativamente baixos e custos de distribuição elevados apresentam custos pouco relevantes com o donativo. Entre nós, o art. 62º, nº 11 do EBF e o art. 11º do Estatuto do Mecenato Científico limitam o valor do donativo em espécie, para efeitos de dedução ao lucro tributável, ao seu valor fiscal apurado no exercício em que é atribuído. Eliminando a possibilidade de reavaliação do bem doado, suprime-se o efeito distorcivo dos donativos em espécie. A isto voltaremos.

Nas organizações existem recursos, nomeadamente conhecimento e competências, que podem ser oferecidos em prol da comunidade. Por exemplo, a *Intel* afecta recursos humanos à transferência de conhecimento para escolas das Filipinas e de outros países em vias de desenvolvimento, contribuindo para o progresso das aptidões tecnológicas dos alunos. A *IBM* lançou um programa de apoio à educação que utiliza uma plataforma tecnológica e o talento dos seus recursos humanos (Hess et al., 2002). A *Starbucks* estimula o envolvimento dos seus colaboradores em programas de voluntariado, mobilizando-os de forma assinalável: em 2001, patrocinou 12 700 horas de voluntariado e, em 2003, 199 000 (Cava e Mayer, 2007). Algumas empresas farmacêuticas apoiam a investigação sobre determinadas doenças e outras organizações aumentam o número de potenciais clientes, atacando problemas sociais: a editora *McGraw Hill* patrocina programas de combate à iliteracia (Lev et al., 2006). No fundo, o objectivo consiste na articulação do programa filantrópico com a área de negócio da organização, em que esta detém uma experiência e competências por vezes superiores às do sector público.

Considerando as limitações legais que se deparam aos donativos em trabalho, a que aludiremos mais adiante, o grau de envolvimento dos funcionários na acção filantrópica adquire uma dimensão qualificada. É importante que as empresas incentivem a participação dos funcionários, tanto ao nível da filantropia organizacional, como no plano individual (a *Xerox* atribui licenças anuais remuneradas aos funcionários que realizam trabalho comunitário), tirando partido da sua percepção do meio envolvente e, simultaneamente, incrementando a eficácia de actuação dos destinatários.

5) Optar entre conceder donativos directamente ou via fundação.

Webb (1996) refere que um dos pressupostos da aceitação da dedutibilidade fiscal dos donativos é o financiamento de uma actividade legalmente consagrada, podendo ser feito através de uma fundação associada à empresa, ainda que juridicamente autónoma. Acrescenta que, muito embora o financiamento da fundação provenha de uma organização assumidamente com fins lucrativos, a sua missão transcende os objectivos organizacionais, concentrando-se no apoio de actividades que visam o bem-estar comum.

Assim, como notam Sansing e Yetman (2006), as fundações funcionam como intermediários entre as transferências privadas e os destinatários finais dos donativos. Tiram proveito das isenções fiscais aplicáveis aos seus investimentos no período que detêm os activos, ou seja, o prazo compreendido entre a concessão de donativos pelos privados e a sua distribuição por diversas causas e entidades. Uma vez que as fundações, ainda que temporariamente[26], podem reter avultados activos, beneficiando de um tratamento fiscal mais favorável, têm o dever de divulgar de forma clara a sua actividade filantrópica, cumprindo obrigações mais rigorosas do que aquelas que, nesta matéria, recaem sobre as empresas.

Nos EUA, *The Economic Recovery Tax Act* de 1981 aumentou o limite para a dedutibilidade dos donativos empresariais de 5% (valor que vinha vigorando desde 1935[27]) para 10% do resultado líquido antes de impostos[28]. Esta medida, aliada à possibilidade de os donativos de valor superior ao referido "tecto" poderem ser deduzidos em exercícios futuros, previne comportamentos perversos de "transformação" de donativos em gastos

---

[26] De acordo com Andreoni (2006), um dos regulamentos que se aplica às fundações consagra a obrigatoriedade de estas canalizarem anualmente um mínimo de 5% dos seus activos.

[27] De acordo com Sharfman (1994), a partir de 1931, na sequência da Grande Depressão, iniciou-se um movimento no sentido de admitir a dedução fiscal dos donativos sem qualquer relação com os objectivos empresariais.

[28] A governação de Reagan, que se comprometera com a redução do défice público, ficou marcada pela fraca intervenção na área social. Para compensar esta política, por via do aumento das contribuições do sector privado, o limite da aceitação fiscal dos donativos duplicou. Esta medida de estímulo à expansão da filantropia empresarial pretendeu delimitar as fronteiras de intervenção do Estado, impedindo-o de invadir o espaço do terceiro sector (Cain e Cain, 1985).

ordinários da empresa. Não obstante, na iminência de aquele "tecto" ser ultrapassado, uma forma de contornar o problema consiste na constituição e patrocínio de uma fundação pela organização: o valor máximo para a dedutibilidade das contribuições organizacionais mantém-se, mas é inexistente para os donativos atribuídos pela fundação.

A opção de canalizar as contribuições por intermédio da fundação tem outras vantagens nos EUA: é permitida a atribuição, pela fundação, de donativos de valor constante ininterruptamente ao longo do tempo, enquanto que a empresa poderá fazer essas contribuições de forma irregular, ponderando questões de rendibilidade e de natureza fiscal e influenciando os resultados reportados.

Para alguns autores, designadamente Porter e Kramer (1999), as fundações têm mais independência do que os governos e dispõem de meios mais eficazes do que as iniciativas individuais na identificação e solução dos problemas sociais. No entanto, verifica-se uma tendência para descurarem a maximização do valor criado, ignorando o papel fulcral da mensuração da performance, como se este processo fosse contrário à sua missão. De facto, é essencial que se concentrem na criação de valor para a sociedade, adoptando critérios de gestão que potenciem as contribuições do Estado, das empresas e dos particulares.

As fundações não se podem refugiar na natureza altruísta da sua actividade para desprezarem a eficácia da sua acção, devendo adaptar escalas de avaliação quantitativas e adoptar medidas qualitativas, tendo em conta as suas particularidades, e preocupar-se com a maximização dos seus resultados. Não se pretende que as fundações desvirtuem a sua missão; apenas que recorram a meios mais sofisticados e profissionais na sua prossecução. Só superando a função de meros fornecedores de capital conseguem consolidar a sua liderança no processo de desenvolvimento do sector social, tornando, simultaneamente, os efeitos positivos da filantropia mais pronunciados.

3.3. O marketing de causas: uma modalidade filantrópica?

Uma outra tendência contemporânea da filantropia estratégica, e que tem vindo a granjear aderentes, é o marketing de causas. Consiste em ligar explicitamente a identidade da organização, ou da marca de um produto, a uma entidade não lucrativa ou a uma causa social, cuja selecção está subordinada ao propósito de beneficiar a imagem da empresa, ou de promover a notoriedade de uma marca, através da publicitação massificada das preocupações sociais da organização[29].

Berglind e Nakata (2005) analisaram várias terminologias que, por vezes, são usadas como sinónimos do marketing de causas. Por exemplo, o marketing social constitui uma prática mais antiga, que consiste na utilização, normalmente pelo Estado e por outras entidades sem fins lucrativos, de técnicas de marketing para influenciar comportamentos, promovendo o bem-estar. Visa apelar à consciência social, cívica e solidária dos cidadãos, induzindo mudanças de atitude e a aceitação generalizada de determinadas ideologias (campanhas de incentivo à prática do desporto, anti-tabágicas, anti-drogas, de prevenção rodoviária, de compromisso ecológico, filantrópicas, etc.). O marketing social é movido por imperativos sociais e difere do marketing de causas, porque o apoio explícito a uma determinada causa não é protagonizado por uma empresa que visa colher benefícios com essa associação.

O marketing de causas tem por base a formulação e a implementação de uma acção de marketing, na qual a organização se propõe a contribuir com um determinado montante para uma causa específica, em função das receitas geradas pela venda de um bem ou serviço que a esta fica associado. Por vezes, a contribuição não depende do volume de negócios. Pode revestir a forma de patrocínio, estabelecendo uma ligação explícita a uma determinada causa ou instituição. Neste caso, em vez de uma medida promocional, está-se perante um patrocínio institucional, em que o benefício directo das vendas cede em favor do reforço e consolidação da reputação da empresa. O patrocinador selecciona causas que têm grande visibilidade, nomeadamente desportos que mobilizam muitos adeptos, procurando uma elevada cobertura mediática pela comunicação social.

Antecipando que a aliança firmada com uma causa social potencia o envolvimento dos clientes na procura dos produtos anunciados, o mar-

---

[29] Este conceito foi introduzido em 1981 pela *American Express*, quando associou a utilização do cartão de crédito a uma campanha social para financiar a restauração da estátua da liberdade (comprometeu-se a oferecer um cêntimo por cada utilização do cartão e um dólar por cada novo cliente). Contribuiu em 1983 com $1,7 milhões para este propósito, registando aumentos de 28% na utilização do cartão e de 45% de novas adesões, e despendeu $6 milhões na divulgação da campanha.

keting de causas distingue-se da filantropia estratégica, na medida em que se enquadra numa política de diferenciação dos seus produtos junto dos consumidores, com o escopo inequívoco de evidenciar a associação da empresa à causa social, secundarizando as preocupações com a melhoria efectiva do bem-estar social e retirando-lhe a capacidade de criar vantagens competitivas (Porter e Kramer, 2002). Porém, à semelhança da filantropia estratégica, constitui uma forma de operacionalizar a responsabilidade social e, segundo Lafferty e Goldsmith (2005), também beneficia a imagem da causa patrocinada e da entidade recipiente, já que uma marca de grande familiaridade tem efeitos positivos no seu reconhecimento público.

Um aspecto relevante no marketing de causas é a possibilidade de vir a ter um efeito contraproducente na reputação da organização. Na verdade, na literatura figuram algumas críticas dirigidas ao marketing de causas, fundadas em evidências que mostram que as organizações incorrem em despesas mais avultadas com a publicitação das contribuições do que directamente com estas, e na generalização da ideia de que o marketing de causas tem por objectivo manipular o sentido de compra dos consumidores, criando um sentimento de recriminação. Assim, é fundamental que haja discrição e cuidados redobrados na utilização desta ferramenta de marketing, na medida em que pode levar a que os consumidores a classifiquem exclusivamente como uma campanha publicitária com pretensões de ser uma actividade filantrópica, correspondendo a um comportamento hipócrita e oportunista da organização.

Os resultados de Pirsch et al. (2007) sugerem que a criação e implementação de programas de responsabilidade social institucionalizados, que abrangem diversas vertentes empresariais e com impactos em vários grupos de stakeholders, são mais eficazes do que os programas de responsabilidade social promocionais (de que é exemplo o marketing de causas). Apesar de estes serem, por definição, mais dirigidos aos clientes, produzem resultados inferiores no que se refere ao aumento da fidelização e das intenções de compra, à redução do cepticismo e à melhoria das percepções positivas dos consumidores em relação à empresa. Ou seja, quanto mais institucionalizado for o programa de responsabilidade social, mais os consumidores parecem confiar nos motivos altruístas da empresa, obscurecendo o relevo do *self-interest* que, naturalmente, poderá estar na sua base.

Royd-Taylor (2007) defende que o marketing de causas funciona como um sucedâneo das campanhas de promoção de vendas clássicas. Adverte, porém, que uma planificação adequada permite ultrapassar as críticas que aquele instrumento enfrenta. Esta autora sugere aos gestores que enveredem por um compromisso com a causa apoiada mais duradouro e intenso, menos dependente do volume de vendas e que espelhe os valores da marca do produto comercializado. Só desta forma contribui para incrementar a notoriedade da marca, captando e fidelizando consumidores.

Galaskiewicz et al. (2006) advogam que uma decisão estratégica das entidades do terceiro sector tem que ver com a definição do grau de envolvimento com outros actores. De facto, a ligação entre uma entidade sem fins lucrativos e uma empresa assemelha-se a um consórcio não formalizado em que a primeira empresta o suporte institucional e a segunda contribui com os recursos, mas com objectivos diferentes. Revelando preocupação com esta comunhão de competências, Wulfson (2001) defende que as instituições não lucrativas podem incorrer no risco de envolvimento em campanhas superficiais e de serem acusadas de se afastar dos seus objectivos centrais, prejudicando a sua reputação. Aduz que estas entidades devem prevenir a hipótese de os consumidores formarem a impressão errada de que estão envolvidas na comercialização de um determinado produto. É indispensável, através de uma comunicação eficaz, deixar bem claro que a empresa comercializa o produto ou o serviço, e que parte das receitas geradas serão aplicadas no apoio de uma causa social, via canalização de fundos para a instituição sem fins lucrativos.

O marketing de causas está profundamente subordinado aos interesses da organização, sendo esperável que o retorno da campanha exceda os custos com o apoio social. Procura obter vantagens ao nível do aumento da notoriedade das marcas comercializadas, da melhoria da reputação junto dos stakeholders, da motivação dos colaboradores, do aumento das vendas e da quota de mercado, da entrada num novo mercado (Varadarajan e Menon, 1988), da criação de relações e de laços de fidelidade com os consumidores e da construção de uma consciência de produto ou serviço (Wulfson, 2001, Berglind e Nakata, 2005). Este cunho comercial está bem patente no facto de as suas despesas serem normalmente inscritas no orçamento de marketing (Varadarajan e Menon, 1988) e poderá ter o efeito pernicioso de contaminar iniciativas empresariais verdadeiramente filantrópicas, incutindo irreversivelmente na percepção pública que a sua principal motivação é "fazer negócio", despertando sentimentos de repulsa.

De toda esta análise, resulta que o cumprimento de objectivos sociais parece ter uma dimensão menos expressiva no marketing de causas do que na filantropia estratégica. No marketing de causas, o envolvimento dos clientes com a receita gerada pelo programa é geralmente um requisito do apoio concedido, preconizando uma solução mais próxima do interesse próprio. A filantropia estratégica, por definição, concerta benefícios sociais e económicos. É certo que constitui um investimento de retorno potencial, mas os resultados sociais não dependem directamente dos financeiros.

A filantropia empresarial exprime uma atitude de cidadania e demonstra o empenho da empresa no seu papel social. Para além da perspectiva que concebe a empresa como um membro institucional da sociedade, beneficiando, por exemplo, do sistema de educação e de justiça, devendo, pois, contribuir para o seu desenvolvimento, destaca-se uma corrente, com maior predomínio na literatura, que sublinha as vantagens associadas à filantropia. De facto, ainda que tradicionalmente esteja inserida no catálogo de actividades discricionárias empresariais, a filantropia não se esgota necessariamente numa lógica de altruísmo puro.

Na literatura recente, os defensores da filantropia apoiam-se em diversas razões: umas de natureza mais preventiva, e outras mais racionais e consequentes. As primeiras incorporam os receios em relação à opinião pública, que acabam por determinar a actuação filantrópica das empresas, colocando-as, porventura, na posição de reféns da sociedade. Baseiam-se no facto de o mercado se encarregar de repudiar as organizações socialmente irresponsáveis, que não respondem aos desejos da comunidade, ou que o fazem prejudicando outras variantes da responsabilidade social. A filantropia surge assim como um veículo de legitimação do funcionamento da empresa ("licença para operar"). Porém, o problema da assimetria da informação poderá limitar a aplicabilidade deste modelo.

A segunda ordem de razões professa que uma empresa próspera não consegue sobreviver numa sociedade deprimida. Uma procura deficitária implica a delimitação do mercado, pelo que o contributo para o desenvolvimento e prosperidade sociais poderá, no longo prazo, atenuar este problema. As empresas encontram-se numa posição privilegiada para desempenharem um papel social: dispõem de vastos recursos, empregam muitas pessoas, produzem um efeito cascata em toda a cadeia de valor que envolve múltiplos agentes, influenciando as suas práticas, e criam riqueza. Adicionalmente, a filantropia concorre para a melhoria da reputação da empresa, para o fortalecimento das relações com os stakeholders e para a promoção da notoriedade das marcas, o que tem efeitos positivos no seu crescimento.

Não obstante, a dificuldade em identificar e quantificar estas vantagens tem suscitado algumas críticas. A articulação das actividades filantrópicas empresariais com a estratégia de longo prazo da empresa projecta um saudável relacionamento com a comunidade e, simultaneamente, responde a algumas dessas objecções, assentes, sobretudo na destruição de valor. Não se pretende, pois, que a filantropia seja fugaz ou transitória, nem alheada dos efeitos que gera. É, aliás, desejável que a causa apoiada se coadune com a identidade corporativa da empresa, sendo perfeitamente compreensível que, por exemplo, as empresas farmacêuticas se envolvam em projectos relacionados com a saúde e as empresas de tecnologia no sector da educação. Com este pano de fundo, a filantropia, descrita no modelo piramidal de Carrol (1979) como uma actividade organizacional arbitrária, adquire, efectivamente, racionalidade económica.

A concessão de donativos é uma forma de concretizar a filantropia empresarial, porventura menos elaborada do que algumas tendências mais recentes deste fenómeno. O seu domínio persiste, contando com o empenho da cúpula das organizações, pelo que importa analisar os mecanismos de política económica que influenciam esta actividade.

4. As Políticas Públicas e a Filantropia

4.1. O Estado e o terceiro sector
A mobilização da sociedade civil, muitas vezes através da benemerência e do voluntariado, e sob as vestes de instituições do chamado terceiro sector, dedica-se a causas e a áreas de intervenção bastante diversas. Engloba, designadamente, a saúde, a educação, a inclusão social, o ambiente, o combate à pobreza, a ajuda à terceira idade e o desenvolvimento cultural e científico[30].

A CRP consagra a coexistência de três sectores de propriedade dos meios de produção: privado, público e cooperativo e social (art. 80º, alínea b)).

---

[30] A natureza dos bens públicos suscita o desinteresse na sua provisão pelo sector privado. Geralmente, os bens cujo consumo é simultaneamente não excluível e não rival satisfazem necessidades colectivas, daí que sejam assegurados pelo Estado (Teixeira Ribeiro, 1997). A satisfação destas necessidades constitui uma incapacidade de mercado, afastando uma oferta privada a um nível desejável. A impossibilidade, ou elevada dificuldade, de exclusão do consumo dos bens públicos, já que a utilidade que geram é indivisível, e a não rivalidade (os bens podem ser utilizados por todos, sem que o consumo de uns contenda com o consumo de outros) propiciam o "parasitismo". Ou seja, alguns agentes (os *free-riders*) apropriam-se de uma quota de consumo superior à que lhes é destinada, sem suportarem o correspectivo preço. Porém, como nota Freire (2006), é admissível que determinadas pessoas desejem contribuir individualmente para a produção de um determinado bem, partilhando as suas aptidões pessoais. Seja por razões intrínsecas (de prazer e de realização pessoal), ou extrínsecas (relacionadas com a envolvente social, normalmente prestígio, reputação e sentimento de pertença), formam-se sistemas gregários que são úteis para os mais necessitados. Estas redes comunitárias, institucionalizadas ou não, acabam por oferecer bens de natureza pública, que, assim, não são exclusivamente produzidos pelo Estado. Estamos perante um exemplo de externalidade positiva que deve ser reconhecida pelo Estado – o subsídio *pigouviano* comparticipa as externalidades positivas, concretizando-se, neste caso, de forma implícita, através de benefícios fiscais.

Nos termos do art. 82º, nº 4 da CRP, o sector cooperativo e social abrange, para além das cooperativas, todas as formas de exploração comunitária e de autogestão (subsectores comunitário e autogerido[31]) e o sector solidário. A propósito deste último, especificamente previsto na alínea d) do nº 4 do art. 82º, introduzido pela revisão constitucional de 1997, Gomes Canotilho e Vital Moreira (2007:987) referem que "foi, assim, consagrado na Constituição aquilo que, na literatura jurídica e económica, por vezes se designa por *terceiro sector* ou *sector da economia social*, para abranger todas as formas de exploração dos meios de produção que, além da circunstância residual de não serem públicas nem movidas pelo lucro privado, se caracterizam pelo facto de não obedecerem à lógica de acumulação capitalista e de terem como objectivo esbater a separação entre, por um lado a propriedade dos meios de produção e os trabalhadores (como no caso das cooperativas de produção, das empresas em autogestão ou da exploração dos bens comunitários), ou, por outro, entre a propriedade dos meios de produção e os destinatários dos bens ou serviços produzidos (como no caso das cooperativas de consumo)".

O sector da solidariedade social sem fins lucrativos abarca várias entidades. As únicas expressamente elencadas na CRP são as mutualidades[32]. Porém, este preceito não tem um carácter taxativo. Numa perspectiva ampla de solidariedade social, este sector comporta as instituições não lucrativas que, normalmente, se dedicam à assistência e inclusão sociais,

---

[31] Relativamente aos meios de produção comunitários, os baldios são a sua componente dominante (previstos na Lei nº 89/97, de 30 de Julho). Actualmente, o subsector autogestionário é pouco expressivo, muito embora tivesse desempenhado um papel importante no período subsequente ao 25 de Abril. As empresas em autogestão, reguladas pela Lei nº 68/78, de 16 de Outubro, conciliam a gestão independente dos trabalhadores com a propriedade dos meios de produção de outras pessoas, tradicionalmente públicas, de que constituem exemplo as unidades colectivas de produção que surgiram no esteio da Reforma Agrária. Para Coutinho de Abreu (1996:190), "este diploma, além de ter um campo de aplicação restrito, define e regula as ditas empresas de modo algo impreciso e em parcial desencontro com a CRP". Refira-se, ainda, que a acomodação da vertente social no sector cooperativo, integrando os subsectores comunitário e autogestionário, é um legado da revisão constitucional de 1989.
[32] O Código das Associações Mutualistas está previsto no Decreto-Lei nº 72/90, de 3 de Março. Muito genericamente, correspondem a instituições particulares de solidariedade social que estabelecem um esquema de benefícios em favor dos seus associados e das respectivas famílias, com especial enfoque nos campos da segurança social e da saúde.

promoção da cultura, emprego, saúde, educação, apoio a idosos, entre outras, cuja actuação se inscreve nas actividades altruístas e humanitárias.

Geralmente assumem a forma de associações e fundações, que configuram tipos de pessoas colectivas e são, como se sabe, muito diferentes das sociedades, as quais têm um cunho eminentemente lucrativo. Naturalmente que não se trata de fundações ou de associações sob a forma de pessoas colectivas públicas. As primeiras são uma espécie de institutos públicos, pertencentes, portanto, à administração indirecta do Estado (serviços e fundos personalizados). As associações públicas correspondem a pessoas colectivas, criadas pelo poder público, para velarem pela prossecução de determinados interesses públicos de um grupo organizado de pessoas e integram a administração autónoma (Freitas do Amaral, 2005)[33].

Com efeito, atento o art. 82º, nº 2 da CRP, os meios de produção cujas propriedade e gestão pertençam ao Estado ou a outras entidades públicas, incluem-se no sector público. Exemplo emblemático das entidades do terceiro sector, para além das associações mutualistas, são as instituições particulares de solidariedade social (IPSS), explicitamente consagradas na CRP (art. 63º, nº 5), e que têm como suporte jurídico uma associação ou uma fundação. A grande diferença entre as associações e as

---

[33] A integração das associações públicas na administração autónoma não é consensual na doutrina, defendendo alguns autores que fazem parte da administração indirecta. Nos termos do art. 267º, nº 4 da CRP, "as associações públicas só podem ser constituídas para a satisfação de necessidades específicas, não podem exercer funções próprias das associações sindicais e têm organização interna baseada no respeito dos direitos dos seus membros e na formação democrática dos seus órgãos". Segundo o nº 1 deste artigo, as associações públicas contribuem para a desburocratização, para a aproximação dos serviços das populações e asseguram a participação dos interessados na sua gestão efectiva. Os seus estatutos consignam, geralmente, a inscrição obrigatória, apartando-se da moldura da liberdade associativa prevista na CRP. Para além das associações públicas de entes públicos, existem associações públicas de entes privados (Ordens e Câmaras Profissionais) e de carácter misto. Estas últimas congregam associados públicos e privados. É o caso das cooperativas de interesse público, ou *régies* cooperativas, que, segundo Gomes Canotilho e Vital Moreira (2007:794), "são cooperativas especiais, resultantes da associação do Estado ou outras pessoas colectivas de direito público com cooperativas e/ou particulares (os utentes dos bens e serviços produzidos pela cooperativa) para a prossecução de fins de interesse público". Só pertencem ao sector cooperativo, caso a participação pública seja minoritária. Refira-se, por fim, que as associações privadas estão reguladas no Código Civil (art. 157º-184º) e que, entre outras especificidades que as distinguem das associações públicas, são criadas por deliberação dos seus associados e têm a possibilidade de se autodissolverem.

fundações reside no facto de as primeiras assentarem sobre um agrupamento de pessoas que têm objectivos comuns. Para Gomes Canotilho e Vital Moreira (2007:642), este traço distintivo das associações enxerta-se no propósito de dinamização da sociedade civil (art. 46º da CRP, que não se aplica às associações públicas). Gozam de "autodeterminação", "auto--organização", "autogoverno" e de "autogestão". Ou seja, podem gerir livremente a sua vida, ao abrigo da autonomia estatutária e da liberdade de escolha dos seus órgãos. A CRP menciona diversos tipos de associações: de consumidores (art. 60º, nº 3), representativas de beneficiários da segurança social (art. 63º, nº 2), representativas das famílias (art. 67º, nº 2, alínea g)), de professores, alunos, pais, comunidades e instituições de carácter científico (art. 77, nº 2), desportivas (art. 79º, nº 2), entre outras. Insista-se que o direito de associação não compete apenas aos indivíduos, mas também às diversas pessoas colectivas, podendo estas criar associações de segundo e terceiro graus (federações e confederações).

Nas fundações, o substrato patrimonial, denominado "dotação", posto à disposição do interesse geral, está inscrito na sua identidade. Ou seja, nas associações o elemento-chave é de natureza pessoal e nas fundações é patrimonial.

A expressão "terceiro sector", referindo-se às entidades que, não sendo públicas, também não são privadas lucrativas, é comumente utilizada como sinónimo do sector cooperativo e social. Neste sentido, Ferreira (2005:250) sustenta que o art. 82º, nº 4 da Lei Fundamental abre o terceiro sector às "cooperativas, comunidades locais, explorações colectivas por trabalhadores, pessoas colectivas sem carácter lucrativo que tenham como principal objectivo a solidariedade social, designadamente entidades de natureza mutualista; a Constituição não designa expressamente mais instituições, mas entende-se que sejam as fundações e as associações". Observa que "em harmonia com a lei portuguesa, as instituições ditas do terceiro sector serão as que não pertencem nem ao sector público nem ao sector privado, mas este último tomado, aqui e agora, em conformidade com o «sector empresarial e não cooperativo» (empresas individuais, sociedades civis e comerciais e grupos de sociedades)"[34].

---

[34] Para Ferreira (2005:247), existem casos que não se enquadram nos três sectores económicos de produção, de que são exemplos os "sindicatos, ordens igrejas, seitas religiosas, partidos políticos, clubes fechados e fora do económico, mesmo *latu sensu* (rotários, lojas maçónicas,

Também Santos (1999:14), reconhecendo que noção de terceiro sector é "residual e vaga", avança com uma enumeração das organizações que nela se compreendem, contribuindo para que o conceito adquira maior nitidez: "organizações sociais que não são nem estatais nem mercantis, ou seja, organizações sociais que, por um lado, sendo privadas, não visam fins lucrativos, e, por outro lado, sendo animadas por objectivos sociais, públicos ou colectivos, não são estatais. Entre tais organizações podem mencionar-se cooperativas, associações mutualistas, associações não lucrativas, organizações não governamentais, organizações quasi-não governamentais, organizações de voluntariado, organizações comunitárias ou de base, etc.".

Se, por um lado, o terceiro sector é utilizado com o significado de sector cooperativo e social, por outro, é apontado como apenas um dos seus quatro subsectores. Como nota Namorado (2006:6), o sector cooperativo e social "desdobra-se em duas vertentes, uma cooperativa e outra social. À primeira corresponde o subsector cooperativo; à segunda correspondem três subsectores: comunitário, autogestionário e solidário". Esta delimitação conceptual, que não é única, torna-se ainda mais complexa se trouxermos à discussão a noção de economia social. Para este autor, "todo o sector cooperativo e social está englobado na economia social, mas pode haver entidades que, sendo partes integrantes da economia social, estão, contudo fora do referido sector, tal como a CRP o delimita".

Sendo certo que o terceiro sector não acolhe uma realidade homogénea e que os seus contornos têm uma geometria variável, também é verdade que o seu alcance é vulgarmente apreendido de forma empírica[35].

---

puros agrupamentos de pessoas para aproveitamentos em conjunto de actividades recreativas, culturais, gastronómicas, etc.). Os artigos 36, 39, 41, 46, 47, 51, 55 e 56 da Constituição da República Portuguesa dão abertura à catalogação destas ordens de instituições, a considerar fora dos 1º a 3º sectores económicos. Dir-se-á, então, que há um 4º sector, o das instituições sem objectivos económicos".

[35] Namorado (2004:5) enfatiza a maleabilidade da definição de terceiro sector. Para este autor, "a expressão terceiro sector – que muitos não deixam de valorizar, precisamente, pela neutralidade que a impregna, vocacionando-a para uma desejável abrangência – é uma espécie de definição minimalista que não pretende transmitir mais do que a ideia de que há um sector que nem é público nem é privado, dispensando-se de significar mais do que isso. Uma espécie de noção-recipiente, onde caiba tudo aquilo que notoriamente nem seja público, nem privado lucrativo. Uma espécie de saco, onde caiba tudo enquanto não se alcançar um maior amadurecimento conceptual que nos abra a porta a noções mais consistentes e mais substanciais".

Discorrer sobre as definições e fronteiras elásticas do terceiro sector transcende o âmbito deste trabalho. Procura-se, antes, uma delimitação operativa do conceito, suplementada por uma análise mais exaustiva, sempre que estejam em causa questões fiscais. E, neste contexto, cumpre, desde logo, salientar que o tratamento fiscal das cooperativas é distinto da generalidade das entidades sem fins lucrativos.

A questão de as cooperativas serem animadas por razões lucrativas é objecto de controvérsia. A este facto não é alheia a orientação para o mercado de algumas cooperativas. Para Namorado (2006:4), "em Portugal, as cooperativas têm como uma das suas características estruturantes, consagradas na lei, precisamente a não-lucratividade, sendo além disso o subsector cooperativo o elemento nuclear da economia social". Coutinho de Abreu (1996, 2006a, 2007a) milita a favor da tese segundo a qual as cooperativas não têm um escopo lucrativo. No entanto, sem prejuízo das disposições do Estatuto Fiscal Cooperativo (em especial, os seus art. 7º e 13º), que concretiza a discriminação fiscal positiva que emana da CRP[36], o preâmbulo do CIRC considera que as cooperativas exercem a título principal uma actividade de natureza comercial, industrial ou agrícola, estabelecendo a tributação do seu lucro. Um aspecto que não se pode esquecer relaciona-se com o facto de algumas cooperativas disporem da faculdade de distribuir os excedentes da sua actividade pelos seus associados, o que viola a condição da "não-distribuição", presente na delimitação do terceiro sector e aproximando-se do sector privado, com o qual podem concorrer[37]. Sobre a existência do Estatuto Fiscal Cooperativo, Casalta Nabais (2005c:390) comenta que "se a moda pega e cada tipo de contribuintes for contemplado com o seu estatuto, o seu «código» fiscal,

---

[36] Segundo o seu art. 85º, nº 1 e nº 2, respectivamente, "o Estado estimula e apoia a criação e a actividade de cooperativas" e "a lei definirá os benefícios fiscais e financeiros das cooperativas, bem como condições mais favoráveis à obtenção de crédito e auxílio técnico".

[37] Sobre as cooperativas, Teixeira (2008:248) refere que "tratando-se de entidades de natureza «quase-capitalista», pressupondo sempre um núcleo definido de beneficiários («cooperantes»), há o risco de desvirtuar os fins públicos e sociais que pretendem prosseguir com as necessidades ou interesses específicos dos seus cooperantes". Quelhas (2001:22) adverte que "uma importante diferenciação que poderemos estabelecer entre os diversos tipos de organizações que integram o terceiro sector diz respeito ao poder de alcance da sua actuação, isto é, entre as que promovem o benefício da sociedade em geral e aquelas cujo desempenho visa apenas atingir os seus associados, sejam eles pessoas físicas ou jurídicas".

estamos caídos na dissolução dos actuais códigos fiscais, para não dizer na total anarquia e num regresso à Idade Média (...)".

Apesar de as organizações do terceiro sector apresentarem traços distintivos entre si, esta expressão é recorrentemente utilizada para designar aquelas que visam responder a algumas necessidades da colectividade. Actuam sob a égide dos valores da solidariedade e do respeito pela dimensão humana, abstendo-se de critérios de índole lucrativa[38]. O voluntariado social concretiza a solidariedade desinteressada da sociedade civil, cujas virtudes humanitárias superam a actuação institucional do Estado, e não se esgota no apoio financeiro. Como nota Casalta Nabais (2006a:635), "alguns dos problemas que hoje convocam a nossa solidariedade, designadamente os colocados em sede de algumas das exclusões sociais do nosso tempo, requerem mais do que prestações pecuniárias ou mesmo em espécie do estado ou de outras instituições, o contacto e o calor humanos que promovam a recuperação do sentido útil da vida, reconduzindo os excluídos ao seio da família, ao mundo do trabalho, ou ao exercício duma actividade útil inclusivamente em sede de voluntariado social". Catarino (2008:629) observa que "deve ter-se por adquirido que o fim último das organizações sociais é a liberdade do indivíduo e que isso deve abrir caminho para o desenvolvimento das actividades humanas num contexto de cooperação voluntária em benefício mútuo".

Há uma assunção manifesta de que actuação das entidades do terceiro sector não se pauta por objectivos financeiros, ou melhor, operam num pressuposto de não distribuírem os excedentes gerados pela sua actividade. Correspondem às *non-profit organisations* da terminologia anglo-saxónica[39]. Focalizando esta especificidade estatutária das entidades do terceiro sector, Bilodeau e Steinberg (2006) defendem que, apesar de o

---

[38] Jeantet (2001:313) afirma que "(...) a economia social já estabeleceu um potencial forte de acções que tem em vista colocar o Homem no centro da sociedade". Acrescenta ainda que "a economia social deve imprimir uma nova lógica aos acontecimentos marcada tanto pelos valores da solidariedade, como da eficácia, ou seja, desenhar os contornos de um crescimento da dimensão humana".

[39] Segundo Vasconcelos (2005:79), "vem do direito inglês a prática das *non profit making societies*. Estas sociedades, que na prática portuguesa têm sido entendidas como *sociedades não lucrativas*, desempenham, no direito em que se inserem, um papel e uma função muito diversos do que no direito português se considera serem sociedades comerciais. Servem para suportar *charities* e outras instituições que, no direito português são qualificáveis como associações".

elevado controlo que os responsáveis têm sobre os seus activos os aproxime da condição de proprietários, a respectiva remuneração não corresponde a qualquer direito de propriedade. Alegam que a remuneração do trabalho dos executivos é substantivamente um gasto contabilístico, não violando a restrição de não-distribuição, desde que não ultrapasse o seu custo de oportunidade. Aduzem que estas circunstâncias, que vedam a participação nos resultados[40], podem levar a que os decisores das instituições não lucrativas requeiram privilégios não fiduciários, designadamente escritórios luxuosos e bem localizados, ou conferências a destinos exóticos, o que pode suscitar problemas de agência, com efeitos negativos no plano do *fund-raising*[41].

Sem prejuízo de eventuais perturbações decorrentes do *self-interest* de alguns actores, a retenção e aplicação dos excedentes gerados atribuem às entidades do terceiro sector uma aura de seriedade ideológica que aumenta a sua credibilidade junto do público e, coadjuvada pelo tratamento favorável que o Estado lhes concede, facilita a captação de fundos. Para além da outorga de incentivos fiscais aos que apoiam as entidades do terceiro sector, o Estado estabelece isenções na esfera da sua tributação. Nesta linha, Ferreira (2007:54) destaca que "reconhece-se que hoje a, digamos, economia social é uma economia dentro da economia geral. E essa economia social mantém formas de actuação que vivem à margem da fiscalidade".

---

[40] Dois dos requisitos impostos pelo CIVA, para efeitos de isenção, são, justamente, a não distribuição de lucros e a ausência de interesse directo, ou indirecto, dos órgãos de gestão nos resultados da exploração (art. 10º, alínea a) do CIVA). Casalta Nabais (2005d:225) observa que "a doutrina mais moderna atenua o que era mais ou menos consensual no passado, em que havia uma correspondência estrita entre as formas jurídicas e os fins a prosseguir: as associações e fundações prosseguiriam fins de interesse geral ou social, em que estaria ausente o lucro; as sociedades prosseguiriam fins de interesse particular caracterizados justamente pela presença do lucro. Com efeito, hoje em dia, mais do que a presença ou ausência de lucro, interessa se a organização em causa – associação, fundação ou sociedade – tem ou não por finalidade a obtenção de lucros para os distribuir pelos respectivos membros".

[41] O estudo de Tinkelman e Mankaney (2007) versa sobre as consequências do aumento dos custos administrativos das organizações não lucrativas. Os resultados sugerem que, caso os contribuidores interpretem que estas despesas são subtraídas aos montantes destinados aos programas de apoio, é provável que penalizem aquelas entidades, reduzindo os donativos concedidos.

Para Coutinho de Abreu (2007a:15), o escopo lucrativo é uma característica que permite distinguir as sociedades, reguladas no Código Civil, ou no CSC, das associações ("contrapostas às sociedades pluripessoais") e das fundações ("contrapostas às sociedades unipessoais"). É certo que tanto as fundações, como as associações, podem exercer actividades económicas, gerando rendimento. Mas este "lucro" não é distribuível, o que é uma diferença significativa em relação às sociedades. Tal origina uma dupla base tributável em IRC: o lucro e o rendimento global.

Sobre este assunto, Saldanha Sanches (2007:359) refere que "nas sociedades funciona a presunção de que todos os seus rendimentos são potencialmente tributáveis, valendo a dedutibilidade plena dos seus custos; nas associações vale o princípio segundo o qual é da natureza dos rendimentos que decorre a sua tributação ou não tributação, com a sede da decisão situada no IRS". Acrescenta que os rendimentos resultantes das actividades culturais, recreativas e desportivas, na medida em que não têm um fim lucrativo, beneficiam de isenção em sede de IRC; mas as sociedades comerciais, por que a sua actuação está circunscrita à prossecução de actividades lucrativas, nunca aproveitam desta isenção. Porém, esta diferenciação pode conduzir a distorções no plano da concorrência, já que as suas actividades podem coincidir com as de empresas do sector lucrativo que se debatem com constrangimentos fiscais e de regulação[42]. Acresce que a plasticidade conceptual do terceiro sector e as múltiplas colorações das entidades que o integram amplificam este problema.

Por via de regra, como nota Ackerman (1996), as virtualidades que caracterizam as instituições do terceiro sector, nomeadamente a confiança do público, a captação dos impulsos de generosidade das pessoas

---

[42] Casalta Nabais (2006a:649) defende que o tratamento fiscal favorável que beneficia o terceiro sector não contende com a função financeira dos impostos. Argumenta que "determinados fins de interesse geral ou de interesse social são prosseguidos pela sociedade civil, muito embora num sistema de partilha maior ou menor com o Estado e demais entidades públicas. O que leva aquela a mobilizar os correspondentes recursos seja directamente, seja sobretudo através da instituição de entes cuja personificação tem por objectivo justamente a prossecução permanente de interesses sociais. Pelo que se tais entidades, ao dar satisfação a esses interesses sociais, mobilizando para tal os correspondentes recursos, fazem despesas que, a não ser assim, teriam de ser custeadas com receitas públicas, ou seja, com impostos, então elas já estão, a seu modo, a contribuir para as despesas públicas".

e a sintonia ideológica que estabelecem com alguns grupos sociais, operam como uma marca distintiva face a outras entidades, colocando-as num plano competitivo diferente, prevenindo eventuais ameaças ao funcionamento da economia de mercado.

Note-se que ter um propósito final diverso da maximização dos lucros não exclui a salvaguarda da viabilidade económica e da eficácia de actuação. Neste sentido, Santos (1999:26), ciente das especificidades que as várias instituições do terceiro sector assumem, esclarece que, em traços gerais, "a motivação e a iniciativa da acção colectiva aproxima o terceiro sector do sector privado, ainda que no primeiro o motor da acção seja a cooperação e a ajuda mútua, enquanto no segundo o motor da acção é o lucro". Este autor acrescenta que a eficiência da gestão do terceiro sector é combinada com a preocupação explícita em satisfazer o interesse colectivo, característica do sector público. De facto, a ideia de racionalidade económica, essencial à sobrevivência e viabilidade de qualquer organização, não se reconduz à obtenção de lucros. Trata-se de um conceito mais amplo que incorpora o equilíbrio económico-financeiro e a auto-sustentação, fazendo apelo a uma gestão eficaz e profissional. Naturalmente que os indicadores de desempenho económico-financeiro, tradicionalmente aplicáveis às empresas lucrativas, carecem de reformulação, tendo em conta as particularidades das entidades do terceiro sector.

De acordo com Franco et al. (2005), o sector não lucrativo português, entendido como o conjunto de instituições organizadas (ainda que informalmente), privadas, não distribuidoras de lucros, autogovernadas e voluntárias[43], envolveu, em 2002, despesas na ordem dos 4,2 % do PIB e

---

[43] Este estudo teve por objectivo a comparação internacional do sector não lucrativo português. Inserido no projecto *Johns Hopkins Comparative Non-profit Sector*, identificou 12 categorias de actividades das organizações que compõem este sector: cultura e lazer; educação e investigação; saúde; serviços sociais; ambiente; desenvolvimento e habitação (desenvolvimento económico, social e comunitário, habitação e emprego e formação); participação cívica e defesa de causas; intermediários filantrópicos (fundações *Grant-making*, promoção e apoio ao voluntariado e organizações angariadoras de fundos); internacional (programas de intercâmbio/amizade/culturais, associações de assistência ao desenvolvimento, organizações de assistência internacional a situações de desastre e organizações internacionais promotoras dos direitos humanos e da paz); congregações religiosas; empresariais e profissionais, sindicatos (associações empresariais, associações profissionais e sindicatos) e outros.

cerca de 250 mil trabalhadores. O seu financiamento emana de receitas próprias (48%), apoio público (40%) e filantropia (12%). Contudo, se o voluntariado for incluído na filantropia, a estrutura de financiamento altera-se substancialmente: 44%, 36% e 21%, respectivamente. Ainda assim, a contribuição da filantropia para o financiamento destas instituições é, em Portugal, inferior à média dos países desenvolvidos, onde atinge 28%. Representou, em 2002, cerca de 0,5% do PIB português.

Das principais recomendações, extraem-se a necessidade de potenciar a ligação entre este sector e o sector público e a indispensabilidade de aumentar o nível de conhecimento nesta matéria. Este estudo também conclui pela excessiva dispersão e fragmentação da legislação relativa às entidades do sector não lucrativo português. Uma consolidação legislativa contribuiria, seguramente, para uma melhor compreensão da sua estrutura jurídica e para uma maior segurança e consistência do seu enquadramento fiscal, bem como para uma melhor percepção dos benefícios fiscais pelos doadores, problemas que serão abordados mais adiante.

4.2. As despesas públicas e os donativos: o efeito *crowding-out*

A natureza dos donativos pode levar a que as contribuições se cifrem em níveis abaixo do óptimo, ou que sejam direccionadas para áreas específicas, pelo que é requerida intervenção pública nesta matéria. Em alternativa à oferta directa pública, os mecanismos de que o Estado dispõe para condicionar aquelas variáveis são: as transferências para as instituições do terceiro sector (política orçamental) e a subsidiação dos donativos do sector privado, através da via fiscal[44]. É no contexto desta última vertente,

---

[44] Alguns autores defendem que o apoio ao terceiro sector, por via do subsídio indirecto (benefício fiscal concedido aos filantropos), é ineficiente, porque a receita cessante custa mais do que o aumento das contribuições e, em segundo lugar, exige grandes esforços ao nível da fiscalização e do controlo das entidades recipientes. Todavia, sem prejuízo da dificuldade na determinação do total de receita cessante, que depende de diversos factores, nomeadamente da existência de outras fontes de protecção fiscal e da capacidade de as entidades do terceiro sector captarem fundos, o primeiro problema remete-nos para a elasticidade-preço dos donativos, que corresponde à variação percentual do nível de donativos, como consequência de uma alteração de 1% no respectivo preço. O segundo argumento parece-nos improcedente, porquanto os mecanismos de supervisão pública subsistem (ou até se agravam) no caso das transferências directas.

que concretiza uma das finalidades extrafiscais dos impostos (influenciar a afectação de recursos), que surgem os benefícios fiscais concedidos aos sujeitos passivos que consignam uma parte do seu rendimento, sob a forma de donativos, às instituições do terceiro sector.

Neste quadro, o Estado mantém a faculdade de direccionar o fornecimento de bens e serviços para as áreas que entende serem relevantes, mediante o reconhecimento e hierarquização dos benefícios fiscais dos donativos que lhes são destinados (tal como é visível na moldura legal do EBF e do Estatuto do Mecenato Científico). Cumulativamente, consegue dimensionar o terceiro sector, respeitando, obviamente, as directrizes constitucionais.

As vantagens do pluralismo, concretizado pela possibilidade de os indivíduos seleccionarem directamente os recipientes e causas que têm maior afinidade com os seus valores e preferências, encontram limites na intervenção do Estado, que toma medidas para influenciar as escolhas privadas. Registe-se que, se este delegasse, em absoluto, a concretização do bem-estar nas entidades do terceiro sector, estaria a violar os princípios básicos do sistema democrático. Em vez de atender às opções da maioria dos cidadãos, que elegeram os seus representantes, estaria a remeter a escolha para os privados com maior capacidade de financiamento, que, neste caso, teriam mais "votos" na demonstração das suas preferências.

O Estado não pode fugir às suas responsabilidades constitucionais nem abster-se de fiscalizar o funcionamento das entidades do terceiro sector e de empreender medidas, sobretudo de natureza fiscal, em ordem a influenciar as escolhas dos privados, tendo em conta o critério do interesse público.

Tal como já foi dito anteriormente, é admissível que, na pendência de políticas públicas potenciadoras do investimento privado e, simultaneamente, pouco sensíveis no plano social, as empresas incorporem nos seus programas o cumprimento de funções sociais. Sob esta óptica, a democracia participativa é exercida de forma mais directa do que a eleição de um governo, uma vez que as pessoas podem "votar" nas suas causas preferidas, por intermédio das suas escolhas de consumo (Stole, 2008). Porém, reitere-se, a selecção de causas e de recipientes também depende dos benefícios potenciais que podem gerar para os privados, sobretudo quando se trata de empresas. Nem sempre os critérios de escolha estão subordinados ao mérito ou à relevância social, conduzindo a financiamentos desproporcionados e subjugados a uma lógica comercial. Daqui avulta, inequivocamente, a importância do papel catalisador do Estado.

No que às motivações privadas para a concessão de donativos diz respeito, importa fazer uma separação. Quando são principalmente de natureza altruísta, a função utilidade do filantropo incorpora a utilidade dos outros, pelo que é evidentemente influenciada por esta. Ora, se a política governamental for deficitária em matéria social, os filantropos, animados por razões predominantemente altruístas, revelam maior propensão para conceder donativos, substituindo-se à função do Estado. Contrariamente, se o governo aumentar as despesas com os serviços públicos para um nível que, sob o ponto de vista do bem-estar dos cidadãos, é adequado, os agentes que concedem donativos, com o único escopo de incrementarem a satisfação dos recipientes, deparam-se com menos razões para o fazer. É neste quadro que ocorre o fenómeno do *crowding-out*, que resulta do efeito simétrico que o aumento das despesas públicas tem na atribuição de donativos[45]. Saber se os donativos são concedidos por particulares ou por empresas não é uma questão desprezível nesta matéria, uma vez que o efeito *crowding-out* pode ser induzido em cada um destes grupos não só pelo comportamento do Estado, mas também pelo do outro grupo.

Embora a literatura empírica não seja unânime, Andreoni (1989, 1990) sugere a existência de *crowding-out*. Mas o seu efeito não é perfeito. Tal significa que o reforço do papel do Estado no fornecimento de serviços públicos, ou no financiamento directo do terceiro sector, conduz a uma quebra do nível de donativos menos que proporcional. Assim, a tese do altruísmo puro, que radica exclusivamente no bem-estar do destinatário do donativo, recua perante alternativas mais racionais e que suportam os resultados empíricos, afastando a hipótese optimista de que uma redução do apoio público é automática e totalmente compensada pelo aumento das contribuições privadas. Note-se que, para além das relações de complementaridade sectoriais, as despesas públicas podem funcionar

---

[45] O *crowding-out* perfeito significa que um aumento de uma unidade monetária na despesa pública se traduz na diminuição de uma unidade monetária na atribuição de donativos. Os resultados de Duncan (1999) sugerem que o efeito *crowding-out* envolve não só dinheiro, mas abrange também o trabalho voluntário, encontrando-se, portanto, subvalorizado.

como um meio de sinalização de que o desenvolvimento do terceiro sector é relevante sob o ponto de vista social, incentivando, por esta via, o apoio dos agentes privados[46].

De acordo com o modelo de Andreoni (1990), conhecido por *warm glow model*, existem muitas razões que animam os filantropos e que não resultam apenas do reflexo positivo causado no destinatário, alimentando a ideia de que a contribuição própria e a contribuição dos outros não são substitutos perfeitos. Tal não invalida que a função utilidade dos filantropos incorpore a satisfação dos beneficiários. Porém, importa equacionar outras motivações que o acto de contribuir encerra. Sob os auspícios do *warm glow model*, os filantropos contribuem com o intuito de melhorar o bem-estar dos outros, mas aproveitam de outras fontes de satisfação intrínsecas, que acabam por influenciar a sua função utilidade[47]. Elster (2006) questiona se subsiste uma motivação altruísta quando um donativo gera benefícios privados, mesmo de carácter psicológico (*warm glow*). Ainda que seja de difícil avaliação, a resposta é positiva se a satisfação extraída for uma consequência lateral do acto e não a sua principal causa,

---

[46] Refira-se, por exemplo, o estudo de Horne et al. (2005), que conclui que os filantropos individuais desconhecem o montante de subsídios atribuído pelo Estado ao terceiro sector. Os autores sugerem que o fenómeno do *crowding-out*, suportado por alguns resultados empíricos, poderá ser explicado pelo facto de o financiamento público se traduzir na redução do esforço das entidades recipientes na captação de donativos. Ou seja, na sequência de um aumento das transferências públicas para as entidades beneficiárias de donativos, a intensidade do *fund-raising* diminui, pelo que o efeito *crowding-out* não resulta directamente do desincentivo pessoal dos mecenas.

[47] Segundo Andreoni (1990), a principal diferença entre os modelos do altruísmo puro e do altruísmo impuro (designação alternativa para o *warm glow model*) reside no facto de o primeiro assumir que é indiferente para as pessoas quem financia o bem público – a fonte e os meios do seu fornecimento –, interessando-lhes apenas o seu total. No âmbito do modelo do altruísmo impuro, a função utilidade dos indivíduos acolhe uma outra componente de satisfação extraída do acto de doar, dando origem a um coeficiente de altruísmo (ou a um coeficiente de *warm glow*, designação utilizada em 2006 por Andreoni). Ou seja, para estes indivíduos, não é indiferente que os donativos sejam atribuídos por eles, por outros, ou que os bens públicos sejam fornecidos pelo Estado. Neste contexto, o acto de doar segue o *warm glow model*, em que as motivações do filantropo não se esgotam no impacto no bem-estar dos outros, o que explica que o efeito *crowding-out* não seja perfeito. Assim, neste modelo, o "fenómeno *free-rider*" é menos pronunciado, porque, *ceteris paribus*, há restrições à substituição dos seus donativos pelos de terceiros. Dito de outro modo, e seguindo de perto Andreoni (2006), os donativos têm algumas características de bens públicos, mas também de bens privados.

mantendo-se, forçosamente, a vontade de aumentar o bem-estar do respectivo destinatário. É o que acontece com o altruísmo impuro.

Os corolários do *warm glow model*, ainda que tenham como pano de fundo os donativos dos indivíduos, podem ser adaptados para os donativos empresariais. De facto, sobretudo no âmbito da filantropia estratégica, que privilegia a alocação selectiva de recursos, o efeito *crowding-out* provocado pelas despesas públicas poderá transformar-se num efeito *crowding-in*. As causas específicas que as organizações querem ver apoiadas poderão não coincidir com o destino das despesas públicas. Ademais, o apoio directo confere-lhes um grau de controlo que não é possível através do cumprimento estrito do dever de contribuir: a afectação da receita do imposto é decidida sem ter em conta as preferências de quem o entrega.

Esta posição não contende com o princípio da autotributação, que traduz a autorização concedida pelos membros de uma comunidade aos seus governantes para, mediante o mandato do parlamento, recolherem os recursos necessários à satisfação das necessidades colectivas[48]. Assim, os cidadãos demonstram as suas preferências e escolhem o nível de fiscalidade, através da eleição dos seus representantes. Tudo isto se passa a um nível agregado e, atenta a definição de imposto, a alocação da receita a uma determinada despesa não tem, nem pode ter, em conta as preferências individuais do sujeito passivo. Faz jus à ideia de solidariedade e de justiça sociais e aparta-se do critério do benefício (que cada um retira do consumo dos bens públicos).

---

[48] Saldanha Sanches (2007:116) refere que "a concepção clássica do princípio da legalidade fiscal resume-se na célebre expressão anglo-saxónica «*no taxation without representation*», que atribui ao Parlamento – enquanto representante dos contribuintes – uma competência exclusiva para a aprovação das leis fiscais. É essa tradição de auto-tributação, expressa na decisão da assembleia parlamentar em matéria fiscal, que é retomada pela Constituição portuguesa quando determina, com acentuada ênfase, que os impostos «*são criados por lei*» (artigo 165º, nº 1. al. i)), e que também a lei que deverá delimitar «*a incidência*» – os conteúdos objectivo e subjectivo da previsão da lei fiscal –, «*a taxa*», como a principal decisão quantificadora da dívida fiscal, e os «*benefícios fiscais*», como derrogação que são do princípio da generalidade tributária, além das «*garantias dos contribuintes*» (tudo isto no artigo 103º, nº 2 da CRP)". Registe-se, a propósito deste princípio, a posição de Casalta Nabais (2007:1047): "a legislação fiscal comunitária, que materializa indiscutivelmente uma transferência de poder tributário dos Estados para a União Europeia e que tem por fonte um órgão de natureza intergovernamental e por suporte material a burocracia comunitária, está longe de expressar a ideia que passou à posteridade na conhecida fórmula «*no taxation without representation*»".

Para Leite de Campos (2006), assiste-se, actualmente, a um défice de democraticidade em matéria fiscal em Portugal. O autor defende que tem de haver maior aderência à vontade popular e que os cidadãos não podem ser meros "sujeitos passivos", mas participantes efectivos do processo de criação e de aplicação dos impostos. Sugere, por exemplo, a realização de sondagens para que a opinião pública se pronuncie sobre a fiscalidade nacional. Num contexto mais amplo, Catarino (2008:630) realça que "o voto eleitoral é um mecanismo que expressa vontades incompletas, contraditórias e ineficientes, em parte emergentes de um conhecimento parcelar da realidade, gerando problemas que merecem séria reflexão, tal como o preconiza a escolha pública".

No plano da filantropia organizacional, o efeito *crowding-out* perfeito sugere a existência, em exclusividade, de factores altruístas na função utilidade dos gestores. Isto é, a função utilidade dos gestores incorpora apenas o bem-estar dos destinatários dos donativos empresariais. Os resultados do estudo de Trost (2008) indiciam a ausência de *crowding-out*, demarcando-se da maioria das conclusões relativas aos donativos individuais. Conclui que, ou se está perante um modelo de maximização dos lucros, ou, em alternativa, a capacidade explicativa do modelo da maximização da utilidade dos gestores depende da assunção de que o bem-estar dos recipientes tem pouca importância na sua função utilidade.

O trabalho de Day e Devlin (2004) aponta para a existência de *crowding-in*. Ou seja, os donativos das empresas estabelecem uma relação positiva com as despesas públicas. Esta relação de complementaridade é mais pronunciada nas áreas do apoio social e da educação.

Em síntese, muito embora na justificação dos donativos empresariais não haja soluções simplistas ou de polarização extrema, se, numa determinada economia, as empresas que concedem donativos são encorajadas por razões de *self-interest*, geralmente relacionadas com a maximização dos lucros, o efeito *crowding-out*, à partida, terá pouca expressão, persistindo um reduzido grau de substituição entre as despesas públicas e os donativos empresariais. Assim, o Estado poderá aumentar as despesas públicas, sem temer uma contracção do nível de donativos. Porém, no que se refere à compreensão das repercussões da política económica do governo, existem outras questões que devem ser ponderadas, nomeadamente a elasticidade-preço dos donativos.

4.3. Os modelos da maximização dos lucros e da maximização da utilidade dos gestores

Recapitulando o que foi descrito, as motivações da filantropia empresarial são de diversa ordem. Sem prejuízo da corrente conciliadora, que milita a favor de as hipóteses do *self-interest* e do altruísmo não serem mutuamente exclusivas, o estudo da filantropia empresarial tem vindo a ser sistematizado em torno de dois modelos distintos: o modelo da maximização do lucro e o modelo da maximização da utilidade do órgão de gestão, em que a relação entre a taxa de imposto e o montante de donativos vem operando como um indicador da aderência destes modelos à realidade (Schwartz, 1968, Cain e Cain, 1985, Navarro, 1988, Arulampalam e Stoneman, 1995, Boatsman e Gupta, 1996, Adams e Hardwick, 1998, Day e Devlin, 2004, Carroll e Joulfaian, 2005, Brammer e Millington, 2005b, entre outros).

Analisando a concessão de donativos sob a óptica da maximização dos lucros, os donativos podem não ter a natureza de verdadeira filantropia, sendo registados no conjunto de gastos de funcionamento da empresa que contribuem para a obtenção de rendimentos.

A maximização da utilidade dos indivíduos encontra no espectro dos donativos das pessoas singulares um ambiente genuinamente natural. Tal como já foi mencionado, os donativos individuais assentam num corpo teórico que, ultrapassando a lógica redutora do aumento do consumo, se baseia no postulado de que os indivíduos podem aumentar o seu nível de satisfação em função da melhoria do bem-estar dos outros. Esta perspectiva poderá ser adaptada para o campo das pessoas colectivas, mediante a assunção de que a sua acção não se esgota no propósito da maximização dos lucros: os donativos desempenham um papel mais próximo da filantropia no seu estado mais puro, consistente com a satisfação em contribuir para o bem-estar social. Os argumentos de natureza normativa sustentam o dever de a organização aliviar o impacto dos problemas que causa à sociedade e de partilhar alguns dos benefícios que esta lhe permite obter. Tal não obsta a que, ainda que implicitamente, o oportunismo dos membros do órgão de gestão condicione a decisão de doar.

Nesta dupla abordagem, a variável preço (1-t), em que t representa a taxa de imposto sobre o rendimento das pessoas colectivas[49], tem vindo

---

[49] É muito comum na literatura o preço do donativo assumir um papel determinante no respectivo montante. Obtém-se através do complementar da taxa de IRC, (1-t), na medida em

a ser amplamente utilizada para a identificação das motivações das organizações na concessão de donativos. Assim, quando os donativos equivalem em substância aos gastos comuns da empresa, a alteração da taxa de imposto não tem qualquer reflexo no respectivo montante.

No modelo da maximização de lucros, a empresa concede donativos na medida em que estes contribuem para o seu rendimento. Assumindo que os gastos com os donativos são integralmente dedutíveis, à semelhança do que sucede com as remunerações dos outros factores de produção, a razão apontada para a neutralidade desta relação é intuitiva: o *mix* entre os donativos e os outros *inputs* não é alterado pela variação da taxa de imposto, ou seja, as escolhas óptimas dos factores produtivos são as mesmas "antes e depois de impostos"[50]. Todavia, é óbvio que se mantém uma relação negativa entre a taxa de imposto e os lucros disponíveis.

Num quadro teórico alternativo em que os donativos correspondem a um comportamento menos instrumental (pelo menos na perspectiva da organização), o seu financiamento terá origem em rendimentos residuais. Estes rendimentos, sem destino previamente fixado, são influenciados pela variação da taxa de imposto, o que é consistente com o modelo da maximização da utilidade dos gestores.

É importante reiterar a ideia de que o desígnio da obtenção de lucros não colide frontalmente com o modelo da maximização da satisfação do órgão de gestão. Neste sentido, Adams e Hardwick (1998) sustentam que este debate não deve ser polarizado em torno da filantropia pura ou, em alternativa, da maximização de lucros. Sánchez (2000) e Gan (2006) referem que, actualmente, a filantropia constitui uma síntese de dois pontos de vista tradicionalmente conflituantes. Também Shaw e Post (1993) afirmam que não existe qualquer problema no facto de os programas de apoio social se projectarem na imagem, reputação ou *goodwill* da empresa

---

que, como Johnson (1966) faz notar, a contribuição percentual do Estado para o donativo corresponde à taxa efectiva de imposto, enquanto que o complementar representa a contribuição da organização.

[50] Saliente-se que a legislação portuguesa limita a dedutibilidade de donativos em sede fiscal, o que não se verifica para a maioria dos custos dos factores produtivos. Porém, sob o ponto de vista estritamente contabilístico, para o cálculo dos resultados líquidos, apenas concorre um valor que é afectado por esta limitação: o IRC estimado. A isto voltaremos.

patrocinadora. Acrescentam que, neste capítulo, as motivações das empresas resultam de uma amálgama de razões altruístas, estratégicas, de cidadania e de prudência, repudiando categoricamente a tese de que o *self-interest* é incompatível com factores de ordem moral. Seguindo o mesmo fio condutor, a abordagem de Dienhart (1988) concilia os termos "investimento" e "filantropia"; e Rumsey e White (2009:303) afirmam que tanto as empresas como as entidades beneficiárias dos donativos compatibilizam motivos comerciais e de benevolência, "sugerindo que a presença do interesse próprio não faz precludir um desejo genuíno de servir as necessidades da comunidade".

É verdade que, historicamente, o estudo da filantropia empresarial tem sido marcado por um contexto de controvérsia, onde duas lógicas principais se defrontam. Todavia, actualmente, mais do que dicotómicas, estas lógicas ganham contornos comuns se for considerado que a concessão de donativos é uma dimensão da responsabilidade social, entendida esta como uma forma de actuação que está para além das exigências legais e cujo eixo estruturante é composto por ditames dos campos económico e social, acarretando vantagens simultâneas para a empresa e para a comunidade.

A concessão de donativos promove a integração da organização na comunidade e reforça os laços entre a organização e os seus funcionários. Também proporciona um aumento da sua reputação, com reflexos positivos junto dos stakeholders. Quando articulada com a actividade principal da empresa poderá assumir um carácter estratégico, maximizando o "resultado social", com repercussões na atracção de melhores recursos, promoção de vantagens competitivas e aumento da performance económico-financeira. Nesta óptica, mesmo com efeitos temporalmente diferidos, a lógica de maximização de lucros está perfeitamente enquadrada. Fairfax (2006) refere que mesmo os defensores da primazia dos interesses dos titulares do capital admitem que algumas acções encetadas pelos gestores, aparentemente orientadas para a satisfação dos outros stakeholders, numa perspectiva de longo prazo, são consistentes com o modelo da maximização dos lucros.

Arulampalam e Stoneman (1995) notam que, no enunciado do modelo da maximização da utilidade do órgão de gestão está patente um considerável grau de altruísmo. Recorde-se que o altruísmo se enxerta na teoria económica, nomeadamente por via da função utilidade do filantropo. Um dos seus pressupostos é a existência de órgãos de gestão separados da titularidade do capital social, porque é neste contexto que, eventualmente, poderá ocorrer, com maior expressividade, uma alocação de despesas com o escopo de aumentar a sua satisfação pessoal. Esta reafectação de rendimento poderá ser feita para financiar donativos.

Para explicar a relação entre a taxa de imposto e os donativos concedidos, seguir-se-á de perto a formulação de Boatsman e Gupta (1996), que nos parece bastante clara. Neste modelo, o órgão de gestão, com o fito de incrementar a sua própria satisfação, financia os donativos empresariais através de lucros discricionários. Em traços gerais, este conceito reporta-se aos lucros adicionais, face a um montante mínimo exigido pelos sócios da empresa, que poderão financiar despesas com actividades que não estão directamente relacionadas com a obtenção de receitas.

Há um nível de donativos que pode ser consistente com a maximização de lucros (Clotfelter, 1985), mas não está excluída a possibilidade de o órgão de gestão contribuir acima desse montante, com o propósito de aumentar a sua utilidade, extraída, por exemplo, do acesso a grupos de elite sociais, do apoio a causas que lhe sejam caras e da demonstração pública do seu poder e capacidade de influência (Galaskiewicz, 1997). Em conformidade com esta regra, admite-se que o nível de donativos excede o nível óptimo que maximiza os lucros da empresa, o que, de alguma forma, suporta a hipótese, aventada por Navarro (1988) e por Brammer e Millington (2005b), de que a remuneração dos gestores e os donativos possam ser substitutos[51].

Atente-se que, tal como referem Arulampalam e Stoneman (1995), a suposição de este modelo se basear numa lógica de os donativos serem concedidos pelos gestores, enquanto "figuras decorativas" manietadas pelos sócios, deve ser rejeitada. Muito embora seja razoável admitir que os sócios de uma empresa preferem concretizar a sua política de donativos através da organização cuja propriedade detêm (sobretudo na hipótese de as taxas que recaem sobre o seu rendimento pessoal serem inferiores à taxa de imposto da empresa e, portanto, o efeito da deduti-

---

[51] Ainda que num âmbito mais alargado, refira-se que o estudo de McGuire et al. (2003) sugere que elevados níveis de remuneração dos gestores estão relacionados com fraca performance social.

bilidade dos donativos ser mais expressivo quando concedidos por esta via), em conformidade com o quadro teórico dominante, os membros do órgão de gestão actuam de forma independente, rumo aos objectivos da empresa, e não como meros agentes daqueles.

Evidentemente que se os membros do órgão de gestão forem titulares do capital social e as organizações tiverem o seu capital concentrado, esbatendo-se as fronteiras entre as preferências das partes, esta questão adquire maior nitidez e pertinência. Para Fry et al. (1982), aceitar a tese de que os proprietários concretizam a sua política filantrópica através da organização que detêm pressupõe que as pequenas empresas atribuem relativamente mais donativos do que as grandes, já que é naquelas que se verificam as características supra referidas. Esta tese não tem colhido suporte empírico na literatura.

O modelo da maximização da utilidade do órgão de gestão decompõe o impacto do aumento da taxa de imposto no montante de donativos concedidos, em dois efeitos de sinal contrário: o efeito rendimento e o efeito substituição. No âmbito do primeiro, dado que os lucros são a fonte de financiamento dos donativos, o aumento da taxa de IRC constitui um factor potencialmente conducente à sua redução (relação negativa).

O efeito substituição sustenta uma possível relação positiva entre a taxa de IRC e o montante de donativos. O aumento da taxa de IRC conduz a uma diminuição da preferência pelo lucro, tornando a sua troca pela concessão de donativos, ou por outras despesas discricionárias, compensadora, diminuindo o ónus da tributação. Dito de outra forma, o preço relativo dos lucros discricionários face às despesas que financiam é alterado, porquanto os primeiros estão sujeitos a tributação, ao invés das segundas que são dedutíveis.

Segundo o modelo de Williamson, o efeito substituição é superior ao efeito rendimento, pelo que, verificada a condição de existir um nível suficiente de lucros que satisfaça as pretensões dos sócios, a relação entre a taxa de imposto e o montante de despesas afectas às preferências de consumo dos gestores (de que são exemplo os donativos) é positiva[52].

---

[52] Williamson (1963) introduziu o conceito de *"expense preference"*, cuja relevância gravita em torno do facto de os gestores não serem indiferentes à natureza dos encargos suportados pela organização. Dos diversos encargos enumerados, destaca-se o financiamento de várias actividades discricionárias, que não representam uma remuneração directa dos gestores, mas

Schwartz (1968) obteve uma relação negativa entre a variável preço e os donativos, com uma elasticidade-preço, consoante os modelos utilizados, compreendida entre -1,06 e -2,00, acima dos valores obtidos por Clotfelter (1985), cujo valor estimado preferido é de -0,4. O estudo de Day e Devlin (2004) também sugere uma relação negativa, menor do que 1 (em função das especificações do modelo, as elasticidades-preço variaram entre -1,5 e -4,7, mas as autoras optaram pelo primeiro resultado). À semelhança de Levy e Shatto (1978) e de Carroll e Joulfain (2005), os resultados de Arulampalam e Stoneman (1995) confirmaram uma relação significativa positiva entre a taxa de imposto e os donativos, prevalecendo assim o efeito substituição sobre o efeito rendimento. Tecem ainda alguns comentários de alerta para os decisores políticos: "(...) podemos notar que a elasticidade dos donativos em relação às taxas de imposto é positiva. Logo, taxas de imposto mais baixas implicam menos donativos. A actual tendência de redução das taxas de imposto no Reino Unido exige outras medidas que estimulem a manutenção dos montantes de donativos" (Arulampalam e Stoneman, 1995:944).

Note-se, no entanto, que o efeito substituição é positivo apenas e só sob a hipótese de o valor mínimo de lucros não ser ultrapassado; caso contrário reforçará o efeito rendimento. Assim, se a fronteira de lucros exigidos pelos titulares do capital for transposta, o órgão de gestão não incor-

contribuem para a sua satisfação pessoal. O financiamento destas actividades provém de fundos discricionários que resultam da diferença entre os lucros declarados (antes de impostos) e o montante mínimo de lucros (depois de impostos) exigido pelos sócios. Assim, o aumento da taxa de imposto sobre os lucros tem dois efeitos: o efeito substituição, que é positivo, e o efeito rendimento que é negativo. O efeito global tende a ser positivo, porquanto o primeiro prevalece sobre o segundo. Este é o modelo baseado na maximização da utilidade dos gestores e, segundo Williamson (1963:14), "é nas grandes empresas que as manifestações do comportamento discricionário são importantes". Numa linha análoga expressaram-se Jensen e Meckling (1976), sustentando que um dos conflitos inerentes à relação de agência estabelecida entre o órgão de gestão e os titulares do capital deriva de, tendencialmente, o primeiro subtrair rendimentos adicionais gerados pela organização e afectá-los ao seu consumo pessoal. Contrariamente, no modelo da maximização dos lucros, em que apenas os interesses dos sócios são tidos em consideração, a alteração da taxa de imposto sobre os lucros não produz efeitos no investimento discricionário, porque todas as despesas incorridas estão confinadas ao propósito de os potenciar (neste contexto, há uma tendência para que a retenção de lucros tenha de ser amplamente fundamentada, através, por exemplo, da política de investimentos futuros).

rerá em despesas que não sejam absolutamente consistentes com o propósito de maximização de lucros, prevenindo a sua indesejada substituição. Independentemente de se saber qual dos efeitos é dominante, uma relação significativa entre a taxa de imposto e os donativos sugere que o escopo dos donativos das empresas não se reduz à maximização de lucros.

Navarro (1988) equaciona este problema de forma diferente, excluindo os lucros discricionários da função utilidade. Contrastando com o modelo do comportamento discricionário avançado por Williamson, para Navarro, os lucros discricionários não fazem parte da função utilidade dos gestores; financiam tão-somente o consumo de actividades discricionárias, não conferindo utilidade por si mesmo. Se a diferença na abordagem do problema parece de somenos importância, as suas implicações são diametralmente opostas às do modelo referido, uma vez que a exclusão do efeito substituição, permanecendo o efeito rendimento isoladamente, contribui para uma relação negativa entre a taxa de imposto e o montante de donativos.

Os resultados de Navarro (1988), extraídos de uma amostra em que figuravam simultaneamente empresas que concediam e que não concediam donativos (muito embora estas últimas tivessem pouca expressão), atestam que a relação entre a taxa de imposto e o montante de donativos é pouco significativa. Apoiam a ideia de que a concessão de donativos segue uma lógica de maximização de lucros, em que as taxas de imposto afectam o nível de lucros, mas não têm impacto no montante de donativos que maximiza aqueles lucros. Ainda que quase neutra, Navarro verificou que a relação é negativa, o que parece alimentar a tese de que o lucro discricionário deve ser omitido no modelo tradicional da maximização da utilidade dos gestores. Os resultados de Brammer e Millington (2005b) também sugerem ausência de significância estatística da taxa de imposto na explicação do montante relativo de donativos.

Tal como Navarro (1988), Boatsman e Gupta (1996) confirmaram uma relação negativa entre a taxa de imposto e os donativos. Mas, contrariamente àquele autor, e à semelhança de Schwartz (1968) e de Arulampalam e Stoneman (1995), obtiveram uma relação significativa, resultado que se revela coerente com o modelo da maximização da utilidade do órgão de gestão. Justificam o sinal desta relação através do facto de os donativos que excedem o nível de maximização de lucros estarem sujeitos a uma fronteira de restrição de lucros exigidos, o que mostra que a relação entre estas variáveis, no âmbito do modelo da maximização da utilidade dos gestores, depende da disciplina imposta pelo valor mínimo de lucros reivindicado pelos titulares do capital. Ou seja, o aumento da taxa de imposto tem como consequência a retracção da fronteira dos lucros mínimos exigidos, daí advindo uma redução dos donativos. Este resultado parece indiciar que os gestores actuam sob uma disciplina rigorosa, em que a sua satisfação, induzida pela concessão de donativos, encontra limites na remuneração reclamada pelos sócios. Refira-se, por fim, que estes autores admitem uma interpretação alternativa, baseada na hipótese de o efeito rendimento se sobrepor ao efeito substituição.

Em face do exposto, em que ficou explícita a ambiguidade dos resultados obtidos pelos diversos autores, é importante analisar a relação estabelecida entre a taxa de IRC e o montante de donativos concedidos pelas empresas portuguesas. Só depois de aquilatar a significância da taxa efectiva de imposto das empresas na atribuição de donativos, se pode aferir da aderência dos modelos apresentados à realidade portuguesa, avaliar o impacto da variação da taxa de IRC no montante de donativos e compreender os efeitos da legislação fiscal portuguesa que regula especificamente esta matéria.

4.4. As perspectivas sobre a aceitação fiscal dos donativos

A aceitação fiscal dos donativos suscita críticas por parte daqueles que entendem que a missão da empresa está circunscrita à maximização dos lucros, vislumbrando na concessão de donativos uma actuação do órgão de gestão em ordem à satisfação da sua utilidade e, portanto, desligada da sua função.

A consagração legal da dedutibilidade dos donativos, como se de outro gasto de funcionamento se tratasse, estimula um comportamento discricionário por parte do órgão de gestão, podendo, inclusivamente, legitimar um "abuso flagrante dos direitos de propriedade dos accionistas" (Navarro, 1988:66) e potencia uma alocação ineficiente dos recursos organizacionais. Os detractores da tese que preconiza a aceitação fiscal dos donativos centram as suas objecções no encorajamento das preferências de consumo dos gestores que, para granjearem prestígio social, ou em devoção a princípios altruístas e a outras crenças ideológicas, normalmente sob o argumento da responsabilidade social da organização, delapidam o património social.

Uma outra corrente defende a dedutibilidade fiscal dos donativos, uma vez que não confina a função das empresas à maximização dos lucros. Nestas perspectivas antagónicas, há o entendimento comum de que a atribuição de donativos é uma actividade cujo escopo extravasa a maximização dos lucros, pelo menos, num sentido estrito. O que parece estar no âmago da divergência é o facto de os primeiros não aceitarem esta realidade e reivindicarem que a legislação fiscal proteja os prejudicados (normalmente os sócios) do comportamento discricionário dos gestores, ao passo que os segundos não vislumbram na conduta do órgão de gestão qualquer irregularidade quando abraça outros propósitos, nomeadamente a concretização da responsabilidade social da organização.

De uma forma geral, em diversos países é atribuída às organizações a faculdade de concederem donativos (Brudney e Ferrell, 2002). No entanto, perante o objectivo da maximização dos lucros e, conforme sentenciado pelo Supremo Tribunal do *Michigan*, no caso *Dodge vs. Ford Motor Company*, em 1919, podem surgir graves conflitos de interesses. Neste processo, Henry Ford pretendia reter dividendos na empresa para reinvestir em actividades secundárias, meramente tangenciais ao propósito da maximização de lucros. Esta pretensão suscitou a indignação de uns accionistas minoritários ("the Dodge brothers"), reputando de ilegítimo o intuito de beneficiar os funcionários e clientes, com o fundamento de ser feito à custa dos accionistas. O Tribunal corroborou a tese de que a missão primordial da gestão é favorecer os accionistas[53].

Outro episódio judicial, que ocorreu três décadas mais tarde, reforça a ideia de que, historicamente, a concessão de donativos tem concorrido para o agravamento dos problemas de agência: em 1952, na sequência da doação de $1500 da *A. P. Smith Manufacturing Company* à Universidade de *Princeton*, um accionista (Barlow) processou a empresa por danos. O Tri-

---

[53] Anote-se que, anteriormente, nos EUA, a legitimidade da filantropia empresarial já havia sido questionada pelos sócios das empresas, obtendo a chancela judicial para as suas pretensões. Sharfman (1994) apresenta os casos do *Old Colony Railroad* (1881), *Worthington vs. Worthington* (1905) e *Brinson Railroad vs. Exchange Bank et al.* (1915), em que o facto de os donativos não afectarem positivamente os objectivos da empresa, ou de não corporizarem benefícios para os seus colaboradores, determinou que os tribunais concluíssem por uma discricionariedade injustificável. Em sentido diferente, com o fundamento de que a atribuição de donativos tinha um elo de ligação com os propósitos da empresa, refiram-se os exemplos de *Steinway vs. Steinway & Sons et al.* (1896) e *Main vs. C.B. & Q. Railroad* (1899).

bunal decidiu que esta agira em prol do bem comum, já que o destinatário do donativo satisfazia necessidades colectivas e portanto, de forma indirecta, também beneficiava a empresa (em 1953, o recurso do accionista para o Supremo Tribunal de *New Jersey* não colheu provimento). Segundo Fry et al. (1982), Dienhart (1988), Campbell et al. (1999) e Brown et al. (2006), com esta decisão, a lei americana passou, inequivocamente, a consagrar a legitimidade dos donativos empresariais que não estão directamente relacionados com a actividade da empresa. Para Sharfman (1994), esta sentença judicial institucionalizou formalmente a filantropia empresarial, cuja aceitação estava, ainda que oficiosamente, arreigada na sociedade norte-americana há muito tempo.

Existem benefícios intangíveis proporcionados pela atribuição de donativos que não são claramente subsumíveis a uma lógica de maximização de lucros e que caem no desenho legislativo da ausência de contrapartidas para a organização. Esta perspectiva, segundo Fairfax (2006), legitima que alguns tribunais validem a atribuição de donativos, mediante o *goodwill* que geram na comunidade, declinando uma abordagem centrada na maximização da riqueza dos sócios que, necessariamente, teria repercussões na sua desqualificação fiscal. Assim, tal como notam Shaw e Post (1993), a utilização de fundos da empresa para financiamento de projectos comunitários é consistente com a lei e com a ética. Porém, esta abordagem não soluciona a questão de saber qual o órgão social que tem, em última instância, competência nesta matéria.

Este problema enquadra-se, naturalmente, nos problemas de agência: se a decisão sobre a filantropia empresarial ficasse na esfera dos sócios, os custos de agência reduzir-se-iam. De acordo com Sasse e Trahan (2007), o contrato de agência entre gestores e proprietários é uma questão ainda em aberto. Apresentam, como exemplo, o caso recente de os sócios da *Microsoft* terem reivindicado as avultadas reservas em dinheiro que esta organização dispunha. Na sequência desta reclamação, em 2004, foi distribuído um dividendo especial de 32 mil milhões de dólares.

Em sentido diferente, Blair (1998) entende que uma empresa não se reduz a um acervo de activos detidos por sócios. Não constitui uma forma de organização da propriedade dos sócios, uma vez que inclui activos intangíveis e inalienáveis que resultam do esforço conjunto de vários agentes económicos. O capital humano de uma organização, por exemplo, não pode ser reivindicado pelos detentores do capital financeiro. Portanto, a doutrina que enforma a relação de agência deixa de ser aplicável no seu sentido mais estrito. Blair conceptualiza a organização como um nexo de contratos, em que os vários stakeholders acordam em contribuir com vários *apports* e, abdicando dos seus direitos de propriedade individuais, colocam-nos numa plataforma comum, organizada hierarquicamente e dirigida por gestores. Remete para estes o poder de decidirem sobre a afectação dos activos detidos pela organização, incluindo as actividades filantrópicas.

Entre nós, a nova redacção do art. 64º do CSC, em particular a alínea b) do seu nº 1, segundo a qual os gestores devem observar "deveres de lealdade, no interesse da sociedade, atendendo aos interesses de longo prazo dos sócios e ponderando os interesses dos outros sujeitos relevantes para a sustentabilidade da sociedade, tais como os seus trabalhadores, clientes e credores", veio esclarecer a importância dos vários grupos de stakeholders nas decisões societárias.

Tal como sublinham Coutinho de Abreu (2007b) e Almeida (2008), este problema centra-se nas divergências que as correntes institucionalista e contratualista protagonizaram ao longo do tempo. Apesar de ser uma discussão antiga, o institucionalismo, para quem o interesse social é um interesse comum, de vários stakeholders, acabou por triunfar sobre o contratualismo, que o reduz ao interesse dos sócios enquanto tais, que comungam do mesmo objectivo. Anote-se que o interesse comum dos sócios identifica-se com o escopo lucrativo; é este o factor de união do conjunto de sócios. Naturalmente que poderá haver interesses individuais dos sócios, mas o interesse social apenas se refere ao interesse dos sócios enquanto tais. Ou seja, nesta concepção, o interesse social surge como "a relação entre a necessidade de todo o sócio enquanto tal na consecução de lucro e o meio julgado apto a satisfazê-lo" (Coutinho de Abreu, 2007b:37).

Não obstante, a colectividade de sócios mantém-se como o órgão máximo da organização: é a assembleia geral que designa e destitui os gestores, delibera sobre a aprovação das contas do exercício e sobre a aplicação dos resultados, podendo intimar uma distribuição mínima de lucros, tem competência exclusiva sobre a alteração do contrato de sociedade, entre outros poderes. Segundo Maia (2007:238), "com isto não se pretende sustentar que os sócios detêm todos os poderes sociais, mas apenas que as mais importantes e decisivas matérias na vida da sociedade foram, em regra, inscritas na sua esfera de competência"[54].

Regressando aos donativos, na legislação comercial portuguesa subsistem poucas dúvidas quanto à legitimidade de os gestores decidirem os respectivos montantes e destinatários. Porém, se os sócios pretenderem limitar a discricionariedade dos gestores na concessão de donativos, podem, por via deliberativa ou estatutária, torná-la dependente da sua aprovação.

Uma organização eficiente equaciona o *trade-off* entre a redução dos lucros disponíveis no curto prazo, induzida pelos custos com a filantropia e a melhoria da sua reputação, com impactos positivos na performance económico-financeira futura e, sobretudo, fundamenta a opção menos imediatista junto dos seus sócios, harmonizando eventuais pontos de vista conflituantes e, inclusivamente, enriquecendo a discussão em torno da selecção das causas e dos recipientes a apoiar.

Os sócios deverão ser sensibilizados para o impacto positivo que os donativos têm na rendibilidade de longo prazo, já que, incontornavelmente, no curto prazo, se traduzem na retracção dos lucros disponíveis para distribuição. Useem (1988) refere que, para as empresas sujeitas a uma disciplina de mercado mais rigorosa, o *pay-back* previsto para as contribuições tem de ser mais evidente. Defende que a concessão de donativos seja submetida a uma análise custo-benefício (tendo presentes as limitações das medidas quantitativas nesta matéria), bem como à apreciação dos sócios, para evitar acusações aos gestores de autopromoção social. Tal não implica que a filantropia empresarial obedeça a uma lógica estritamente económica, subsumível ao primado do *self-interest*; é razoável admitir um comportamento altruísta.

---

[54] Também Coutinho de Abreu (2007b:46) acentua que "a concepção institucionalista do interesse social marca presença no art. 64º, a respeito da actuação dos membros dos órgãos de administração (e de fiscalização). Mas é um *institucionalismo moderado e inconsequente*: os interesses dos sócios pesam muito mais, a falta de (ou deficiente) ponderação dos interesses dos não-sócios praticamente não têm sanção". Esta perspectiva não é inócua. Acarreta resultados muito relevantes sob o ponto de vista da responsabilidade, porquanto, de acordo com Carneiro da Frada (2007:223), "se a lei consente ao administrador atender e ponderar outros interesses para além do interesse da sociedade, tal significa necessariamente que uma gestão que não se tenha orientado estritamente para a maximização do lucro gerado pela empresa não conduz necessariamente a responsabilidade".

Sob o ponto de vista da política fiscal, uma incursão no tema da influência da taxa de imposto no montante de donativos exige uma abordagem distinta, recentrando a discussão em torno da fixação de limites à sua dedutibilidade em IRC. De facto, tal como referem Carroll e Joulfaian (2005), no caso de aquelas variáveis estarem relacionadas, é requerido um limite para o montante de donativos dedutível, atento o carácter discricionário destas despesas. Se, pelo contrário, a relação vier a revelar-se neutra, colhe razoabilidade uma solução de dedutibilidade irrestrita, porquanto os donativos equivalem em substância a um qualquer *input*.

No que se reporta ao estímulo fiscal para a atribuição de donativos, preenchido o pressuposto de que as entidades recipientes de donativos são eficazes no fornecimento de bens e serviços, sendo racional apoiar o seu desenvolvimento, a análise deve ser feita, naturalmente, no âmbito da primeira hipótese: se a elasticidade-preço dos donativos for suficientemente elevada (superior à unidade, em valor absoluto), sob o ponto de vista orçamental, é preferível que o Estado financie indirectamente estas entidades, por via do reconhecimento de benefícios fiscais aos sujeitos passivos que lhes concedem donativos, do que financiá-las através de transferências directas.

4.5. Síntese dos resultados empíricos
No âmbito do tratamento estatístico efectuado, foram identificadas e caracterizadas diversas variáveis que condicionam a concessão de donativos. Da revisão de literatura, resultou uma clara predominância de estudos relacionados com a filantropia individual.

No que se refere às pessoas colectivas, as variáveis mais frequentes na literatura que influenciam a atribuição de donativos, para além da taxa de imposto, que foi analisada anteriormente, são: o nível de endividamento, os custos com publicidade, a performance económico-financeira, a dimensão, as características da indústria, a titularidade e concentração do capital e as preferências dos gestores e influência do meio envolvente[55].

---

[55] A relação que estas variáveis estabelecem com a atribuição de donativos e a sua mensuração, constantes na bibliografia da especialidade, foram descritas por Taborda e Martins (2009a).

A amostra de dados, disponibilizada pela DGITA, é composta por informações constabilísticas e fiscais de 368 sociedades, referentes aos exercícios de 2002, 2003, 2004 e 2005. As variáveis supra referidas foram construídas através dos diversos campos dos impressos dos Modelos 22 e das declarações anuais de informação contabilística e fiscal.

Os critérios fixados para a selecção da amostra foram: serem sociedades anónimas residentes em Portugal e, durante todo o período temporal referido, terem estado em funcionamento, apresentado declarações fiscais, concedido donativos e preenchido o Quadro 07 do Modelo 22. Este Quadro é de preenchimento obrigatório para os sujeitos passivos residentes que exercem, a título principal, uma actividade de natureza comercial, industrial ou agrícola, quando sujeitos ao regime geral de determinação do lucro tributável, e para os não residentes com estabelecimento estável. Em obediência ao art. 104º, nº 2 da CRP, que remete para o índice da capacidade contributiva das empresas, o IRC incide, por via de regra, sobre o lucro real[56].

A amostra circunscreve-se às sociedades anónimas em virtude da obrigação legal de revisão de contas que sobre estas impende, o que melhora a credibilidade da informação contabilístico-financeira. Paralelamente, esta opção traduz-se no afastamento automático do regime simplificado, que altera as taxas legais de imposto, face ao regime geral de IRC.

Dado que a literatura sugere que a variação da taxa de IRC tem impacto no montante de donativos atribuídos pelas empresas, escolheu-se um período que contempla uma alteração dessa taxa. Ainda que as taxas

---

[56] De acordo com as normas de incidência subjectiva do CIRC- art. 2º, nº 1, alíneas a) e b) – e objectiva – art. 3º, nº 1, alínea a) –, o IRC incide sobre os lucros das pessoas colectivas com sede ou direcção efectiva em Portugal, que exerçam principalmente actividades comerciais, industriais ou agrícolas. O CIRC assume que as sociedades comerciais ou civis sob forma comercial, as cooperativas e as empresas públicas exercem, a título principal, o comércio, a indústria ou a agricultura, ou seja, "realizam operações económicas de carácter empresarial, incluindo as prestações de serviços" (art. 3º, nº 4 do CIRC). Para a legislação fiscal, estas actividades são intrínsecas à natureza daquelas entidades. Apesar de o IRC variar de acordo com a categoria jurídica e a residência dos sujeitos passivos, uma vez que a nossa amostra é constituída por sociedades comerciais com sede ou direcção efectiva em Portugal, centrar-nos-emos na tributação deste tipo de pessoas colectivas, que tem por base, como se disse já, o lucro.

efectivas das empresas não variem apenas em função da taxa nominal de IRC, esta variável tem uma importância incontestável nesta matéria. Para além disto, uma alteração da taxa de imposto constitui uma medida fiscal estrutural, induzindo mudanças comportamentais nos agentes económicos. Assim, em 2003, a taxa normal de IRC era de 30% e, por força do art. 30º da Lei nº 107-B/2003, de 31 de Dezembro, de 25% em 2004, alteração que cinde o período em fracções temporais iguais. Ademais, para garantir alguma comparabilidade, é conveniente que os dados se refiram a um período de alguma estabilidade no que ao regime fiscal dos donativos diz respeito. Seleccionou-se, pois, um período temporal em que o Estatuto do Mecenato vigorasse (entrou em vigor em 1999) e que, simultaneamente, abrangesse a vigência da Lei do Mecenato Científico, que produziu efeitos a partir do exercício de 2005.

Refira-se ainda que, em 2003, através da declaração nº 134/2003, de 11 de Fevereiro de 2003, foram publicados, no Diário da República, II série, nº 74, de 28 de Março de 2003, os novos modelos de impressos, que se aplicam aos deveres declarativos relativos ao exercício de 2002. Esta alteração dos impressos, que compõem a declaração anual de informação contabilística e fiscal, tem impacto na recolha de dados, na medida em que a informação solicitada à DGITA foi feita com base nos diversos campos desses impressos. Por razões de simplicidade, é conveniente que, ao longo do período observado, os dados solicitados constassem de impressos similares.

Por todos os motivos expostos e por que na data do pedido endereçado à DGITA os dados de 2006 ainda não estavam disponíveis, o período temporal analisado é composto pelos exercícios de 2002, 2003, 2004 e 2005.

Os resultados da análise empírica para o caso português estão condensados em Taborda e Martins (2009b). Resumidamente, os vários modelos estimados sugerem que o nível de rendimento das empresas parece determinar os donativos mecenáticos. Quando os recursos disponíveis são abundantes, é de esperar um maior envolvimento em actividades filantrópicas. Os valores obtidos para a elasticidade-rendimento foram inferiores à unidade. É uma relação positiva e inelástica, pelo que as variações de rendimento provocam alterações nos donativos proporcionalmente inferiores.

Também a taxa efectiva de imposto parece condicionar a atribuição de donativos. A significância estatística desta variável permite concluir que os donativos concedidos pelas empresas portuguesas seguem o modelo da maximização da utilidade do órgão de gestão, em detrimento do modelo da maximização de lucros (repita-se que, neste segundo modelo, a taxa de imposto e o montante de donativos concedidos são independentes). Esta relação é positiva e inelástica.

A doutrina dominante defende a fixação legal de um limite máximo para a dedutibilidade dos donativos, se a relação entre os donativos e a taxa efectiva for significativa. Em contraponto, se a relação for neutra, a admissibilidade dos gastos apenas deveria ser limitada para evitar o excesso de erosão da base tributável.

Nos diversos estudos que se debruçam sobre este tema, os valores relativos à elasticidade-preço dos donativos não são coincidentes. Facilmente se depreende que a importância do ponto de corte (-1) justifica um rigor metodológico e de cálculo que, infelizmente, nem sempre se consegue. De facto, os trabalhos que se baseiam em dados das liquidações de impostos dos contribuintes podem conter incorrecções, decorrentes de erros não intencionais ou de práticas de evasão fiscal. Idealmente, a amostra de dados deveria restringir-se a autoliquidações submetidas à inspecção prévia da Administração fiscal. Compreensivelmente, na prática, tal não é possível.

No entanto, propor uma estimativa da elasticidade-preço dos donativos é um objectivo deste trabalho, não só pela importância que tem para a análise dos donativos, mas também porque desconhecemos qualquer estudo em Portugal que tenha este tema por objecto. Este resultado é profícuo para a política fiscal, porque possibilita prever o efeito da variação da taxa de imposto no montante de donativos, contribuindo para o refinamento do regime do mecenato. Se a elasticidade-preço for maior do que um, em valor absoluto, o aumento do nível de donativos, induzido pela diminuição do respectivo preço, excede a inerente perda de receita fiscal. Dito de outro modo, o valor de uma unidade monetária do Estado, utilizada para subsidiar determinadas actividades pela via fiscal, gera mais do que uma unidade monetária no seu financiamento. Num quadro de restrições orçamentais, este resultado ganha ainda mais pertinência.

Os resultados extraídos dos modelos que estimámos apontam, com grande margem de segurança, para uma relação negativa e inelástica (a elasticidade-preço em valor absoluto é inferior a um). Daqui decorre que o aumento dos donativos, induzido pelo respectivo preço, é proporcionalmente inferior à perda de receita fiscal associada ao benefício fiscal concedido. Também reforçam a manutenção de um limite legal para a dedutibilidade dos donativos. Ou seja, o valor máximo fiscalmente dedutível dos donativos deve ser fixado legalmente, uma vez que a relação entre a taxa de imposto e os donativos mostrou ser significativa.

Mesmo num quadro de incentivo público a determinados comportamentos de reconhecido interesse público têm de ser estabelecidos limites. O *trade-off* entre a redução da receita fiscal, motivada pela consideração da dedutibilidade do valor majorado dos donativos ao rendimento tributável em IRC, e as vantagens sociais inerentes tem de ser equilibrado sob o ponto de vista orçamental. A relevância do preço dos donativos determina a imposição de "tectos máximos" ao nível da aceitação fiscal dos donativos, temperando o incentivo que promove a sua atribuição.

O que é difícil de comprovar empiricamente é se a majoração fiscal estratificada dos donativos, prevista no regime do mecenato, é adequada. Porém a sua utilidade é inquestionável: constitui um mecanismo que permite ao Estado influenciar a afectação dos donativos.

O próximo capítulo materializa a segunda parte deste trabalho. Na primeira, contextualizámos a filantropia empresarial e identificámos as suas dimensões principais, tendo sobressaído a relevância da variável fiscal na concessão de donativos.

Importa agora prosseguir, analisando detalhadamente o regime fiscal dos donativos concedidos ao abrigo do mecenato, condensando a principal doutrina e jurisprudência que o têm por objecto, examinando a sua natureza de benefício fiscal, compreendendo os princípios que o fundamentam, enquadrando as recentes tendências da filantropia observadas a nível internacional e comentando criticamente as suas fragilidades.

5. O Tratamento Fiscal dos Donativos em Portugal

Já vimos que os donativos são incentivados pela via fiscal. Mas os contornos da política fiscal relativa ao mecenato ainda não foram analisados com o devido detalhe. A estrutura deste capítulo está vinculada a este desiderato. Inicia-se com a delimitação do regime do mecenato no conceito de benefício fiscal, seguindo-se o enquadramento dos donativos como gastos fiscais em IRC. Prossegue-se com a apresentação das características distintivas dos donativos mecenáticos e com a descrição pormenorizada das entidades beneficiárias, tendo como referência o disposto no EBF e no Estatuto do Mecenato Científico. Por fim, faz-se uma alusão aos efeitos do mecenato em sede de IRS, IVA e IS.

5.1. O mecenato e os benefícios fiscais
O Decreto-Lei nº 74/99, de 16 de Março, procedeu a uma sistematização e compilação dos vários tipos de donativos, contidos nos diversos códigos fiscais, num único diploma. Com a sua entrada em vigor, os preceitos avulsos que integravam os códigos dos impostos sobre o rendimento foram revogados (art. 56º do CIRS e 39º, 39º-A e 40º do CIRC), mantendo-se, todavia, o seu desígnio principal. Ou seja, apesar da condensação dos donativos fiscais num Estatuto próprio e da revisão das entidades beneficiárias e dos requisitos formais e procedimentais, o conteúdo normativo conservou-se.

As normas do Estatuto do Mecenato, ainda que ínsitas em diploma autónomo, corporizavam benefícios fiscais. Segundo Casalta Nabais (2009:448), o Estatuto dos Benefícios Fiscais, o Estatuto Fiscal Cooperativo, o Estatuto do Mecenato e o Estatuto do Mecenato Científico correspondem à "codificação geral ou codificações especiais da disciplina [dos benefícios fiscais]".

Se subsistissem reservas em relação a esta classificação, o art. 87º, nº 3, alínea f) da Lei nº 53-A/2006, de 29 de Dezembro, veio suprimi-las. É, pois, de aplaudir a incorporação do Estatuto do Mecenato no EBF, através da Lei do Orçamento do Estado para 2007, contribuindo para a redução da dispersão da legislação fiscal em Portugal. Fora desta concentração legislativa ficou o Estatuto do Mecenato Científico, aprovado pela Lei nº 26/2004, de 8 de Julho, possivelmente porque, para além de incentivos fiscais (capítulo II), acomoda também incentivos não fiscais (capítulo III). Todavia, em sede dos impostos sobre o rendimento, a linha doutrinária dos benefícios fiscais do Mecenato Científico é análoga ao preceituado no EBF, com a ressalva do objecto dos donativos e da natureza das respectivas entidades beneficiárias.

Os benefícios fiscais constituem medidas excepcionais que afastam a tributação normal por razões extrafiscais hierarquicamente superiores. Para Sá Gomes (1999a:81), "os benefícios fiscais são desagravamentos excepcionais estabelecidos na lei para tutela de interesses públicos extrafiscais relevantes que, na óptica do legislador fiscal, são constitucionalmente superiores ao da tributação que impedem". Acrescenta que "são factos impeditivos do nascimento de obrigação tributária com o seu conteúdo normal e que, simultaneamente, dão origem ao nascimento da relação jurídica de benefício fiscal".

Faveiro (2002:254) destaca que "os benefícios fiscais consistem, na generalidade dos casos, na dispensa de sujeição efectiva a certo tipo de imposto, de situações ou indivíduos a ele sujeitos segundo a norma de incidência, por razões de política geral ou de política económica ou social conexa com as realidades de incidência, e normalmente com o objectivo de estimular ou premiar os procedimentos conducentes à sua realização; ou de substituir o regime de contributos pessoais por contributos em espécie, por se haver tal interesse, política, económica e socialmente superior ao interesse concreto do recebimento pelo Estado do numerário correspondente ao imposto em causa".

De acordo com as definições vertidas na literatura e no art. 2º, nº 1 do EBF ("medidas de carácter excepcional instituídas para tutela de interesses públicos extrafiscais relevantes que sejam superiores aos da própria tributação que impedem"), os benefícios fiscais incorporam-se nos desagravamentos fiscais, consistem numa derrogação às regras gerais de tributação, traduzindo-se numa vantagem para os contribuintes que os aproveitam, e implicam despesa fiscal.

É conveniente analisar separadamente o que são desagravamentos fiscais, compreender a excepção ao sistema de tributação-regra e delimitar o conceito de despesa fiscal.

5.1.1. Os desagravamentos fiscais

Os desagravamentos fiscais em sentido amplo congregam os desagravamentos fiscais estruturais e os benefícios fiscais. Os primeiros fazem parte do conteúdo da tributação-regra, isto é, do modelo de tributação aplicável a factos em igualdade de circunstâncias, cujos elementos-chave são a base tributável, a taxa, a unidade de tributação e o período de tributação (Relatório de Reavaliação dos Benefícios Fiscais, 2005[57]). Assim, os desagravamentos fiscais estruturais resultam de o próprio sistema fiscal admitir a existência de determinadas situações que não são tributadas, expulsando-as do perímetro de incidência do imposto, ou concedendo-lhes um tratamento fiscal mais favorável.

Sá Gomes (1999b:91) separa os desagravamentos-regra em implícitos e expressos, atenta a sua previsibilidade declarada, ou tácita, nas normas fiscais. Esta concepção sugere que a primeira categoria decorre da "definição implícita de um campo de não tributação (silêncio eloquente)". Para este autor, o silêncio da lei não supõe uma lacuna, pelo que não está em causa a sua interpretação analógica (vedada, por via de regra, pelo art. 11º, nº 4 da LGT). Resulta, antes, da vontade de não tributar.

É incontestável que, por força do princípio da tipicidade da tributação, que decorre do princípio da legalidade (art. 103º, nº 2 e nº 3 e art. 165º, nº 1, alínea i) e nº 2 da CRP), a ausência de previsão legal nas normas de incidência origina um espaço de não tributação[58]. Porém, traçar a fron-

---

[57] Relatório do Grupo de Trabalho criado por despacho de 1 de Maio de 2005 do Ministro de Estado e Finanças.
[58] Menezes Leitão (2003:35) sustenta que "o princípio da legalidade do imposto, com os seus corolários da tipicidade fechada e taxativa e do exclusivismo", constitui uma severa restrição à actividade tributária do Estado. Pires (2008:112) esclarece que "o subprincípio da tipicidade impõe, assim, a necessidade de verificação do pressuposto da tributação configurado pela lei para que a tributação surja, mas sendo suficiente tal verificação para ocorrer a sujeição a tributação (exclusivismo)". Saldanha Sanches (2006:37) observa que "há uma dificuldade estru-

teira entre o espaço de não sujeição tributária, tacitamente definido pelo legislador, e as situações de nao tributação puras, pressupõe saber se a norma de incidência foi construída com base numa opção de política fiscal, que, assim, se reconduziu a uma delimitação implícita do âmbito de aplicação do imposto. O exercício teórico em torno desta separação não é fácil e tem pouca utilidade prática para este trabalho.

Mais simples de apreender são os casos de não sujeição tributária destacados nas várias normas fiscais e que se acomodam no campo da delimitação negativa expressa da incidência. Ou seja, para além da delimitação positiva do espaço de aplicação do tributo, estatuída nas normas de incidência, o legislador assume explicitamente que não pretende tributar certos factos ou operações que, numa leitura mais apressada, poderiam subsumir às normas de incidência. Para isto, recorta especificamente espaços negativos, delimitando os contornos de aplicação do imposto. Nas palavras elucidativas de Brás Carlos (2008:81), "mesmo não sendo constitutivas, tais normas podem ser de grande utilidade para clarificar a não sujeição a imposto de certos factos que estão próximos de outros contidos nas normas de incidência. Têm, assim, uma função relevante de clarificação do âmbito de sujeição do imposto, contribuindo para a certeza e previsibilidade nas relações jurídico-tributárias".

---

tural – que é uma dificuldade intransponível – em encontrar formulações legais que possam garantir uma total predeterminação da lei". O princípio da tipicidade fechada exigiria constantes alterações legislativas, procurando acompanhar o dinamismo da economia e internalizar no sistema fiscal os inúmeros negócios que seriam contratualizados e formalizados fora das normas de incidência, missão que estaria votada ao insucesso (Saldanha Sanches, 2006). É certo que o desígnio da segurança jurídica está associado ao princípio da legalidade, que é materializado pela tipicidade. Porém, sem prejuízo de a definição dos elementos essenciais do imposto permanecer sob a reserva parlamentar, para Teixeira (2007:36-37), "deve o legislador elaborar a lei de forma que deixe previsível a incidência sobre casos concretos, sem que a mesma seja taxativa, fechada, sem que fique engessada impossibilitando-a de alcançar casos que claramente estão abrangidos na *ratio legis*". Acrescenta que "não há ilegalidade na existência de cláusulas residuais, que acabam por abrir a tipicidade e, consequentemente, promovem a igualdade e afastam a elisão". Também Dourado (2007:775) defende que, para evitar uma complexidade contraproducente, colocando em causa o princípio da simplicidade, o legislador deve conjugar a "técnica das tipificações legais com alguma indeterminação legal", concedendo "uma margem de livre apreciação aos órgãos que aplicam a lei, relativamente a alguns aspectos do regime, de maneira que os objectivos de tributação do rendimento real, ou mais em geral, da capacidade contributiva, sejam efectivados".

De acordo com o Relatório de Reavaliação dos Benefícios Fiscais (2005), estes desagravamentos fiscais estruturais são compostos pelas exclusões tributárias e por todas as outras formas de desoneração da carga fiscal, inerentes ao sistema, isto é, que decorrem do regime de tributação-regra. A modalidade mais emblemática dos desagravamentos fiscais estruturais são as exclusões tributárias que, segundo Sá Gomes (1999a: 63), estão inscritas nas "normas fiscais de conteúdo negativo", corporizando "delimitações negativas expressas da delimitação positiva das normas de incidência"[59]. Contudo, os desagravamentos fiscais estruturais acolhem também outras situações de carácter geral que gozam de um tratamento fiscal mais favorável e que são intrínsecas ao sistema de tributação-regra (deduções à colecta, deduções à matéria colectável, taxas reduzidas, entre outras não subsumíveis à noção de benefício fiscal).

Os benefícios fiscais não se confundem com as não sujeições tributárias. O próprio art. 3º do EBF repudia liminarmente as situações de não sujeição tributária do espectro dos benefícios fiscais, acrescentando no seu nº 2 que "consideram-se, genericamente, não sujeições tributárias as medidas fiscais estruturais de carácter normativo que estabeleçam delimitações negativas expressas da incidência". O art. 2º, nº 2 do EBF inclui nos benefícios fiscais "as isenções, as reduções de taxas, as deduções à matéria colectável e à colecta, as amortizações e reintegrações aceleradas entre outras medidas fiscais que obedeçam às características enunciadas no número anterior". O "número anterior" deste preceito compreende a definição de benefício fiscal, pelo que, no caso de estas técnicas se demarcarem daquele conceito, traduzem-se em desagravamentos fiscais estruturais.

---

[59] O art. 12º do CIRS tem por epígrafe "delimitação negativa da incidência". Convém reter que, em sede de IRS, não são apenas os casos plasmados nesta norma que constituem desagravamentos fiscais explícitos. Na verdade, outros casos são expressamente exonerados de tributação pelo CIRS, tais como a não tributação abaixo do mínimo de existência (art. 70º do CIRS) que, segundo Rodrigues (2002:35), se justifica porque "a capacidade de contribuir apenas se verifica uma vez satisfeitas as necessidades vitais que tornam possível uma existência digna". Morais (2008) exemplifica diversos desagravamentos estruturais ínsitos no seio da categoria A do IRS, designadamente os abonos de família, os subsídios de refeição, as contribuições da entidade patronal para seguros de vida, fundos de pensões, regimes complementares de segurança social, entre outros.

Aproveita-se o ensejo para referir que não é unívoco o entendimento sobre a natureza das isenções, em particular sobre a sua diferenciação face às exclusões tributárias. Segundo Casalta Nabais (2009:437), as "exclusões tributárias estão para as não sujeições tributárias, como as isenções estão para os benefícios fiscais". O sentido desta proposição aponta para que, conceptualmente, as exclusões tributárias e as isenções pertençam a categorias diferentes. A principal diferença reside no facto de as exclusões tributárias incorporarem operações que a lei afasta da incidência do imposto, filiando-se normalmente nas delimitações negativas expressas da incidência. As isenções correspondem a factos previstos nas normas de incidência que, posteriormente, são expurgados do espaço de tributação, mediante uma disposição que obstrui, total ou parcialmente, a aplicação daquelas. Esta paralisação da tributação é uma excepção à regra e, normalmente, configura uma modalidade de benefício fiscal[60].

Dois exemplos de exclusões tributárias estão vertidos no CIRC: o art. 7º, que determina a não sujeição a IRC dos rendimentos resultantes de actividade sujeita ao imposto especial de jogo, e o art. 12º, que regula o regime da transparência fiscal[61]. As isenções são mais abundantes, sendo que os casos mais comuns estão incluídos nos art. 9º, 10º e 11º do CIRC.

Pires (2008) salienta que a influência estrangeira exercida sobre o legislador da Reforma Fiscal, que introduziu o IRS e o IRC, e também do IVA tem originado confusões terminológicas, comprometendo algum rigor legislativo[62]. Para Morais (2007), as normas relativas às isenções pre-

---

[60] Parafraseando Saldanha Sanches (2007:449), "a isenção pressupõe sempre uma norma de conteúdo afirmativo, que abrange, na sua previsão, um certo grupo de realidades e uma norma negativa ou restritiva que, procedendo a uma segunda previsão legal, abrange um subconjunto dessas mesmas realidades e as torna não tributáveis de forma total ou parcial", ou seja, configura uma contra-norma. No mesmo sentido, Sousa Franco (2001:184) sustenta que a isenção corporiza uma "situação em que alguém que recai, objectiva ou subjectivamente, no âmbito da aplicação de um determinado imposto, é excepcionalmente objecto de uma disposição legal que impede o nascimento da obrigação fiscal".

[61] Saldanha Sanches (2007:295) conclui que, apesar de o regime da transparência fiscal estar incluído no capítulo das isenções do CIRC, configura uma não tributação, porque "na génese de uma isenção está sempre o acolhimento de um fim extra-fiscal, o que não é o caso". Este entendimento é perfilhado por Morais (2007).

[62] Segundo este autor, foi o que sucedeu no CIRC, com o Decreto-Lei nº 215/89, de 11 de Julho, que procedeu à substituição da expressão "não sujeição" por "isenção" (permanente)

vistas nos art. 9º, 10º e 11º, por que constituem factos impeditivos da aplicação das normas de incidência, têm uma natureza de benefício fiscal. Dedicar-lhes-emos algumas notas, na medida em que versam sobre entidades contempladas no regime do mecenato.

A isenção do art. 9º aplica-se à generalidade das pessoas colectivas públicas. Sendo o IRC um imposto estadual, em homenagem ao desígnio da simplicidade administrativa, evita-se a sobreposição entre sujeito activo e passivo da relação tributária (art. 18º da LGT). É uma isenção pessoal automática.

O art. 10º acolhe também uma isenção subjectiva, mas apenas em relação aos rendimentos abrangidos pelos fins estatutários das "pessoas colectivas de utilidade pública administrativa", "das instituições particulares de solidariedade social e entidades anexas, bem como as pessoas colectivas àquelas legalmente equiparadas" e "das pessoas colectivas de mera utilidade pública que prossigam, exclusiva ou predominantemente, fins científicos ou culturais, de caridade, assistência, beneficência, solidariedade social ou defesa do meio ambiente" (nº 1). Em relação a estas últimas estabelece-se, ainda, a dependência de reconhecimento prévio.

Assim, a isenção do art. 10º não se aplica aos rendimentos decorrentes do exercício de actividades empresariais que sejam estranhos aos estatutos daquelas entidades e está condicionada à observância de diversos requisitos elencados nas alíneas a), b) e c) do nº 3 deste preceito. A parte final deste artigo – nº 4 e nº 5 – dita as consequências advenientes do desrespeito pelos pressupostos consagrados. Por isto se diz, seguindo a distinção de Sá Gomes (1990), que se trata de um benefício condicionado, em oposição aos puros[63].

Por fim, o art. 11º preconiza uma isenção de natureza mista, porque apenas alguns rendimentos de determinadas entidades estão isentos. Estas entidades têm de cumprir um conjunto de requisitos acessórios para aproveitarem da isenção. Como aponta Saldanha Sanches (2007),

---

em relação ao Estado e a outros entes públicos. Acrescenta que, na doutrina Suiça, a expressão "fora do campo", que remete para o conceito de não sujeição, tem o sentido de isenção.

[63] Para Sá Gomes (1990:151), "os benefícios fiscais dizem-se *puros* ou *absolutos*, quando a *eficácia* do facto desagravado não fica dependente da verificação de qualquer pressuposto *acessório*. Os benefícios fiscais dizem-se *condicionados* quando a respectiva *eficácia* fica dependente de certos *pressupostos futuros e incertos, acessórios, secundários, que são a sua condição*".

para prevenir que, sob as vestes de uma entidade sem fins lucrativos, sejam desenvolvidas empresarialmente actividades culturais, recreativas e desportivas, o nº 2 do art. 11º fixou determinadas regras ao nível do *modus operandi* das entidades (retenção de resultados e exoneração de interesses) e do controlo da sua actividade, mediante a imposição de contabilidade organizada. Acresce que o nº 3 deste artigo remove peremptoriamente do campo da isenção, os rendimentos "provenientes de qualquer actividade comercial, industrial ou agrícola exercida, ainda que a título acessório, em ligação com essas actividades e, nomeadamente, os provenientes de publicidade, direitos respeitantes a qualquer forma de transmissão, bens imóveis, aplicações financeiras e jogo do bingo".

Assim, fruto da importação acrítica denunciada por Pires (2008), e seguindo de perto Oliveira Martins (2006), a separação entre benefícios fiscais e desagravamentos estruturais, em sede de IRC, é muito complexa e movediça, apresentando-se conjuntamente a estimativa da receita perdida na proposta do Orçamento do Estado. A discriminação da despesa fiscal não é feita em relação a cada um dos dois tipos de desagravamentos fiscais, mas antes em função das modalidades que o benefício assume.

Adicionalmente, apesar das sucessivas recomendações do Tribunal de Contas, a despesa fiscal associada ao IRC continuou (pelo menos até 2007) a ser discriminada na conta geral do Estado, negligenciando a individualização dos diferentes benefícios fiscais, tal como exige o classificador aprovado pela Deliberação nº 1447/2007, do Conselho Superior de Estatística, publicada no Diário da República, II série, de 27 de Julho[64]. Cinge-se à informação extraída dos Modelos 22 de IRC, manifestamente insuficiente, sobretudo quando comparada com a que consta da declaração anual de informação contabilística e fiscal[65].

---

[64] A adopção deste classificador foi recomendada pelo Relatório de Reavaliação dos Benefícios Fiscais de 2005.

[65] No parecer sobre a conta geral do Estado de 2006, o Tribunal de Contas (2007a:147) denuncia que, em sede de IRC, determina-se a "despesa fiscal por grupos de benefícios que operam por dedução ao rendimento, colecta, lucro tributável, redução de taxa e isenção definitiva, metodologia que não permite a quantificação da despesa fiscal por tipo de benefício", recomendando expressamente que "sejam criados mecanismos que possibilitem uma análise desagregada da despesa fiscal porquanto esta constitui um instrumento valioso na criação, alteração e extinção de benefícios fiscais".

As modalidades técnicas que os benefícios podem revestir operam, em simultâneo, nas duas dimensões dos desagravamentos fiscais. Suplementarmente, a redução do ónus da tributação é o resultado prático que produzem, tornando o seu enquadramento num exercício muito complexo[66]. Desvendá-lo passa pela avaliação do carácter de excepcionalidade dos desagravamentos fiscais, que altera as regras da tributação normal.

Neste contexto, segue-se, por vezes, o critério genérico de considerar que os benefícios fiscais temporários constam do EBF, do Estatuto Fiscal Cooperativo, do Estatuto do Mecenato Científico e de legislação avulsa[67],

---

[66] O Relatório de Reavaliação dos Benefícios Fiscais (2005:95) reconhece que "por vezes o legislador trata os desagravamentos fiscais como benefícios fiscais porque entende que há um interesse extrafiscal implicado", o que conduz ao conceito de benefício fiscal formal – desagravamentos fiscais estruturais que encerram um interesse extrafiscal. Por outro lado, e no sentido inverso, a ausência de reapreciação periódica dos benefícios fiscais, que acarreta a sua perpetuação nos códigos fiscais, confere-lhes, na prática, o estatuto de desagravamentos estruturais, o que suscita críticas contundentes. Por exemplo, manifestando a sua discordância em relação ao favorecimento estrutural da tributação dos rendimentos agrícolas, silvícolas e pecuários, (art. 3º, nº 4 do CIRS), Xavier de Basto (2007:160) afirma que "não se trata assim da simples concessão à actividade de um benefício fiscal, por sua natureza transitório e excepcional. Muito mais do que isso, atribuiu-se aos rendimentos agrícolas, silvícolas e pecuários uma exclusão de incidência constante do regime-regra de tributação".

[67] A legislação avulsa relativa aos donativos integra algumas normas previstas nos Decretos-Lei nº 361/99, de 16 de Setembro (*Sociedade Porto 2001, SA*), nº 33/2000, de 14 de Março (*Sociedade Euro 2004, SA*), nº 98-A/99, de 26 de Março (*Sociedade Portugal 2000, SA*), nº 149/90, de 10 de Maio (*Fundação Arpad-Szénes-Vieira*), nº 75/93, de 10 de Março (*Fundação São Carlos*), nº 102/97, de 28 de Abril (*Fundação Cartão do Idoso*), nº 27/96, de 30 de Março (*Fundação Aga Khan*) e nº 163/01, de 22 de Maio (*Fundação de Serralves*). Inclui ainda o art. 7º da Lei nº 176-A/99, de 30 de Dezembro (Comemorações dos 500 anos de descoberta do Brasil, que prevê um regime especial de atribuição de donativos em 2000 e 2001 à *Sociedade Redescobrir – Associação para o Desenvolvimento para a Imagem de Portugal no Brasil*). Muitas destas normas, que abrangem benefícios tanto em IRS como em IRC, referem-se a donativos concedidos em determinados exercícios, tendo um horizonte temporal de aplicação limitado. Refira-se, ainda, que esta enumeração não é exaustiva, porque a profusão de benefícios fiscais em legislação extravagante transforma este trabalho de recolha legislativa numa tarefa muito complexa. De facto, no preâmbulo do EBF, assume-se explicitamente que um dos objectivos da Reforma de 89 foi unificar os benefícios fiscais, compilando as diversas normas que se encontravam dispersas por vários diplomas. Curiosamente, depois de duas décadas de vigência do Decreto-Lei que aprovou este estatuto, persiste a legislação avulsa. Casalta Nabais (2009:448) refere que, depois da aprovação do EBF, "os benefícios fiscais passaram a germinar como

ao passo que os desagravamentos fiscais mais duradouros, dotados de um considerável grau de permanência e de estabilidade, (incluindo desagravamentos estruturais) integram o CIRC. Todavia, este artifício padece de falta de rigor, uma vez que nem sempre a codificação dos benefícios é a mais correcta.

A substância de um desagravamento deve ser identificada pelo teste da equidade fiscal. Se falhar, isto é, se o desagravamento for inequitativo, estamos perante um benefício fiscal. Por exemplo, Sá Gomes (1999b) e Casalta Nabais (2009) estabelecem uma distinção entre o regime normal das amortizações e depreciações fiscais e a sua vertente "acelerada", considerando que esta variante, por ser excepcional ao regime geral de dedução ao rendimento e na medida em que prossegue finalidades extrafiscais (investimento produtivo e competitividade), requalifica um desagravamento estrutural em benefício fiscal. Compreender-se-á de seguida, que o intuito do desagravamento fiscal serve como linha orientadora para a sua classificação.

5.1.2. A derrogação do sistema de tributação-regra

Uma outra característica estruturante dos benefícios fiscais relaciona-se com a tutela de interesses extrafiscais, cuja importância legitima a derrogação do modelo geral de tributação. Nesta medida, avulta compreender em que consistem estes objectivos extrafiscais, cuja prossecução pode colocar em crise o princípio da igualdade consagrado na Lei Fundamental.

Teixeira Ribeiro (1997) salienta que o crescimento das despesas públicas e o correspectivo aumento da carga fiscal levaram a que a neutralidade das finanças públicas deixasse de ser um fim absoluto. Contrariamente à corrente mais céptica em relação à intervenção pública, de que Buchanan foi um dos principais subscritores, Musgrave reconhece ao Estado hodierno uma tríplice função: contribuir para a eficiência na afectação de recursos (produção de bens públicos e semi-públicos, incorporação dos reflexos das externalidades nas actividades responsáveis, redução das dis-

---

cogumelos no Outono". Tal como mostram os exemplos apontados, em matéria de donativos, a coexistência do Estatuto do Mecenato e do Estatuto do Mecenato Científico com legislação espartilhada que contém um regime específico para os donativos, ou remissões para aqueles diplomas legais, não é excepção.

torções concorrenciais e da assimetria da informação e funções de regulação); garantir a equidade (maior justiça na distribuição do rendimento e concretização do princípio da igualdade) e promover a estabilização da economia (estabilidade de preços, criação de emprego, equilíbrio externo e crescimento económico).

Os contornos da neutralidade fiscal das finanças liberais, típicas do século XIX, foram, portanto, revistos. Casalta Nabais (2005c:383) realça que "no quadro das finanças funcionais que se foram impondo um pouco por toda a parte no século XX e que perduram não obstante as actuais investidas do neoliberalismo económico e das múltiplas tentativas de desmantelamento do Estado social, não é mais possível repor essa neutralidade oitocentista".

Com este pano de fundo, é premente distinguir o direito fiscal clássico do direito económico fiscal (Casalta Nabais, 2008b, 2009). Este último consiste no conjunto de normas jurídicas que regulam o recurso aos impostos e aos benefícios fiscais com vista a obter resultados extrafiscais. Integra dois domínios: o dos impostos extrafiscais[68] e o dos benefícios

---

[68] Os impostos extrafiscais são criados para dissuadir ou evitar comportamentos económicos e sociais específicos, não procurando obter receita. Tal como os benefícios fiscais, os impostos ecológicos incluem-se nas "normas de direcção da Economia", todavia actuam de forma contrária, visando a redução da utilização de determinados bens (Saldanha Sanches, 2007:467). Segundo Casalta Nabais (2006a, 2009), actualmente, não existe no sistema fiscal português nenhum imposto que obedeça a esta classificação. O caso mais próximo é a eco-tributação, ou impostos verdes. Porém não se consubstancia num verdadeiro exemplo de imposto extrafiscal, porquanto tem o duplo objectivo de obtenção de receitas e de conformar comportamentos ambientais. De facto, para Soares (2002:12), o imposto ambiental é "todo o tributo que é aplicado a bens que provocam poluição quando são produzidos, consumidos ou eliminados ou a actividades que geram um impacte ambiental negativo, visando modificar o preço relativo daqueles ou os custos associados a estas e/ou obter receita para financiar programas de protecção ou de recuperação do equilíbrio ecológico". Os impostos ambientais podem sê-lo em sentido próprio (os que tencionam proteger o ambiente por via da alteração comportamental, conduzindo, idealmente, a uma receita nula – a consequência financeira negativa sofrida pelo sujeito passivo incentiva a substituição por alternativas mais sustentáveis, tendo, por isso, uma finalidade extrafiscal) e em sentido impróprio (intentam recuperar o equilíbrio ecológico, mediante a obtenção de recursos financeiros – têm, pois, uma finalidade recaudatória). Esta autora admite que a motivação que, na prática, preside ao imposto sobre os produtos petrolíferos é de natureza recaudatória e não extrafiscal. Refira-se, por fim, que Soares (2003:31) salienta a ameaça da regressividade dos impostos ambientais, já que os "tributos

fiscais. O elemento teleológico do imposto não se esgota no financiamento das actividades do Estado para satisfazer necessidades colectivas. A par desta função financeira ou fiscal, convive a função extrafiscal. Para Ferreira (2003:69), "não se detectam dificuldades insuperáveis na compatibilização das finalidades arrecadatórias dos impostos com as finalidades (extrafiscais) dos incentivos ao desenvolvimento económico".

Assim, demarcando-se do âmbito do direito fiscal e ínsita no direito económico, encontra-se a extrafiscalidade, especialmente vocacionada para a obtenção de determinados resultados económicos ou sociais. E, como nota Casalta Nabais (2008a:121), "o segmento mais operacional da extrafiscalidade é, sem sombra de dúvida, o dos benefícios fiscais".

A própria LGT reforça os objectivos multifacetados da tributação no seu art. 5º. Em primeiro lugar surge a função financeira do Estado ("satisfação das necessidades financeiras do Estado e de outras entidades públicas") e, de seguida, os objectivos sociais – favorecimento da justiça social, da igualdade de oportunidades e da distribuição equitativa da riqueza e do rendimento. Os intuitos económicos estão arrumados no art. 7º, nº 1 e nº 2 – promoção do emprego, da poupança e do investimento socialmente relevante, tendo em consideração "a competitividade e internacionalização da economia portuguesa, no quadro de uma sã concorrência".

Neste contexto, fruto do seu carácter de estabilidade, as não sujeições tributárias inscrevem-se na política normal de arrecadação de receitas fiscais. Ainda que a diminuam, constituem medidas estruturais do sistema fiscal. Por outro lado, os benefícios fiscais incluem-se na política de intervenção económica e social. A sua natureza excepcional e temporária

---

ecológicos assumem, predominantemente, a feição de impostos indirectos". Acrescenta que Portugal surge como um dos países que, segundo a OCDE, gera maiores receitas fiscais em impostos relacionados com o ambiente. Tal não decorre de uma verdadeira tributação ambiental. Deve-se, outrossim, à elevada dependência do sistema fiscal português relativamente à tributação indirecta, conjugada com a classificação abrangente de "impostos ligados ao ambiente", adoptada pela OCDE. Em Portugal, este grupo é composto pelo Imposto sobre os Produtos Petrolíferos e Energéticos, Imposto Automóvel, Imposto de Circulação, Imposto de Camionagem, Imposto Municipal sobre Veículos. Estes quatro últimos foram substituídos pelo Imposto sobre Veículos e Imposto Único de Circulação (Lei nº 22-A/2007, de 29 de Junho).

está patente no art. 14º, nº 1 do EBF, segundo o qual "a extinção dos benefícios fiscais tem por consequência a reposição automática da tributação-regra"[69].

Acompanhando Casalta Nabais (2009), os benefícios fiscais podem ser estáticos ou dinâmicos (ou incentivos ou estímulos fiscais). Os primeiros pretendem favorecer ou compensar situações já consumadas, através da comparticipação fiscal, e os segundos visam fomentar determinados comportamentos prospectivos, revelando um carácter premonitório. Esta manifestação expressa de modelar uma conduta é feita através da via fiscal, através do reconhecimento de vantagens àqueles que a adoptam. Sá Gomes (1999a:86) advoga que "os incentivos ou estímulos fiscais, ao contrário dos benefícios fiscais, que têm natureza estática, são sempre um *ante* que pretende, em termos dinâmicos de causa e efeito, determinar um *post*, que é a actividade que se pretende que os destinatários desenvolvam". Também Freitas Pereira (2007) sustenta que os benefícios fiscais actuam *ex post*, sendo dispensável aferir se foi a sua atribuição que desencadeou um determinado comportamento, enquanto os incentivos fiscais actuam *ex ante*, pois visam potenciar acções específicas.

A proliferação dos benefícios fiscais tem encontrado um terreno favorável no contexto actual. São inúmeros os autores que se insurgem contra a multiplicação e dispersão dos benefícios fiscais, subvertendo o propósito que presidiu à sua codificação no EBF e com reflexos negativos no

---

[69] Os benefícios fiscais podem ser classificados em permanentes e temporários, consoante a sua duração esteja, ou não, pré-fixada legalmente. Para Leite de Campos et al. (2003:106), devem ser considerados benefícios fiscais com carácter permanente "pelo menos, os previstos nos códigos dos impostos e no Estatuto dos benefícios fiscais". Porém, como nota Sá Gomes (1999a:90), "em rigor os benefícios fiscais nunca são permanentes, mas antes estabelecidos por tempo indeterminado, para o futuro". Refira-se ainda que a temporalidade dos benefícios fiscais tem causado muita polémica, ditando a inserção do art. 2º-A, actual art. 3º ("Caducidade dos benefícios fiscais"), no EBF, pela Lei do Orçamento do Estado para 2007 e a reformulação, por duas vezes, do art. 12º do EBF ("Extinção dos benefícios fiscais"), actual art. 14º, e do art. 14º da LGT ("Benefícios fiscais e outras vantagens de natureza social"). Este último preceito foi alvo de abundantes comentários e de profícuas recomendações no Relatório do Grupo de Trabalho de Reavaliação dos Benefícios Fiscais (2005), o que, aparentemente, determinou que a Lei do Orçamento do Estado para 2007 procedesse à alteração radical da sua redacção, com o intuito de clarificar o seu sentido e de colmatar as deficiências apontadas na doutrina.

plano da neutralidade, simplicidade e transparência do sistema fiscal e no equilíbrio das finanças públicas. Para esta realidade influi o papel dos grupos de interesse, mas, na sua base, estão, também, razões de natureza conjuntural.

No que se refere ao primeiro aspecto, Freitas Pereira (2007:375) observa que "os benefícios fiscais têm uma grande inércia e tendem a subsistir para além dos objectivos que determinaram a sua criação. Com efeito, os respectivos beneficiários tomam-nos como um direito adquirido e procuram encontrar sempre justificação, através de pressões sobre o poder político, para o seu contínuo alargamento e prolongamento no tempo". Também o Relatório de Reavaliação dos Benefícios Fiscais (2005) comunga desta posição, acentuando a vulnerabilidade da reformulação e extinção dos benefícios fiscais face à pressão dos *lobbies*. Para Saldanha Sanches (2007:459), a criação de benefícios fiscais funda-se na controversa interacção dos grupos de interesse com o poder político e observa que "as irracionalidades ligadas aos benefícios são tanto maiores quanto mais intensa é a capacidade dos grupos de pressão para explorar, em seu favor, as fraquezas do sistema político". A censura de Casalta Nabais (2009) é ainda mais incisiva, sugerindo que a aprovação de benefícios fiscais em legislação avulsa, desconhecida pelo contribuinte comum, vai ao encontro dos interesses específicos dos grupos que a promoveram. Para este autor, alguns benefícios fiscais configuram "benefícios que os grupos melhor organizados, apoiados em sofisticadas e não raro subtis práticas de *lobbying*, conseguem «extorquir» cada vez com mais facilidade a um estado em crescente perda de poder" (Casalta Nabais, 2005b:145).

Estas críticas, certeiras a nosso ver, identificam um factor que, lamentavelmente, agrava a profusão e dispersão dos benefícios fiscais. Mas o papel dos grupos de interesse no ordenamento económico-social não se esgota nesta matéria. Nesta linha, Pereira et al. (2009:117) advertem que "nas sociedades democráticas desenvolvidas o papel dos grupos de interesse é bastante grande. São formas alternativas, e geralmente mais eficazes do que o voto, dos cidadãos expressarem as suas preferências e, em certos casos, de pressionarem o poder político". A actuação dos grupos de interesse tem reflexos de sinal contrário no sistema de governação. Por um lado, a informação, experiência e conhecimento de questões específicas, normalmente do domínio técnico, são contributos decisivos para a melhoria da produção legislativa, mas, por outro, a capacidade de influência pode ser direccionada para os seus interesses particulares em detrimento de privilegiarem os da sociedade em geral. Este problema é abordado por Soares (2006), para quem o interesse público deve ser inequivocamente a medida utilizada para a consagração de benefícios fiscais. Apenas o teste democrático evita o risco de se identificar o interesse público com o interesse de um grupo de agentes que, camufladamente, se pretende apoiar.

Relativamente à componente conjuntural, que constitui a questão central, níveis elevados de integração económica, como é o caso da União Económica e Monetária, reclamam uma maior transferência de poderes nacionais para as instâncias comunitárias, uma vez que pressupõem o estabelecimento de instituições e de políticas comuns. A condução centralizada das políticas cambial e monetária e a imposição de severas restrições às políticas orçamentais conferiram um relevo preponderante à política fiscal.

A soberania dos Estados-Membros no plano da política orçamental reconduz-se, na prática, à política fiscal[70]. Logo, os mecanismos fiscais, em particular a valência extrafiscal tributária, reconhecidamente direccionada para os campos económico e social, prevalecem na política económica. Assim, ponderada a importância dos interesses económicos e sociais que justificam o intervencionismo fiscal, mormente através de benefícios fiscais, a neutralidade do sistema é subtraída e deixa de ser aferida em termos absolutos (Freitas Pereira, 2007).

No entanto, na esteira da perda de autonomia na definição da política económica, assiste-se, por vezes, a uma sobrevalorização dos efeitos do

---

[70] No plano fiscal não é fácil harmonizar legislações. Um exemplo conseguido é o IVA, que entrou em vigor em Portugal em 1 de Janeiro de 1986 (*vacatio legis* de 1 ano) por força da adesão às Comunidades Europeias, e cuja construção foi erigida por instâncias comunitárias. Na sua génese esteve o princípio de neutralidade ao nível do comércio internacional. Procurou estabelecer a tributação no país de origem (tributação dos bens e serviços nos Estados-Membros em que são produzidos), o que contribuiria para a efectivação do mercado interno comunitário. Criou-se, todavia, um regime transitório, que tem vindo a ser constantemente prolongado desde 1993 (por força dos entraves criados pelos Estados-Membros), que assegura a tributação das operações realizadas entre sujeitos passivos de diferentes Estados-Membros no país de destino.

factor fiscal nas decisões dos agentes económicos. O cepticismo sobre a eficácia desta relação está bem vincado na corrente neoliberal. Tendo como referência a efectividade dos efeitos das medidas fiscais, Ferreira (2003:70) dá nota das "dúvidas antigas do pensamento económico-fiscal sobre a real relevância do factor tributário nas decisões empresariais, bem como as controvérsias ideológicas em torno do papel interventor ou neutro do Estado em relação à actividade económica". Acrescenta que, neste contexto, a doutrina neoliberal sobrestima os efeitos perniciosos dos incentivos fiscais, apontando "distorção da concorrência, facilitação de aproveitamentos ilícitos dos dispositivos fiscais de apoio, aparecimento de grupos de interesses especiais, promiscuidade entre a esfera política e a económica privada, convite a engenharias astuciosas de concorrência fiscal dos Estados no âmbito internacional".

Actualmente, a extrafiscalidade tem também como limite a obrigação de o Estado preservar a concorrência entre empresas, abstendo-se de perturbar o livre funcionamento do mercado comunitário. É verdade que os benefícios fiscais se mantêm na esfera de decisão dos Estados-Membros, mas estão sujeitos à restrição de não poderem assumir a natureza de auxílios de Estado, sob pena de violarem as regras comunitárias[71]. Santos (2003:36) destaca que a soberania fiscal dos Estados-Membros vem sendo comprimida, sobretudo no "domínio dos benefícios e incentivos fiscais, em que o controlo comunitário é cada vez mais efectivo". No mesmo sentido, para Ferreira (2003:70), "a preocupação das instâncias da UE em defender as condições de concorrência transparente e imparcial num quadro de mercado único leva a que a atribuição de benefícios fiscais pelos Estados membros tenda a ser objecto de controlos comunitários (...)". Também Casalta Nabais (2006b:425) assinala que "os benefícios fiscais apenas passarão com êxito o teste da sua compatibilidade com o direito comunitário, conquanto não perturbem o funcionamento

---

[71] Santos et al. (2008) esclarecem que o conceito de auxílios de Estado tem uma grande abrangência, englobando quer os subsídios ou subvenções tradicionais, quer as medidas que se traduzem na perda de receita fiscal, entre as quais se incluem os benefícios fiscais. Aduzem que a expressão "Estado" refere-se à Administração central, local e regional, institutos públicos, organismos de utilidade pública e às empresas públicas e participadas. Não obstante, ainda que de difícil separação, as "medidas gerais" públicas que beneficiam de forma uniforme e não discriminatória a economia, não se reconduzem à noção de auxílio de Estado.

do mercado comunitário europeu que a Comunidade Europeia / União Europeia tem por missão criar e garantir".

Mesmo sujeita a regras, a extrafiscalidade goza de uma relativa autonomia face aos rigorosos imperativos constitucionais que balizam o direito fiscal. Rege-se mais pela Constituição económica, do que pela Constituição fiscal, por natureza mais fechada e com limites mais pronunciados (Casalta Nabais, 2005b, 2006a, 2008a). De facto, tal como já se aflorou, os benefícios fiscais contrariam, em certa medida, o princípio da igualdade tributária[72], que integra os princípios da generalidade ou universalidade (todos os cidadãos têm o dever de pagar impostos) e da uniformidade (este dever tem de ser medido pelo mesmo critério – o da capacidade contributiva). Daí que a proclamação de benefícios fiscais viva "em tensão dialéctica com os princípios da generalidade e da igualdade na tributação e da capacidade contributiva" (Sá Gomes, 1999a:79).

Leite de Campos e Leite de Campos (1997) rejeitam a inclusão das deduções à base tributável, que concretizam o princípio da capacidade contributiva, no conceito de benefício fiscal[73]. Com efeito, a própria submissão ao princípio da capacidade contributiva traduz-se num parâmetro de distinção entre isenções fiscais e extrafiscais, sendo que as primeiras radicam neste princípio e as segundas demarcam-se claramente dele, e vão no encalço de objectivos económicos e sociais (Oliveira Martins, 2006).

A LGT, no seu art. 4º, nº 1, postula que os "impostos assentam essencialmente na capacidade contributiva". É consensual na doutrina que este princípio, ainda que subentendido na CRP, materializa o critério adequado à repartição da carga fiscal.

O advérbio "essencialmente" justifica-se na medida em que o princípio da capacidade contributiva "é temperado mais ou menos profunda-

---

[72] Simplificadamente, a igualdade horizontal determina que os sujeitos com a mesma capacidade contributiva suportem uma carga tributária igual e a igualdade vertical estabelece imposto desigual para diferentes capacidades contributivas, na medida dessa diferença.
[73] Um exemplo destas medidas está vertido no art. 25º do CIRS, que preconiza uma dedução fixa ao rendimento bruto da categoria A, fundada na assunção de um nível de despesas mínimo necessário à obtenção de rendimento, refinando a quantificação da capacidade de contribuir. Esta norma tem um fim simplificador, com a dupla vantagem de desonerar o contribuinte de fazer prova do real valor dos encargos suportados e de evitar a fiscalização pela Administração fiscal (Saldanha Sanches, 2007).

mente por outros interesses no caso das normas de objecto social (que visam outros fins que não só o da obtenção de receitas). Nomeadamente pelos princípios do bem-estar comum, da necessidade e do ganho" (Leite de Campos et al., 2003:58). Por exemplo, os impostos extrafiscais não obedecem ao princípio da igualdade tributária; a sua repartição é feita de acordo com o princípio da conveniência, "ou seja do adequado conseguimento dos fins" (Teixeira Ribeiro, 1997:290). Tal sugere que o nível de sacrifício no plano da igualdade tributária deve ser menor do que as vantagens advenientes da finalidade que se pretende atingir.

Ademais, no caso das pessoas colectivas, a oneração fiscal não se esgota na sua capacidade contributiva, em virtude da densificação dos seus deveres auxiliares. A carga acessória, ou secundária, que recai sobre as empresas é agravada por razões estranhas àquele princípio. Tem uma expressão tão significativa que, tal como acentua Saldanha Sanches (2007), pode colocar em crise o princípio da proporcionalidade. A escala de deveres acessórios das empresas exprime o fenómeno da privatização da administração dos impostos, com excepção da função fiscalizadora. Casalta Nabais (2008c) denuncia que, actualmente, a função da Administração fiscal se esgota na fiscalização e controlo da actividade fiscal delegada nas empresas. Para esta compressão funcional em muito contribuiu a contabilidade organizada. O ambiente organizado que a contabilidade deve proporcionar, bem como o princípio da colaboração (art. 59º da LGT), têm servido de justificação para exigir uma polivalência administrativa exagerada às empresas, concretizada sob a forma de deveres acessórios[74].

Não se pense, contudo, que a extrafiscalidade é erigida à margem da Constituição. De facto, a expressão "interesses públicos extrafiscais relevantes", incluída na definição legal dos benefícios fiscais, remete para a

---

[74] Um exemplo paradigmático é o instituto da retenção na fonte que, para além dos recursos que consome em favor da Administração fiscal, acarreta ainda muitas responsabilidades. Atente-se no regime da substituição tributária em sentido próprio (caso das retenções na fonte a título definitivo, concretizadas por taxas liberatórias), previsto no art. 28º, nº 3 da LGT. Nesta modalidade, o substituto ocupa verdadeiramente o lugar do substituído na relação jurídica, desobrigando-o do pagamento do imposto que deveria ter sido retido, ficando este último "apenas subsidiariamente responsável pelo pagamento da diferença entre as importâncias que deveriam ter sido deduzidas e as que efectivamente o foram".

consecução de finalidades públicas consagradas na Lei Fundamental. Note-se que há disposições constitucionais que referem expressamente que o sistema fiscal deve promover a redistribuição do rendimento (art. 103º, nº 1) e que a tributação do rendimento pessoal deve contribuir para a diminuição das desigualdades (art. 104º, nº 1). Mas a CRP comporta ainda outros preceitos que acolhem fins económicos (art. 58º a 62º), sociais (art. 63º a 72º), de educação, cultura e ciência (73º a 79º) e de associação e participação na vida pública (46º e 48º). Segundo Tavares (1999), os princípios fiscais constitucionais são comparados com outros princípios gerais de igual calibre constitucional, conduzindo a um exercício de balanceamento idóneo.

O princípio da capacidade contributiva apenas cede perante a instituição de benefícios fiscais que perseguem objectivos extrafiscais com guarida no comando constitucional. O grau de dignidade constitucional do princípio e dos objectivos é equivalente.

5.1.3. A despesa fiscal

A derrogação do princípio da capacidade contributiva, que enforma o princípio mais geral da igualdade tributária, por via da consignação legal de benefícios fiscais, exige o preenchimento cumulativo de vários pressupostos, tais como prosseguir fins extrafiscais previstos na CRP e submeter-se a uma lógica de racionalidade económica.

Brás Carlos (2008:36) sublinha que a consagração de benefícios fiscais implica que o Estado participe, "pela via da perda de receita fiscal, nos custos de obtenção de um certo objectivo". Tal significa que o sacrifício suportado pelo Estado, prescindindo voluntariamente do direito de crédito que tem sobre as receitas fiscais como sujeito activo da relação tributária, corresponde simetricamente à vantagem fiscal percepcionada pelos sujeitos passivos dessa relação. Daí que os benefícios fiscais se consubstanciem em despesas fiscais e, por imposição legal, devam ser objecto de relatório do governo que acompanha a proposta do Orçamento do Estado, estimando-se a "receita cessante" da sua aplicação.

Quer os benefícios fiscais, quer os desagravamentos estruturais, acarretam perda de receita fiscal. Porém, dado que os segundos estão contidos na estrutura do sistema de tributação-regra, não implicam despesa fiscal (o que não exclui que a Administração fiscal, nos termos do art. 4º, nº 3 do EBF, exija informação para o cálculo da receita não cobrada).

As despesas fiscais são substitutas das despesas directas, na medida em que materializam uma transferência do sector público para o sector privado por via da diminuição da receita fiscal arrecadada. Daí que tenham de ser orçamentadas.

Porém, a despesa fiscal distancia-se das transferências directas, porquanto, como sinaliza Oliveira Martins (2004:25), "corresponde, economicamente, a um dispêndio virtual de recursos originariamente pertencentes ao Estado". Daqui decorre que a eliminação de benefícios fiscais, que deveria ser natural e pacífica, projecta-se na percepção de um aumento de impostos. A contracção da despesa directa acaba por se tornar mais fácil e menos susceptível de crítica do que a redução da despesa fiscal (Soares, 2006).

O benefício fiscal traduz-se num financiamento indirecto não monetário que se quantifica como despesa fiscal. Em conformidade com o imperativo constitucional, estabelecido no art. 106º, nº 3, alínea g), e com o preceituado no art. 14º, nº 3 da LGT e no art. 2º, nº 3 do EBF, a receita negativa adveniente dos benefícios fiscais é inscrita autonomamente no mapa XXI do Orçamento do Estado, intitulado por "Receitas Tributárias Cessantes dos Serviços Integrados, dos Serviços e Fundos Autónomos e da Segurança Social", e deduzida ao valor global das receitas tributárias que constam do mapa I deste documento[75].

Nos termos do art. 8º, nº 4 e do art. 13º, nº 1 da Lei de Enquadramento Orçamental, as estimativas das receitas cessantes derivadas de benefícios fiscais (despesa fiscal), apesar de serem abatidas às receitas tributárias totais, ao abrigo do art. 6º, nº 2, são obrigatoriamente discriminadas no mapa XXI. Esta exigência é reiterada pelo art. 37º, nº 1, alínea r), segundo o qual a proposta do Orçamento do Estado tem como elementos informativos essenciais os "benefícios tributários, estimativas das receitas cessantes e sua justificação económica e social".

Soares (2006:575) salienta que o relatório relativo à despesa fiscal deve incluir os seguintes elementos: "descrição das normas legais, identificação da base tributável, da estrutura de taxas, do período de tributa-

---

[75] Como consequência da revisão constitucional de 1989, que consagrou deveres de informação sobre os benefícios fiscais e a receita cessante prevista, no Orçamento do Estado para 1990 autonomizou-se, pela primeira vez, a sua estimativa (Oliveira Martins, 2004).

ção e dos sujeitos passivos, a estimativa do montante de recursos de que o Estado irá abdicar e aproveitar, o objectivo das medidas de despesa fiscal e a lógica que lhes subjaz, as condições legais mediante as quais os benefícios serão atribuídos e as técnicas para a sua aferição e fiscalização, bem como o impacto distributivo esperado. Pretende-se, assim, uma análise custo-benefício que não se restrinja aos efeitos quantificáveis mas atenda também aos efeitos qualitativos". Por exemplo, o direito de associação, constitucionalmente consagrado, não pode ser medido, mas é estimulado pelo regime do mecenato.

Apesar da clareza e exigência das regras que enformam o cálculo e a desagregação da despesa fiscal, a sua previsão formal tem-se deparado com sérias dificuldades, manifestando falta de rigor. De modo muito expressivo, Freitas Pereira (2007:373) afirma que "as estimativas que têm sido apresentadas nas propostas de Orçamento do Estado têm-se caracterizado pela sua grande precariedade e estão sistematicamente subavaliadas".

A quantificação da despesa fiscal concorre para o aumento da transparência do sistema fiscal e do controlo das finanças públicas e para a redução da desconfiança e dos sentimentos de desigualdade dos contribuintes em relação à introdução de benefícios fiscais. É, também, uma variável crítica para a medição da eficácia, eficiência e relevância dos benefícios fiscais (Relatório de Reavaliação dos Benefícios Fiscais, 2005:68). De facto, tal como assinala este Relatório (2005), avaliar a receita fiscal cessante (custo), bem como aferir em que medida o benefício fiscal contribuiu para o cumprimento dos objectivos que o originaram (benefício), são exercícios essenciais para a racionalização das decisões nesta sede. Por outro lado, não havendo, em Portugal, um procedimento sistematizado e regular de análise dos benefícios fiscais vigentes, este instrumento adquire uma dimensão qualificada[76].

---

[76] Dada a sua pertinência, transcreve-se a seguinte recomendação que resultou do Relatório de Reavaliação dos Benefícios Fiscais (2005:348): "É preciso também que se criem condições que promovam a racionalidade do sistema de benefícios fiscais. Assim, é urgente criar uma mentalidade de avaliação regular e rigorosa dos benefícios, o que pressupõe a produção de ferramentas essenciais para o efeito. O Estado, designadamente através da administração tributária e dos demais serviços do Ministério das Finanças e da Administração Pública, deve promover estudos tendentes a avaliar o impacto sócio-económico dos benefícios. A sua quase inexistência foi uma das dificuldades de que fomos dando conta ao longo deste Relatório".

O Tribunal de Contas, a quem compete a fiscalização da despesa fiscal na dupla vertente do controlo da legalidade e da avaliação da racionalidade económica, "reitera a recomendação feita em anteriores Pareceres, no sentido de que o apuramento da despesa fiscal seja completo e os valores inscritos no relatório da Conta Geral do Estado sejam discriminados e que seja feito um esforço no sentido de melhorar a qualidade dos métodos de previsão" (Tribunal de Contas, 2008:111)[77].

Oliveira Martins (2006) defende que a reapreciação periódica dos benefícios fiscais remete para a necessidade incontornável de uma cláusula geral de caducidade dos benefícios fiscais. O art. 3º do EBF estipula uma regra geral de cinco anos para o período de vigência dos benefícios fiscais.

Note-se que esta reapreciação não significa colocar em causa a estabilidade do sistema. Tratando-se de normas de direcção económica e social, é essencial preservar a segurança jurídica. O factor fiscal influencia as expectativas dos agentes económicos, constituindo a previsibilidade o elemento-chave, aquele que possibilita ao agente programar os seus comportamentos. Uma variação frequente de critérios neutraliza a almejada incorporação antecipada de determinados factos no processo de tomada de decisão dos agentes económicos. Assim, sob pena de a incerteza associada às decisões económicas vir a ser agravada pela fiscalidade, é imperativo definir "princípios mínimos de estabilidade sem os quais se não pode obter uma efectiva segurança jurídica" (Saldanha Sanches, 2007:171).

De tudo quanto antecede, resulta claro que o regime regulador dos donativos atribuídos ao abrigo do mecenato se consubstancia num benefício fiscal, mediante a modalidade de dedução à colecta em IRS e de dedução ao rendimento em IRC. Trata-se de um desagravamento fiscal, excepcional face ao sistema de tributação-regra, que acarreta perda de receita fiscal.

No CIRC, é comum que as deduções ao rendimento se confundam com as deduções à matéria colectável, porquanto o rendimento é a com-

---

[77] Recomendação nº 24 do Parecer sobre a Conta Geral do Estado de 2007, emitido pelo Tribunal de Contas.

ponente nuclear da matéria colectável. Apesar de serem utilizadas indiscriminadamente, as deduções à matéria colectável correspondem, como se sabe, às deduções feitas depois de calculado o lucro tributável. Fruto do mecanismo do reporte de prejuízos, as deduções ao lucro tributável apenas produzem efeitos na matéria colectável do exercício a que dizem respeito, ao passo que as deduções ao rendimento operam em vários exercícios.

O regime dos donativos integra o vasto conjunto de correcções ao resultado líquido que estão na base do cálculo do lucro tributável. O instituto da transmissibilidade dos prejuízos fiscais explica-se pelo apuramento artificial do lucro em períodos anuais. Em obediência ao princípio da continuidade, em rigor, o lucro só é determinável no termo da actividade da empresa, daí que a legislação fiscal não possa ignorar o princípio da solidariedade dos exercícios. Assim, quando o valor tributável apurado num determinado período é negativo, procede-se à sua transmissão (sendo o horizonte temporal máximo de quatro exercícios seguidos). Logo, na hipótese de prejuízo fiscal, o valor dos donativos aceites e das respectivas majorações é indirectamente projectado nos rendimentos futuros. E quando o lucro tributável, obtido nos períodos de tributação subsequentes, absorver os prejuízos fiscais transitados, a despesa fiscal associada aos donativos mecenáticos torna-se efectiva nesse exercício. Este enviesamento comum a todos os benefícios fiscais que operam por dedução ao rendimento, em sede de IRC, foi denunciado pelo Tribunal de Contas (2007a:148), que recomendou a criação de "uma metodologia que permita considerar na despesa fiscal em IRC os benefícios fiscais que concorreram para a formação do prejuízo fiscal, no ano em que este for deduzido".

Em suma, preenchidos que estejam determinados pressupostos previstos no regime do mecenato, os donativos são abatidos ao rendimento tributável. Ou seja, convertem-se em gastos fiscais (custos fiscais, na terminologia anterior à publicação do Decreto-Lei nº 159/2009, de 13 de Julho, aplicável a partir do exercício de 2010, mas que ainda se mantém no EBF). Trata-se de uma matéria bastante complexa no seio do CIRC e que se abordará de seguida.

5.2. A dedutibilidade dos donativos em sede de IRC

5.2.1. Enquadramento geral

A delimitação da dedutibilidade dos donativos no CIRC, como, aliás, de qualquer gasto neste imposto, não é uma tarefa imediata. O tema impõe-nos um breve itinerário em torno da tributação pelo rendimento real e das relações entre a contabilidade e a fiscalidade.

O designado rendimento real resulta da soma do resultado económico apurado na contabilidade e corrigido nos termos do CIRC, com as variações patrimoniais positivas e negativas não reflectidas naquele resultado (art. 17º, nº 1 do CIRC). A teoria do rendimento acréscimo preconiza a tributação dos rendimentos líquidos independentemente da sua origem, uma vez que todos concorrem para aferir da capacidade contributiva do sujeito passivo. É uma concepção ampla de rendimento, que não se esgota no rendimento produto, ou seja, no rendimento que flui da actividade económica – abrange incrementos patrimoniais obtidos a título gratuito, mais-valias e, inclusivamente, rendimentos ilícitos. Assim, "tudo isto quer dizer que este conceito de rendimento se desinteressa do modo como o rendimento é adquirido e se preocupa apenas com as consequências da sua aquisição" (Saldanha Sanches, 2007:222).

Esta opção pelo rendimento acréscimo traça, em termos gerais, as relações de interdependência entre a fiscalidade e a contabilidade. Não de autonomia plena, porque a grandeza do resultado líquido é o ponto de partida para a determinação do lucro tributável, nem de dependência absoluta, porque se introduzem dispositivos no CIRC (correcções fiscais ou extracontabilísticas) para moldar o lucro contabilístico (que se destina a vários stakeholders), obtendo um resultado que serve os interesses do Estado e está subordinado às regras do direito fiscal[78].

---

[78] De acordo com Saldanha Sanches (2007:372), "a determinação dos lucros passa a ser feita de acordo com o balanço e a elaboração do balanço passa a ser objecto de um conjunto de normas fiscais, as quais fazem com que, a partir do modelo de balanço criado e regulado pelo Direito Comercial (o balanço comercial), surja um balanço fiscal. Este último é regulado por um conjunto de normas, como as que estão contidas no Código do IRC, aplicáveis às zonas do balanço onde uma possível manipulação de valor – os domínios em que existe um espaço de decisão para a determinação dos valores a inscrever na contabilidade – poderia conduzir a uma redução da matéria colectável".

Há, pois, um modelo de dependência parcial que consta expressamente do preâmbulo do Decreto-Lei que aprova o CIRC. Tavares (1999:73) observa que "o vocábulo «dependência» exprime a ideia de que a base tributável arranca dos correspondentes dados da contabilidade (desde que, obviamente, verdadeira e correctamente organizada), os quais se assumem como o pressuposto de base da tributação. Com a palavra «parcial», por sua via, retém-se a ideia de que a lei fiscal, num segundo estádio, introduz determinadas correcções sobre o *acquis* contabilístico – em consequência da tutela de interesses próprios e específicos, improtegíveis pelo mero jogo das regras contabilísticas – com vista ao exacto e definitivo apuramento do lucro tributável".

Seria precipitado conceber as correcções extracontabilísticas como derrogações ao apuramento do lucro real. O processo de determinação do lucro real concretiza a tributação pelo método-regra, segundo o princípio da capacidade contributiva. Neste contexto, é admissível que algumas regras fiscais se sobreponham às normas contabilísticas, porque são especificamente direccionadas e conformadoras com o apuramento do rendimento real.

Esta perspectiva, que legitima as correcções extracontabilísticas, tem suscitado críticas fundadas na elevada intromissão dos critérios fiscais nas normas contabilísticas[79]. O CIRC reformulado, isto é, adaptado ao SNC, visou contribuir para a inversão desta tendência. O diploma que o aprova refere expressamente que "a manutenção do modelo de dependência parcial determina, desde logo, que, sempre que não estejam estabelecidas regras fiscais próprias, se verifica o acolhimento do tratamento contabilístico decorrente das novas normas". Ou seja, perante um quadro contabilístico mais consistente, pode dizer-se que, globalmente, as normas fiscais passaram a demonstrar mais respeito pela autonomia das regras contabilísticas.

Não obstante o esforço de convergência entre as normas fiscais e as contabilísticas e a "preocupação de eliminar os constrangimentos sobre a contabilidade decorrentes da legislação fiscal", subsistem diferenças entre os dois quadros legais. Tal traduz-se, em regra, e como se disse já, na não coincidência do resultado líquido com o da matéria colectável.

---

[79] Este assunto está desenvolvido em Taborda (2006).

Esta opção não ofende o princípio da avaliação directa, cuja importância é primordial no campo da tributação.

A avaliação da matéria colectável é feita, por regra, pelo contribuinte (art. 16º, nº 1 do CIRC) – método declarativo (autoliquidação) – gozando de uma presunção legal de veracidade (art. 75º, nº 1 da LGT). Porém, na sequência de uma acção inspectiva, a Administração fiscal pode determinar a matéria colectável – avaliação administrativa. Por exemplo, a Administração fiscal dispõe da faculdade de efectuar correcções técnicas à matéria colectável, com base na inscrição contabilística irregular. Enquadra-se na avaliação directa da matéria colectável, porque visa determinar o rendimento real, a medida da capacidade contributiva consagrada na CRP, com base na contabilidade. Note-se que, nos termos do art. 83º, nº 2 da LGT, "a avaliação indirecta visa a determinação do valor dos rendimentos ou bens tributáveis a partir de indícios, presunções ou outros elementos de que a administração tributária disponha".

De acordo com o art. 85º, nº 1 da LGT, a avaliação indirecta é subsidiária da directa, daí que só possa ser aplicada excepcionalmente e perante os casos tipificados na lei. Ou seja, geralmente, os actos praticados pela Administração fiscal num procedimento de inspecção visam a avaliação directa da matéria colectável, fazendo apelo aos métodos indirectos apenas depois de preenchidos rigorosos pressupostos legais que impedem a determinação pelo método-regra, dispondo o contribuinte de um vasto conjunto de garantias e de meios de defesa nesta sede[80].

---

[80] Segundo o Acórdão do TCA Sul, de 31/10/2006, nº 00335/06, "o nosso ordenamento jurídico consagra, como regime regra da tributação, o método declarativo, surgindo a possibilidade de recurso a metodologia alternativa, como consequência da ruptura daquele dever vinculado a que os contribuintes se encontram adstritos, de cooperação com a AF, no sentido de viabilizar a concretização da obrigação a que esta, por seu turno, está obrigada pelo princípio da legalidade, do controle e apuramento do efectivo lucro tributável". O Acórdão do STA, de 7/5/2003, nº 0243/03, estabelece que a alternativa ao método declarativo poderá consistir na utilização de correcções técnicas com fundamento, ainda, na contabilidade do sujeito passivo com recurso às correcções necessárias efectuadas na mesma contabilidade ou ainda com recurso ao método presuntivo quando a declaração ou a correcção técnica se mostrem inadequados ao apuramento do lucro tributável". Refira-se, ainda, o disposto no Acórdão do STA, de 2/2/2006, nº 1011/05, segundo o qual "a avaliação indirecta só deverá ter lugar quando a exclusão dos custos corresponda a uma lesão grave e irremediável da tributação segundo o rendimento líquido".

Ainda assim, na maioria dos métodos indirectos está em causa o apuramento do lucro real presumido e não do lucro normal (o que seria obtido em circunstâncias normais de exploração), porque a sua fixação decorre de ligações objectivas com um sujeito passivo específico, aproximando-se da medida da capacidade contributiva[81].

Com efeito, um dos diferendos mais controversos, que pontificam no âmbito das relações entre a contabilidade e a fiscalidade, é precisamente a qualificação dos gastos fiscais. Neste sentido, Tavares (1999:166) afirma que "o instituto dos custos congrega as principais e mais significativas discrepâncias entre a contabilidade e a fiscalidade. De facto, as correcções extra-contabilísticas ao apuramento do resultado tributável possuem ao nível dos custos um dos seus campos de eleição".

5.2.2. A relevância fiscal dos gastos em IRC

O CIRC considera que apenas são gastos os que "comprovadamente forem indispensáveis para a realização dos rendimentos sujeitos a imposto ou para a manutenção da fonte produtora" (art. 23º, nº 1). Para a sua dedutibilidade, Tavares (1999) elenca quatro requisitos: existência de um gasto económico (contrapartida da aquisição de um factor produtivo); ausência de uma norma que limite categoricamente a relevância fiscal do gasto; comprovação de requisitos formais e indispensabilidade. Mas, como nota Saldanha Sanches (2006:215), "é, porém, no referido conceito de indispensabilidade que reside a problemática essencial da consideração dos custos empresariais e que repousa um dos principais pontos de distinção entre o custo efectivamente incorrido no interesse colectivo da empresa e o que pode resultar apenas do interesse individual do sócio, de um grupo de sócios ou do seu conjunto e que não pode, por isso, ser considerado custo nem do ponto de vista do Direito das Sociedades nem do Direito Fiscal: é o que sucede nos casos em que o custo é manipulado para reduzir o imposto a pagar".

---

[81] Teixeira Ribeiro (2007:307) sustenta que o "rendimento real é aquele que se apura ou se presume que o contribuinte obteve". Convergentemente, para Brás Carlos (2008:181), "*lucros reais* são, portanto, os que se apuram directamente da contabilidade do contribuinte e os que se presumem (precisamos nós) com base em elementos objectivos respeitantes a um contribuinte em concreto".

Se nenhuma norma excluir expressamente um determinado gasto do balanço fiscal, em cúmulo à sua relevação contabilística no exercício em que foi incorrido e de a sua existência ser demonstrada, por via de regra através de documento justificativo (sem prejuízo de o contribuinte se socorrer de meios de prova alternativos[82]), o gasto para ser fiscalmente aceite tem de passar o teste da respectiva indispensabilidade, obedecendo, nomeadamente, ao princípio da correlação entre gastos e rendimentos do mesmo exercício. Veiculando estes pressupostos, o Acórdão do TCA Norte, de 10/11/2005, nº 00467/04, refere que "só podem relevar sob o ponto de vista fiscal os custos suportados pelo sujeito passivo que contabilizados como tal se comprovem e mostrem indispensáveis para a realização dos ganhos sujeitos a imposto ou manutenção da fonte produtora". O Acórdão do TCA Sul, de 20/6/2006, nº 00365/03, declara que "hoje, são dois os requisitos indispensáveis para que os custos sejam aceites para efeitos de imposto. Que sejam comprovados com documentos emitidos nos termos legais e que sejam indispensáveis para a realização dos proveitos. A ausência de qualquer destes requisitos implica a sua não consideração, pelo que as respectivas quantias deverão ser adicionadas ao resultado contabilístico". Mais recentemente, o Acórdão do STA, de 13/2/2008, nº 798/07, sentencia que "para os custos poderem ser considerados, para além de se comprovar a sua efectiva existência, impõe-se igualmente comprovar a sua indispensabilidade e o nexo causal com os ganhos sujeitos a imposto".

O art. 23º, nº 1 do CIRC acolhe dois predicados para a aceitação fiscal dos gastos: um de tipo substantivo (indispensabilidade) e outro de tipo formal ou documental. Portugal (2004:275) sublinha que o teste da indispensabilidade é independente da comprovação, levando a que o primeiro só se coloque preenchido o requisito de o gasto estar comprovado.

---

[82] A regra da comprovação formal do gasto através de documento justificativo externo comporta excepções. Tavares (1999) sublinha que são admissíveis outros meios de prova que atestem a substância da operação e o montante do gasto (testemunho, registos contabilísticos, documentos internos, entre outros). Porém, actualmente, não é olvidável o problema das "despesas não devidamente documentadas", uma vez que, tal como proferido no Acórdão do TCA Norte, de 12/4/2007, nº 297/04, é imprescindível que os documentos sejam completos e permitam aferir a realização dos gastos, caso contrário, são rotulados como despesas não devidamente, ou insuficientemente, documentadas.

Observa que "não raro, até se confunde nos tribunais a questão do ónus da prova da indispensabilidade com a do ónus ou dever de documentação do custo, quando se trata de questões verdadeiramente distintas".

Nas alíneas a) a m) do nº 1 do art. 23º elenca-se, de forma meramente exemplificativa, a tipologia dos gastos mais comuns na vida empresarial, dedicando-se os restantes números deste preceito a catalogar aqueles que não são aceites para efeitos fiscais. Esta norma, cotejada com o disposto no art. 45º, constitui um elemento central na dedutibilidade dos encargos em IRC.

O art. 45º enumera os gastos não aceites em IRC e, obviamente, tem uma natureza taxativa. Um dos fundamentos deste preceito prende-se com um problema que, tradicionalmente, se depara à tributação do rendimento: a separação entre a natureza empresarial e pessoal das despesas que concorrem para efeitos de tributação do rendimento do trabalho independente e do rendimento das pessoas colectivas. Neste sentido, Xavier de Basto (2007:197) aponta "motivos de prudência fiscal, ou seja, a necessidade de prevenir a possibilidade de evasão e de fraude, conduziram o legislador a estabelecer vários limites à dedutibilidade dos custos. Despesas devidamente documentadas e eventualmente necessárias à produção do rendimento ou à manutenção da fonte produtora são, através de normas específicas excluídas da dedução, quando se entende que existem riscos de que sirvam não só finalidades produtivas, mas também fins estranhos à produção, designadamente fins próprios dos titulares das empresas ou do seu pessoal. Essas limitações respeitam fundamentalmente aos *inputs* «promíscuos», susceptíveis simultaneamente de uso empresarial e de uso pessoal".

A legislação simplesmente afastou do cômputo do lucro tributável determinados gastos de natureza ambígua, por se incluírem numa "zona cinzenta". Para além disto, submete outros a tributação individualizada, por regra fiscalmente aceites na esfera empresarial, mas que podem dar azo a benefícios na esfera privada, materializando uma atenuação da vantagem fiscal que o legislador reclama comportarem. As tributações autónomas convertem despesas dedutíveis em verdadeiros factos tributários, com o fundamento da vantagem pessoal extraída (ou extraível) do seu incurso.

O tratamento fiscal das despesas não documentadas constitui uma excepção: não são dedutíveis e, simultaneamente, estão sujeitas a tributação autónoma. Uma das regras básicas da contabilidade, também retomada nos art. 45º, nº 1, alínea g) e 123º, nº 2, alínea a) do CIRC, relaciona-se com a documentação legal de suporte das operações. As despesas não documentadas, ou sem documento, distinguem-se das despesas confidenciais, questão que foi muito controvertida na jurisprudência e na doutrina.

As despesas confidenciais diferenciam-se das que não têm documento, na medida em que há uma clara intenção de não revelar a operação subjacente, nem o seu beneficiário. Segundo Tavares (1999:128), "todas as despesas confidenciais equiparam-se a custos não documentados, mas nem todos os gastos não documentados assumem os contornos de despesas confidenciais, na medida em que o sujeito prove a operação (com os seus contornos essenciais), por qualquer outra forma, que não pela apresentação do documento justificativo". O Acórdão do STA, de 3/12/2003, nº 1283/03, estabelece que "são despesas confidenciais as que não especificam a sua natureza, origem e finalidade. Tais despesas são, por natureza, indocumentadas". Tal como nota o Acórdão do TCA Norte, de 12/4/2007, nº 297/04, "ambas têm, portanto, como denominador comum, o facto de serem despesas não comprovadas por documentos".

Com as alterações da Lei nº 67-A/2007, de 31 de Dezembro, o CIRC deixou de fazer referência às despesas confidenciais, negando dedutibilidade fiscal aos "encargos não devidamente documentados" (art. 45º, nº 1, alínea g)) e sujeitando a tributação autónoma à taxa de 50%, ou de 70%, "as despesas não documentadas" (art. 88º, nº 1 e nº 2). Esta clarificação pôs termo à dificuldade inerente à determinação da vontade de ocultação de despesas, mas não resolveu o problema da adequação e suficiência da documentação[83].

---

[83] Numa óptica (excessivamente) prudente, dir-se-á que os requisitos formais documentais à luz do CIVA valem, seguramente, para o cumprimento das exigências em sede de CIRC. Com efeito, no CIRC, os requisitos documentais não são tão exigentes como o são no CIVA. Anote-se que o art. 123º, nº 2, alínea a) estatui que "todos os lançamentos devem estar apoiados em documentos justificativos, datados e susceptíveis de serem apresentados sempre que necessário". O Acórdão do TCA Sul, de 7/10/2008, nº 02056/07, sustenta que "em regra, deve ter-se por documento válido em forma legal o que obedeça aos requisitos do art. 35º do CIVA". Porém, tendo o CIRC como pano de fundo, aduz que "a ineficácia probatória da escrituração não impede o seu suprimento por outros meios de prova admitidos em direito e adequados a fundamentar a justeza do lançamento pela comprovação da operação comercial subjacente ao deficiente registo ou suporte documental desse registo contabilístico".

Em síntese, ainda que não haja uma tipificação taxativa dos gastos fiscais em sede de IRC, são, tendencialmente, tratados pela Administração fiscal de forma restritiva e sob uma lógica propensa à sua desconsideração, ampliando o rendimento tributável. Acresce que o processo de documentação do gasto deveria ser densificado na lei, em nome da segurança jurídica.

Já foi aflorado que a indispensabilidade encerra um conceito indeterminado, que carece de preenchimento. Por isto, definir com nitidez os gastos que superam este crivo, tem sido recorrente e problemático. Um argumento frequentemente invocado relaciona-se com o seu elemento finalístico. Tal significa que se um determinado gasto não está contemplado expressamente no CIRC, incluindo-o, ou excluindo-o taxativamente do lucro tributável, deve atender-se à realidade económica do sujeito passivo que o suportou, aferindo o seu contributo para a viabilização dos seus objectivos. Tal como estabelece o Acórdão do STA, de 29/3/2006, nº 01236/05, "o conceito de indispensabilidade, sendo indeterminado, tem sido preenchido pela jurisprudência casuisticamente. A produção jurisprudencial não elaborou um conceito a que aqui possamos apelar, e cuja aplicação resolva a questão de saber se o custo em causa deve ou não ter-se por indispensável. O que nos não deve espantar: a própria noção de custo não é objecto de uma definição pela lei fiscal, sendo comummente adoptada a económica".

Dado que a contabilidade organizada goza da presunção de veracidade, a sua ilisão cabe à Administração fiscal. Por outra banda, compete ao contribuinte o ónus da prova sobre a indispensabilidade do gasto, pois, segundo Tavares (1999:117), "é ele que se encontra em contacto directo com a realidade, portanto, com mais facilidade consegue preencher esses conceitos legais abertos"[84]. De facto, só a concreta explicação sobre as circunstâncias que envolvem a operação permite elucidar e vislumbrar um nexo de causalidade com o escopo lucrativo. E, normalmente, o ónus

---

[84] Convergentemente, o Acórdão do TCA Sul, de 20/6/2006, nº 00365/03, conclui que "à FP [Fazenda Pública] cabe o ónus da prova dos pressupostos do seu direito a proceder às correcções e ao contribuinte cabe provar que os respectivos custos foram indispensáveis para a realização dos proveitos ou ganhos sujeitos a imposto ou para a manutenção da fonte produtora (...)".

da prova reduz-se à descrição das motivações que estiveram na base de uma determinada decisão de gestão.

Alguma doutrina interpreta o conceito de indispensabilidade em função do objecto estatutário. Não obstante, há que considerar que, tratando-se de sociedades comerciais, não se pode adoptar uma perspectiva restritiva, aplicável, por exemplo, à verificação do cumprimento dos fins estatutários de algumas entidades do terceiro sector, a que oportunamente aludiremos. De facto, o lucro é o fim último das sociedades comerciais, nos termos do art. 980º do Código Civil (fim mediato), as quais podem, inclusivamente, praticar actos que transcendem o respectivo objecto social (fim imediato). O próprio artigo 6º, nº 1 do CSC, que versa sobre a capacidade da sociedade, faz referência, ainda que implícita, ao lucro – o fim que a sociedade prossegue.

A capacidade da sociedade não está confinada à concretização do seu objecto social, pelo que a indispensabilidade deverá ser aferida à luz da prossecução do fim lucrativo, desígnio em relação ao qual, regra geral, os actos praticados pelas sociedades comerciais estão vinculados.

Martins (2008:50) exemplifica que uma sociedade comercial, com uma determinada actividade operacional, pode, mesmo sem previsão estatutária expressa, adquirir participações sociais. Conclui que "ao lado de uma actividade normal e corrente, as sociedades, ao realizarem investimentos financeiros, obterão proveitos e incorrerão em custos resultantes de uma função ou actividade de natureza não operacional, mas que, em última análise, se traduzirá em ganhos ou expectativas de ganhos. Se tais ganhos são potencialmente sujeitos a imposto, não deverão os custos resultantes do suporte financeiro de tais investimentos ser fiscalmente aceites?".

Em sentido aproximado, Faveiro (2002:848) sustenta que a correcção directa de certos actos criadores de encargos, nos termos do nº 1 do art. 23º, só é justificável "quando se trate de factos que, por natureza e univocidade, se evidenciem objectivamente como estranhos ao objecto e ao fim económico e gestionário global da empresa; ou mais, só no plano da problemática da evasão tributária deverá ser tratada". Tavares (2002:41) destaca que "os custos indispensáveis são todos os custos verdadeiros e reais, ainda que ligados a negócios ruinosos". Acrescenta que caso exista um gasto económico, entendido como aquele que é suportado no interesse da organização, então é "apreendido pela contabilidade e, por efeito da dependência do direito fiscal face àquela ciência, é ao mesmo tempo assumido *in totum* e de forma pacífica e cristalina, como um custo fiscal". Afirma ainda que "o critério legal de indispensabilidade apenas visa negar a qualidade de custo fiscal aos encargos abusivamente registados na contabilidade, mas que não são verdadeiros e reais custos da sociedade". Aí, sim, na presença de encargos aparentes, defende a sua amputação ao lucro tributável. Dito de outro modo, "a noção legal de indispensabilidade reprime, pois, os actos desconformes com o escopo da sociedade, não inseríveis no interesse social, sobretudo porque não visam o lucro, mediante a preclusão da dedutibilidade fiscal dos inerentes custos" (Tavares, 1999:137).

De acordo com o postulado da tributação do lucro real e dado que as acções das sociedades comerciais são direccionadas para a obtenção do lucro, "todas as suas despesas terão de ser julgadas em função da sua aptidão para a obtenção deste fim" (Saldanha Sanches, 2007:330). Esta apreciação deve ser feita sob um exercício de analepse, isto é, "a comprovação, *a posteriori*, da ausência de proveitos directamente relacionados com o gasto não é um factor relevante para se concluir pela não dedutibilidade do custo" (Martins, 2008:37).

A indispensabilidade do gasto tem de ser aferida à luz da informação disponível e das circunstâncias verificadas à data da sua incursão (Portugal, 2004). Por outras palavras, se num momento posterior, a avaliação do gasto for negativa, frustrando a expectativa de obter rendimento, tal não significa que falhe o teste da indispensabilidade[85]. Resulta apenas do risco e da incerteza inerentes à gestão empresarial[86].

---

[85] Outra interpretação resultaria na penalização fiscal da sociedade pelos actos gestionários demeritórios. Daí que, como nota Tavares (1999:132-133), "os circunstancialismos aleatórios que contribuem para o eventual fracasso do projecto societário (inclusive a hipotética imperícia do órgão de gestão) não se metamorfoseiam em sanções contra a própria sociedade, precisamente num domínio onde não se vislumbra nem um acto ilícito, nem uma conduta culposa ou negligente do agente".

[86] Reconhecendo as contingências que envolvem as decisões económicas, o Acórdão do TCA Sul, de 24/1/2006, processo nº 01217/03, sublinha que "um custo, para ser relevante fiscalmente, tem de ser afecto à exploração, no sentido de que deve existir uma relação causal entre tal custo e os proveitos da empresa. Todavia, essa relação causal aferidora da dispensabilidade ou indispensabilidade do custo não é uma relação de causalidade necessária, do tipo *conditio sine qua non* ou de resultados concretos obtidos com o acto, mas antes uma relação que tenha

Uma sociedade comercial pode não conseguir gerar lucros e, fruto desta falha, não perde a sua qualificação legal. Mas tem por objectivo alcançar um acréscimo patrimonial face ao capital social, que, de resto, mede a sua capacidade contributiva, repartindo-o pelos seus detentores. A Administração fiscal deve abster-se de se manifestar sobre a qualidade da gestão e de presumir que os seus actos têm um sentido contrário à prossecução do interesse social.

Assegurada que seja a sua conformação com a lei, não deve haver interferência nas escolhas da gestão privada, em obediência à liberdade de gestão da empresa, corolário do princípio do direito de livre iniciativa económica privada, previsto no art. 61º, nº 1 da CRP. Sousa Franco (2002:49) elenca os princípios que concretizam a iniciativa privada própria do capitalismo: liberdade de contratar (autonomia da vontade individual); liberdade de trabalho (escolha livre da profissão e da forma como é exercida) e liberdade de empresa (criação livre e gestão autónoma da empresa). Amorim (2007:862), evocando a jurisprudência italiana, destaca que "na expressão iniciativa económica privada se deve compreender não apenas a actividade de criação e constituição de uma empresa, e o acesso desta ao mercado, mas ainda todas os demais actos e actividades inerentes à vida e desenvolvimento da mesma empresa (...)".

em conta as normais circunstâncias do mercado, considerando o risco normal da actividade económica, em termos de adequação económica do acto à finalidade da obtenção maximalista de resultados". O Acórdão do TCA Sul, de 25/6/2009, nº 02999/09, profere que uma despesa com um fim empresarial "não quer dizer que tenha desde logo um fim imediata e directamente lucrativo, mas que tem, na sua origem e na sua causa, um fim empresarial, concedendo a lei à AT [Administração Tributária] poderes bastantes para recusar a aceitação como custo fiscal de despesas que se não possam considerar compatíveis com as finalidades a prosseguir pela empresa. Assim, a relevância fiscal de um custo depende da prova da sua necessidade, adequação, normalidade ou da produção do resultado (ligação a um negócio lucrativo), sendo que a falta dessas características poderá gerar a dúvida sobre se a causação é ou não empresarial". Também o Acórdão do STA, de 29/3/2006, nº 01236/05, estabelece que "a regra é que as despesas correctamente contabilizadas sejam custos fiscais; o critério da indispensabilidade foi criado pelo legislador, não para permitir à Administração intrometer-se na gestão da empresa, ditando como deve ela aplicar os seus meios, mas para impedir a consideração fiscal de gastos que, ainda que contabilizados como custos, não se inscrevem no âmbito da actividade da empresa, foram incorridos não para a sua prossecução mas para outros interesses alheios (...)".

Aferir se um determinado gasto é imprescindível para a geração de rendimentos tributáveis, ou para a continuidade da empresa, constitui um exercício que não é passível de generalização. A gestão não se pode pautar por critérios rígidos que ditam quais são as "boas práticas" e, sobretudo, a grande dose de criatividade que demanda não pode ser coarctada por reparos administrativos, desde que, repita-se, esteja subordinada às regras gerais de licitude.

A própria ciência jurídica acolhe este princípio tão popular nas ciências da gestão. Para Carneiro da Frada (2007:228), é imprescindível que os administradores "gozem dessa autonomia, sem a qual uma adequada gestão, que tem de tomar diversos factores em conta, não seria possível. O dever de dirigir a sociedade implica liberdade decisória. Importa que a ordem jurídica a reconheça. Mas ela, reitera-se, não se apresenta irrestrita". Também Costa (2007:55) refere que "ao contrário de outros sujeitos que desenvolvem uma actividade *profissional* ou *técnica*, os administradores não podem contar com modelos de comportamento *consensualmente aceites pela colectividade* – ensinamentos inequívocos, práticas ou *leges artis* generalizadamente aceites, modelos profissionais de competência –, afim de os poder invocar para proteger as próprias escolhas e demonstrar a razoabilidade das decisões – não há *guide lines, cada decisão é única*, na maior parte dos casos há *várias alternativas*, não há *a priori* uma decisão óptima".

Esta perspectiva redunda na impreterível observação das circunstâncias que envolvem o caso concreto. A aplicação casuística propicia conflitos entre a Administração fiscal e os sujeitos passivos. Nos pomos da discórdia, sobressaem juízos valorativos e, portanto, subjectivos, sobre a qualidade da gestão.

Assim, se a motivação preponderante dos gestores foi a de agir no interesse societário, o gasto incorrido reputa-se de indispensável. Restam os casos de uma manifesta violação do interesse social, em que os gestores se empenharam em sentido diverso; ou em que, somente, mediante um laborioso e forçado exercício teórico se consegue extrair uma ligação entre a actuação da gestão e os interesses da empresa. Situações destas legitimam que, na sequência de um procedimento de inspecção, a Administração fiscal proceda a correcções técnicas do lucro tributável com base no art. 23º, nº 1 do CIRC.

5.2.3. Os donativos como liberalidades

Na literatura internacional, sobressai uma corrente que acentua os benefícios da filantropia empresarial, corporizando uma lógica que vai para além do mero altruísmo. Em alguns casos, estabelece-se uma relação positiva entre os donativos e a performance económico-financeira da empresa. Sob esta lente, que fundamenta a sua competência económica, é admissível que os donativos concorram para a formação de rendimentos ou para a manutenção da fonte produtora. Ou seja, esta tendência hodierna reclama que a concessão de donativos é tão legítima, quanto necessária.

A definição de donativo do art. 61º do EBF reprime a perspectiva assente no interesse económico. Os donativos empresariais são custos (gastos) fiscais desde que se destinem a determinadas entidades, públicas ou privadas, "cuja actividade consista predominantemente na realização de iniciativas nas áreas social, cultural, ambiental, desportiva ou educacional". Rejeita-se liminarmente a relevância fiscal daqueles que tenham quaisquer "contrapartidas que configurem obrigações de carácter pecuniário ou comercial"[87].

No CIRC, os gastos contabilísticos associados aos donativos não são expressamente obliterados. Curiosamente, o controverso teste da indispensabilidade, que os gastos têm de ultrapassar para adquirirem relevância fiscal, aplica-se aos donativos, mas de forma diametralmente oposta. Por outras palavras, os princípios em que assenta o regime do mecenato têm uma natureza inversa à dos princípios que qualificam os gastos fis-

---

[87] Esta concepção não diverge muito do conceito de doação no direito civil. Segundo o art. 940º, nº 1 do Código Civil, a "doação é o contrato pelo qual uma pessoa, por espírito de liberalidade e à custa do seu património, dispõe gratuitamente de uma coisa ou de um direito, ou assume uma obrigação, em benefício do outro contraente". Ainda que deste preceito ressalte a existência de um contrato, atentando no art. 947º do mesmo diploma, a aceitação de uma doação, à excepção de um imóvel, dá-se por tacitamente verificada pela tradição da coisa doada, não carecendo de formalidades especiais. De todo o modo, poderia ser invocado o art. 11º, nº 2 da LGT, segundo o qual "sempre que, nas normas fiscais, se empreguem termos próprios de outros ramos de direito, devem os mesmos ser interpretados no mesmo sentido daquele que aí têm, salvo se outro decorrer directamente da lei". Assim, se não houvesse coerência, prevaleceria o regime dos "donativos fiscais", uma vez que é tratado no EBF. À excepção de alguns bens cuja transmissão exige forma especial, a outorga de um contrato escrito que suporte o donativo não é condição necessária para a produção de efeitos fiscais.

calmente aceites no CIRC[88]. Logo, um encargo não pode, simultaneamente, ser elegível para efeitos fiscais pelos dois quadros normativos. Ora, dedicando-se o regime do mecenato a atribuir a categoria de gasto fiscal aos donativos, se estes fossem direccionados para a finalidade reditícia da empresa, demonstrando que são indispensáveis nos termos do art. 23º do CIRC, deixariam de ser fiscalmente aceites, na medida em que se afastam no sentido oposto ao do ordenamento que os regula[89].

Coerentemente, as liberalidades, de que são exemplo os donativos, não concorrem para a formação do lucro tributável. Segundo o Acórdão TCA Sul, de 12/10/2004, processo nº 00184/03, "para efeitos fiscais, as liberalidades não são consideradas como indispensáveis à realização dos proveitos ou ganhos sujeitos a imposto e para a manutenção da fonte produtora, e daí que não sejam consideradas custos nem variações patrimoniais negativas, a menos que a lei expressamente as qualifique de outro modo, como sucede relativamente a algumas liberalidades de cariz social, que, por razões de política fiscal, a lei qualifica como custos (...)".

Há, efectivamente, alguns casos especiais que apenas adquirem relevância fiscal, porque o Estado lhes reconhece um interesse geral. A sua justificação fiscal advém do seu contributo para a prossecução do bem-estar, pelo que não estão abrangidos pela regra da indispensabilidade. As realizações de utilidade social (art. 43º do CIRC)[90] e as quotizações a favor

---

[88] Portugal (2004:238) observa que "foi sobretudo por via da antinomia construída face ao conceito de liberalidade que mais se avançou na precisão de um sentido jurisprudencial para a indispensabilidade: o «custo indispensável» surge como antípoda da liberalidade".
[89] A realização de liberalidades parece, afinal, incompatível com a prossecução do fim social. Em todo o caso, segundo Soveral Martins (2007:112-113), "o legislador teve em conta que, por vezes, certas liberalidades tornam mais fácil alcançar o lucro". Admite que "a sociedade consegue obter uma melhor imagem junto do público ou dos clientes, um maior empenho por parte dos trabalhadores, um estímulo à aquisição de produtos da sociedade". Sem desvirtuar o conceito, este autor reconhece que a liberalidade é "compatível com um fim ou motivo interesseiro". No mesmo sentido, Coutinho de Abreu (2007a:194) refere que "*liberalidades existem com fim interessado* ou interesseiro", exemplificando com a promoção das vendas, melhoria da produtividade, acreditação do nome e da imagem e pagamento de menos impostos. Esta perspectiva presta tributo às vantagens inerentes à concessão de donativos, que não têm de ser exclusivamente altruístas. Têm um valor económico "diferente".
[90] Segundo Morais (2007), fruto da natureza não taxativa deste preceito, também integram as realizações de utilidade social as despesas com o transporte colectivo de trabalhadores nos

de associações empresariais (art. 44º) têm muitas similitudes com os donativos mecenáticos em sede de IRC.

Com efeito, existem determinados encargos que, aprioristicamente, não são gastos fiscais, mas quando drenados para determinadas actividades e entidades que o Estado entende serem socialmente relevantes (incluindo ele próprio), adquirem valor fiscal. Parece que o Estado determina, pela via fiscal, como deve ser concretizada a responsabilidade social das empresas[91].

Portugal (2004) defende que as liberalidades são variações patrimoniais negativas excluídas da composição do lucro tributável. Argumenta que, por extravasarem o fim estatutário, não se pode invocar o *animus donandi* da sociedade, remetendo este sentimento para a esfera privada dos gestores ou dos sócios. Em consonância com a perspectiva de que liberalidades não têm conexão com a actividade empresarial, o direito fiscal não as qualifica como gastos, mas como uma aplicação dos resultados ou do benefício empresarial.

Na prática, esta posição conduz a que, por regra, as liberalidades não tenham relevância fiscal, o que é irrefutável. Porém, tomando como boa a interpretação do sentido do seu texto, o caminho percorrido e os argumentos expendidos pelo autor merecem alguns reparos, porque desconsideram o tratamento contabilístico dos donativos que, por definição, são liberalidades. De facto, a análise de Portugal (2004) centra-se exclu-

---

percursos do seu domicílio ao local de trabalho, desde que preencham os requisitos da não discriminação e da universalidade, isto é, de aplicação geral a todos os trabalhadores, segundo um critério objectivo e idêntico. Também os "vales sociais", destinados ao pagamento de creches, jardins-de-infância e lactários, cujo regime está contemplado no Decreto-Lei nº 26/99, de 28 de Janeiro, subsumem a esta norma, apesar de o serviço não ser prestado pela empresa. No entanto, o aditamento da "aquisição de passes sociais em benefício do pessoal da empresa" no Orçamento do Estado para 2009 enfraquece a tese que atribui a este preceito um carácter exemplificativo.

[91] Por exemplo, o art. 35º da Lei de Bases da Segurança Social (Lei nº 4/2007, de 16 de Janeiro) estabelece que "o Estado estimula e apoia as iniciativas das empresas que contribuam para o desenvolvimento das políticas sociais, designadamente através da criação de equipamentos sociais e serviços de acção social de apoio à maternidade e à paternidade, à infância e à velhice e que contribuam para uma melhor conciliação da vida pessoal, profissional e familiar dos membros do agregado familiar". Tal como vimos, este apoio público concretiza-se repetidamente pela via fiscal.

sivamente na hipótese de, em sede de assembleia geral, os sócios decidirem atribuir donativos a título de aplicação de resultados.

O art. 24º, nº 1, alínea a) do CIRC faz referência às liberalidades, mas às que não estão "reflectidas no resultado líquido do período de tributação", o que não corresponde propriamente aos gastos contabilísticos dos donativos. Em primeiro lugar, as variações patrimoniais negativas estão sujeitas aos requisitos do art. 23º. A par desta obrigatoriedade, o CIRC enumera aquelas que não têm relevância fiscal.

Contabilisticamente, todos os gastos são variações patrimoniais negativas. Mas existem variações patrimoniais negativas que, por não estarem contabilizadas na classe de contas dos gastos, não estão reflectidas na conta de resultados. Tal significa que, sob o ponto de vista fiscal, as variações patrimoniais são relevantes na medida em que não estão reflectidas no resultado contabilístico[92]. É o que sucede com a atribuição de donativos decidida em assembleia geral, por via da aplicação de resultados. E, à semelhança de outras diminuições do património líquido, não conexionadas com a actividade do contribuinte sujeita a IRC, a sua aceitação fiscal é expressamente recusada[93].

Já foi mencionado que não é comum que a atribuição de donativos seja decidida em sede de assembleia geral. Tipicamente, os donativos estão contabilizados como gastos, afectando desde logo o resultado líquido[94]. Recorde-se que, no processo de determinação do lucro tri-

---

[92] Saldanha Sanches (2007:380) refere que "o IRC usa o conceito de variação patrimonial positiva ou negativa no sentido restrito de acréscimo ou decréscimo do património não registado na conta de ganhos e perdas. Se a sociedade faz uma venda com lucro, há uma variação patrimonial positiva, mas não no sentido em que o Código usa este conceito, uma vez que esta variação se vai encontrar reflectida na conta de resultados".

[93] Considerando que as variações patrimoniais negativas têm de cumprir os requisitos aplicáveis aos gastos, parece-nos dispensável a exclusão taxativa das liberalidades do cômputo do lucro tributável.

[94] No POC, eram custos com uma natureza extraordinária. Não integravam a função operacional da empresa, porque não estavam directamente relacionados com a sua actividade estatutária. Porém, os resultados extraordinários estavam compreendidos no resultado líquido do exercício, a medida do lucro da empresa. Com o SNC, os resultados extraordinários desapareceram, em abono da ideia de que os factores endógenos à entidade são controlados pela gestão e que o risco associado aos exógenos pode ser coberto, pelo que a actividade empresarial nada tem de "extraordinário". No código de contas do SNC, publicado

butável, são expurgados do resultado líquido do exercício os valores dos donativos que ultrapassam os limites legais e sem enquadramento no EBF, no Estatuto do Mecenato Científico e em legislação avulsa conexa, e incluídas as majorações reconhecidas fiscalmente (no Quadro 07 do Modelo 22 deduzem-se as majorações na linha 234, e anulam-se os donativos não aceites, acrescendo-os ao resultado líquido, na linha 210).

Substantivamente, os donativos são liberalidades e são variações patrimoniais negativas, mas, regra geral, não são enquadráveis no art. 24º do CIRC, porque estão reflectidos no resultado líquido do exercício. Analogamente, a oferta de inventários próprios configura uma transmissão gratuita, registada numa conta de gastos e cuja relevância fiscal é aferida nos termos do art. 23º do CIRC. Daí que, apenas num cenário (pouco vulgar) em que a concessão de donativos é decidida em sede de assembleia geral, operacionalizando a aplicação dos resultados do exercício, faça sentido trazer à colação as liberalidades previstas no art. 24º, nº 1, alínea a) do CIRC.

Sob a hipótese de a concessão de donativos ser deliberada na assembleia geral anual, que aprova as contas do exercício e a aplicação dos resultados, mesmo que tenha enquadramento no regime do mecenato, só tem relevância fiscal no exercício em que foi decidida e realizada. Este entendimento resulta de os donativos serem, por imposição do art. 62º do EBF, "considerados custos ou perdas do exercício", o que implica que sejam incluídos no lucro tributável do ano em que são atribuídos, não podendo ser "antecipados".

De facto, dada a posição central do pressuposto do acréscimo, tratado especificamente no art. 18º (periodização do lucro tributável), se a contabilização dos donativos ocorresse num exercício que não o da sua atribuição era razão suficiente para a sua desqualificação fiscal.

A rigidez da lei fiscal com a periodização económica compreende-se, dado que uma interpretação flexível desta regra propiciaria a transferência de resultados de um período para o outro. Daqui decorre a importân-

---

na Portaria nº 1011/2009, de 9 de Setembro, os donativos incluem-se numa subconta de outros gastos e perdas (6882). No entanto, descontando a terminologia e a densificação conceptual, a contabilização dos donativos não apresenta diferenças substanciais face ao POC.

cia do "corte de operações" na contabilidade, envolvendo diversos cálculos de apuramento de acréscimos e diferimentos nas contas de resultados. Assim, a imputação a um período de tributação diferente apenas é possível, na hipótese de os gastos serem imprevisíveis ou manifestamente desconhecidos à data de encerramento de contas, condições que a atribuição de donativos não satisfaz[95].

No entanto, não se deve confundir o momento da atribuição dos donativos com o do respectivo pagamento. Sobre este assunto, pronunciou-se o Acórdão do TCA Sul, de 12/10/2004, processo nº 00184/03: "verificando-se um donativo que a lei considera como custo ou perda, o mesmo deve ser contabilizado no ano em que a doação se tornou eficaz, mediante a aceitação da proposta negocial, em obediência ao princípio da especialização dos exercícios, que pode não ser aquele em que o dinheiro foi entregue efectivamente ao donatário". No centro da discórdia estava um donativo em dinheiro concedido a uma fundação, que o aceitara no exercício de 1991, mas que fora entregue (liquidado) pelo sujeito passivo em 1992.

O principal argumento do recurso da Administração fiscal fundava-se no efeito contraproducente da aceitação fiscal do donativo no exercício em que o sujeito passivo se vinculara à liberalidade. Daí que, segundo essa

---

[95] Com o intuito de prevenir práticas de insuflamento e de antecipação de gastos e de postecipação de rendimentos, o CIRC retoma o pressuposto do acréscimo, previsto na estrutura conceptual do SNC, temporalizando as diversas componentes do rendimento. Tendo como referência o POC, Tavares (1999:85) observa que "os princípios contabilístico e fiscal da especialização dos exercícios possuem, portanto, uma matriz de base comum. As divergências situam-se, apenas, ao nível da densidade vinculativa, especialmente nos casos patológicos de omissão, por mero lapso, na inscrição de determinadas rubricas (positivas ou negativas) no balanço competente". Segundo o Acórdão do TCA Sul, de 30/6/2009, nº 02475/08, "o *princípio da tributação do lucro real* não conflitua, antes está intimamente relacionado com o *princípio da especialização de exercícios* e ambos estão conexionados com o *princípio da anualidade*, segundo o qual as empresas deverão apurar, no fim de cada ano, os resultados do exercício da actividade durante o mesmo período e decidir, desde logo, sobre o destino a dar aos mesmos resultados, quando positivos". O Acórdão do STA, de 25/6/2008, nº 0291/08, sentencia que "«as componentes positivas ou negativas» não são «imprevisíveis ou manifestamente desconhecidas» quando a sua não consideração, no exercício a que respeitam, se deve a erro contabilístico ou outro, do próprio contribuinte, já que tal norma há-de interpretar-se no sentido de que tais pressupostos, para serem relevantes, hão-de decorrer de situações externas que aquele não pode controlar".

posição, o donativo apenas deveria produzir efeitos fiscais no período de tributação em que fora efectivamente entregue. Caso contrário, abrir-se--ia "uma janela de oportunidade para que, independentemente da concretização ou não do donativo (através da sua entrega ao donatário), o doador pudesse deduzir o custo fiscal do mesmo, ainda que este não se viesse a efectuar, uma vez que seria relevante, não a sua entrega efectiva, mas a manifestação de o efectuar, o que potencialmente conduziria a permitir deduzir fiscalmente um custo que efectivamente e na realidade nunca existira".

A sentença contrapôs que o potencial abuso aventado configurava uma situação patológica, competindo à Administração fiscal a sua fiscalização e correcção, não legitimando, por si só, a derrogação do princípio da periodização económica. Estribando-se na prevalência desta regra, o Tribunal não encontrou razões que determinassem um tratamento diferenciado para os gastos decorrentes de liberalidades, pelo que o recurso não colheu provimento.

5.3. As principais alterações produzidas pelo regime do mecenato previsto no EBF

A formulação do actual regime do mecenato compreende-se mais facilmente se a compararmos com a anterior, pelo que faremos algumas considerações relativas ao Estatuto do Mecenato.

A revogação do Estatuto do Mecenato e a integração deste regime no EBF trouxeram algumas novidades. Destacamos a supressão da referência às actividades ou programas considerados de superior interesse social, que se traduzia na eliminação dos limites de aceitação fiscal dos donativos; a introdução de uma nova fronteira de dedutibilidade (8/1000 do volume de negócios) calculada com referência à globalidade dos donativos atribuídos a determinadas entidades (art. 62º, nº 12 do EBF)[96]; o alar-

---

[96] Esta norma abarca o somatório das deduções fiscais efectuadas ao abrigo de determinados números do art. 62º do EBF. Porém, remete para a dedução prevista no art. 64º do EBF que regula o regime de IVA das "contraprestações dos donativos". Parece-nos ter havido aqui um lapso do legislador, pois, como veremos mais adiante, o art. 64º não acolhe quaisquer deduções e as deduções previstas no art. 65º (mecenato para a sociedade de informação) são de natureza análoga às contempladas no art. 62º. O legislador fez uma remissão para o art. 64º, quando, na verdade, queria referir-se ao art. 65º do EBF.

gamento da regra de dispensa de reconhecimento prévio e a estatuição de um conjunto de obrigações que impendem sobre as entidades beneficiárias. É conveniente tecer alguns comentários em relação a estas duas últimas alterações que, de resto, constam do conjunto de propostas feitas pelo Relatório de Reavaliação dos Benefícios Fiscais de 2005.

A distinção entre benefícios fiscais automáticos e dependentes de reconhecimento consta do art. 5º do EBF. São automáticos quando o direito ao benefício surge pela simples verificação dos respectivos pressupostos. Os outros dependem de um acto da Administração fiscal. O art. 65º do CPPT versa sobre o reconhecimento dos benefícios fiscais que, antes de 2005, estava condensado no EBF. Geralmente os benefícios fiscais estão dependentes do reconhecimento pela Administração fiscal, desencadeado por iniciativa do contribuinte, através de requerimento dirigido ao serviço competente para a liquidação do tributo a que se refere o benefício, e instruído segundo as exigências plasmadas nas normas que concedem os benefícios. Segundo Rocha (2008), o disposto no art. 74º da LGT tem aplicação plena nesta matéria. Ou seja, se os contribuintes invocarem determinados factos constitutivos de direitos, compete-lhes o ónus da prova dos mesmos.

A dependência de reconhecimento administrativo é uma excepção no actual regime do mecenato. De facto, um dos desígnios da introdução daquele regime no EBF prende-se com a progressiva desburocratização e redução de custos, alargando a grande parte das entidades beneficiárias a dispensa de reconhecimento administrativo declarativo. O regime actual aproxima-se mais da filosofia subjacente ao anterior sistema consagrado no CIRC e no CIRS, muito embora não se possa afirmar que, para que um donativo tenha relevância fiscal na esfera dos mecenas, seja suficiente que a entidade beneficiária tenha uma natureza jurídica tipificada no regime do mecenato.

O art. 1º, nº 3 do decreto de aprovação do Estatuto do Mecenato dispunha que "os benefícios fiscais previstos no presente diploma, com excepção dos referidos no artigo 1º do Estatuto e dos respeitantes aos donativos concedidos às pessoas colectivas dotadas de estatuto de utilidade pública às quais tenha sido reconhecida a isenção de IRC nos termos do artigo 9º do respectivo Código, dependem de reconhecimento, a efectuar por despacho conjunto dos ministros das Finanças e da tutela". Daqui decorria um nivelamento das entidades recipientes: as estaduais ou para-estaduais; as que tinham o estatuto de utilidade pública e que gozavam de isenção de IRC, de acordo com o (actual) art. 10º do CIRC, e aquelas cuja categoria havia sido conferida por despacho ministerial conjunto.

Neste sistema dualista, a regra geral era o reconhecimento prévio da relevância fiscal dos donativos, tendo como excepção alguns benefícios fiscais automáticos, aplicáveis, sobretudo, a entidades públicas. Embora o reconhecimento prévio fosse um procedimento complexo que competia às entidades beneficiárias, era essencial para o aproveitamento da vantagem fiscal associada aos donativos mecenáticos. A displicência dos mecenas neste primeiro passo do processo de atribuição de donativos poderia, com a invocação da dedução fiscal do donativo, culminar na prática de uma infracção fiscal.

É certo que os doadores não podem substituir-se aos beneficiários no cumprimento das suas obrigações, mas podem incorrem em coimas e juros pelas formalidades não observadas pelos segundos. Tal significa que os mecenas acabavam por arcar com o ónus de fiscalizar o enquadramento das entidades beneficiárias no Estatuto do Mecenato. Esta responsabilidade era notoriamente desproporcionada.

À luz do art. 74º, nº 1 da LGT, o direito à dedução de um donativo, que se entende ser fiscalmente relevante, tem de ser provado por quem o invoca. Com a inscrição na declaração de rendimentos da dedução do donativo, fica a Administração fiscal com o poder de inspeccionar os elementos constitutivos do direito reclamado. Segundo o art. 12º do EBF, este direito deve reportar-se à data da verificação dos respectivos pressupostos, pelo que os atrasos e a incompletude das declarações ou recibos das entidades beneficiárias têm efeitos negativos na esfera dos doadores. Acresce que compete à Administração fiscal verificar as dívidas das entidades mecenas, na medida em que, nos termos do art. 13º, nº 1 do EBF, "os benefícios fiscais dependentes de reconhecimento não podem ser concedidos quando o sujeito passivo tenha deixado de efectuar o pagamento de qualquer imposto sobre o rendimento, a despesa ou o património e das contribuições relativas ao sistema da segurança social".

O Estatuto do Mecenato não continha qualquer norma relativa ao momento em que o direito ao benefício ocorria, nem sequer descrevia a tramitação do procedimento de reconhecimento.

Estes problemas motivaram a emissão da Circular nº 13/2005, de 25 de Setembro, da Direcção de Serviços do IRC, que veio esclarecer que a percepção do direito ao benefício fiscal pelo mecenas depende do acto de reconhecimento, retroagindo os seus efeitos ao momento da verificação dos pressupostos legais do benefício. Ou seja, o exercício do benefício só ocorre depois de praticado o acto administrativo de reconhecimento. Se este não coincidir com o exercício em que o donativo foi atribuído, resta ao sujeito passivo apresentar uma declaração de rendimentos de substituição, ou caso este prazo legal tenha sido ultrapassado, deduzir reclamação graciosa do acto de liquidação.

A Circular concluía, no seu ponto seis, que "este regime implica, na prática, que a entidade beneficiária não se «desligue» dos seus mecenas, pois deverá facultar-lhes a prova documental que os mesmos necessitam para desfrutarem na íntegra do seu estatuto de mecenas". Também a Circular nº 9/2005, de 11 de Agosto, da Direcção de Serviços do IRC, postulava que o usufruto pelos mecenas dos benefícios fiscais contemplados no Estatuto do Mecenato dependia da organização dos seguintes elementos: cópia do despacho conjunto que reconhece a qualidade de entidade beneficiária; recibo da entidade beneficiária ou documento que justifique a atribuição efectiva do donativo e, nos casos em que tal seja exigido, mencionando a que fim, acção ou programa se destina o donativo; documento constante do *dossier fiscal*, evidenciando o cálculo do benefício e da respectiva majoração, e declaração da entidade beneficiária de que o donativo foi concedido sem contrapartidas.

Outra dificuldade que decorria deste procedimento relaciona-se com o local de apresentação dos pedidos. Segundo Campaniço (2002), a instrução dos processos de reconhecimento prévio deveria ser iniciada junto do Ministro da respectiva tutela, o que não era facilmente apreendido pelos interessados, uma vez que o Ministro das Finanças vinha referido no preceito antes daquele, confusão agravada pelo facto de o benefício ter uma natureza fiscal.

Ao Ministério da tutela incumbia pronunciar-se sobre a relevância das actividades desenvolvidas. No caso de o parecer ser favorável, deveria remeter os processos à Direcção-Geral dos Impostos, a fim de, finalizada a sua apreciação, ser emitido o despacho conjunto. Esta cooperação interministerial nem sempre funcionava bem. Prova disto é o teor do despacho nº 96/2005-XVII do Secretário de Estado dos Assuntos Fiscais, segundo o qual é "necessária a implementação de um procedimento urgente tendo em vista a respectiva apreciação dos processos de reconhecimento pendentes referentes a donativos concedidos no exercício de 2001". Também o Tribunal de Contas (2007b) apurou que, em 2006, na Direcção de Serviços do IRC, foram concluídos 277 processos, cujo tempo de análise excedeu, em média, um ano e cinco meses. Nesse ano, estavam pendentes 320 processos, em média, há um ano e sete meses. Atente-se que, nos termos do art. 57º, nº 1 da LGT, "o procedimento tributário deve ser concluído no prazo de seis meses, devendo a administração tributária e os contribuintes abster-se da prática de actos inúteis ou dilatórios".

Com a integração do regime do mecenato no EBF, os excessivos entraves à actuação dos mecenas aligeiraram-se, tendo-se optado por um conjunto de obrigações acessórias que impendem sobre as entidades recipientes, estabelecidas no art. 66º do EBF. Agrupam-se em obrigações para com os mecenas, de registo e declarativas. As primeiras consistem na emissão de um documento comprovativo destinado aos mecenas que, para além de corroborar o espírito de liberalidade que lhe está subjacente (nº 1, alínea a)), deve, nos termos do nº 2 do art. 66º do EBF, conter "a qualidade jurídica da entidade beneficiária" (alínea a)); "o normativo legal onde se enquadra, bem como, se for caso disso, a identificação do despacho necessário ao reconhecimento" (alínea b)); "o montante do donativo em dinheiro, quando este seja de natureza monetária" (alínea c)) e "a identificação dos bens, no caso de donativos em espécie" (alínea d)). Parece-nos que estas regras especiais se sobrepõem aos requisitos gerais de comprovação dos gastos no CIRC, mencionados anteriormente. Ou seja, para que o benefício fiscal opere na esfera dos mecenas, é necessário que estes disponham de um documento externo que cumpra as formalidades específicas desta norma, caso contrário poderá considerar-se que a despesa seja valorada como "indevidamente documentada".

Compete também às entidades beneficiárias a centralização de um registo actualizado dos mecenas, que, entre outras informações, evidencie o respectivo nome e número de identificação fiscal e a data e o valor de cada donativo (nº 1, alínea b)). No caso de os donativos em dinheiro ultrapassarem o valor de 200 euros, os meios de pagamento aceites devem proporcionar a identificação inequívoca do mecenas (nº 3).

As obrigações declarativas concretizam-se pela entrega à Direcção--Geral dos Impostos de um impresso de modelo oficial, até ao final do mês de Fevereiro de cada ano, compreendendo um conjunto de informações relativas aos donativos recebidos no ano anterior (nº 1, alínea c))[97]. Esta incumbência das entidades beneficiárias produziu efeitos a partir de 2008. Refere-se, portanto, aos donativos recebidos ao abrigo do EBF e do Estatuto do Mecenato Científico durante o exercício de 2007. Todavia, dado que as obrigações declarativas previstas no art. 66º do EBF, que entrou em vigor no início de 2007, apenas foram plasmadas no Estatuto do Mecenato Científico pela Lei do Orçamento do Estado para 2008, através do aditamento do art. 11º-A, o Ofício-Circulado nº 20125/2008, de 8 de Janeiro, veio dispensar os beneficiários do mecenato científico desta formalidade em 2008. Com efeito, é admissível que estas entidades não dispusessem dos elementos informativos necessários ao preenchimento da declaração, uma vez que, no ano em que receberam os donativos (2007), desconheciam que, em 2008, teriam de cumprir essa obrigação.

5.4. O regime do mecenato em sede de IRC

5.4.1. A relação entre os donativos mecenáticos e os patrocínios

O regime do mecenato rejeita uma relação directa entre um donativo concedido e um rendimento obtido, o que pode originar situações aparentemente análogas, mas com tratamentos fiscais absolutamente diversos. Sem embargo, trata-se de uma área nebulosa. Neste sentido, Casalta Nabais (2005a:228) observa que, em lugar de mecenato, "talvez fosse mais acertado falar de patrocinação ou *sponsoriação*", atenta "a nova compreensão desses promotores da cultura e das artes, cuja acção em prol destas não tem que ser levada a cabo de maneira desinteressada e totalmente alheia a quaisquer contrapartidas".

Por exemplo, existe uma fronteira ténue entre os donativos e a publicidade, gerando conflitos que, não raro, são dirimidos judicialmente. A resposta assenta na delimitação do espírito de liberalidade do doador, isto é, se este procurar um benefício relevante, a sua acção extravasa o quadro que caracteriza o mecenato. Neste sentido, o Acórdão TCA Sul,

---

[97] A Portaria nº 13/2008, de 4 de Janeiro, aprovou a declaração modelo nº 25, que deve ser submetida pelas entidades beneficiárias por transmissão electrónica. Na sequência das alterações e renumeração do EBF, a Portaria nº 1474/2008, de 18 de Dezembro, determinou novas instruções de preenchimento para aquela declaração.

de 25/3/2003, processo nº 7416/02, refere que "a publicidade é um genuíno instrumento ao serviço da actividade económica pois com ela se visa propiciar o conhecimento por parte do público da existência da empresa, da actividade que desenvolve, da qualidade ou potencialidade dos produtos ou serviços produzidos ou comercializados, etc. Em tal situação existe, pois, uma contrapartida económica para ambas as partes (...), a qual exclui o *animus donandi* típico dos donativos".

Os meios ardilosos de materializar acções de marketing, promovendo a imagem da empresa e os seus produtos, são inúmeros e revestem várias formas. Escudando-se em argumentos filantrópicos, o contribuinte poderá forçar a "conversão" de actividades de marketing em donativos. É normal que, sob as vestes dos donativos, as acções de marketing pretendam incorporar o benefício fiscal aplicável àqueles. Esta questão tem um alcance tanto maior, quanto mais se apregoam as vantagens empresariais que flúem da concessão de donativos: a predominância do paradigma da filantropia estratégica e a relação de proximidade que estabelece com o marketing de causas originam uma zona de intersecção entre os donativos e o marketing. Por exemplo, a associação de uma empresa a causas nobres constitui uma forma de concretizar a estratégia de comunicação organizacional, que inclui também a publicidade, o patrocínio e outros programas de marketing.

Em face da caracterização detalhada que fizemos no capítulo 3, sob o ponto de vista fiscal, o marketing de causas está, à partida, fora da moldura legal do mecenato. Regra geral, a filantropia estratégica poderá encontrar guarida neste quadro normativo, sob o fundamento de conjugar benefícios sociais e económicos, sem, no entanto, os primeiros dependerem ou condicionarem de forma directa os segundos.

De facto, no modelo mais comum do marketing de causas, o apoio de causas sociais decorre da receita gerada, característica que o afasta do tratamento fiscal especial reconhecido às formas de promoção do bem-estar geral. Mesmo no caso de os donativos atribuídos não serem contingentes, ou seja, não terem uma relação directa com os objectivos de comercialização alcançados, o facto de a entidade destinatária associar ostensivamente o seu nome e as suas causas aos produtos da empresa, coloca em crise o espírito de liberalidade do doador. Ou seja, à atribuição de donativos subjaz uma contrapartida de carácter comercial, com vista à promoção dos produtos da empresa, mediante a publicitação directa do programa de apoio junto dos consumidores, o que inviabiliza o seu enquadramento no regime do mecenato.

A propósito do enquadramento das "contrapartidas que configurem obrigações de carácter pecuniário ou comercial", expressão que está patente na definição fiscal de donativo, refira-se o entendimento da Circular nº 2/2004, de 20 de Janeiro, da Direcção de Serviços do IRC, que veio alterar, e esclarecer com mais rigor, o disposto na Circular nº 12/2002, de 19 de Abril, da Direcção de Serviços do IRC e da Direcção de Serviços do IVA[98].

Numa análise simplista, apenas as prestações de carácter gratuito integram o regime do mecenato. Porém, fruto do pluralismo de formas que a actividade filantrópica empresarial assume, a Administração fiscal interpretou vinculativamente, à luz do mecenato, a relevância fiscal de algumas modalidades de concessão de donativos que podem acarretar benefícios para a empresa.

A Circular admite a concessão à entidade mecenas de determinadas regalias em espécie pela entidade recipiente, exemplificando com "a atribuição de convites ou bilhetes de ingresso para eventos, a disponibilização das instalações do beneficiário ao doador ou a associação do nome do doador a certa obra ou iniciativa promovida pelo donatário". O enquadramento destes casos deve ser feito de modo a aquilatar se a "contrapartida foi desejada como correspectivo patrimonial do donativo de tal modo que se possa dizer ferido o espírito de liberalidade do doador".

Compreende-se, pois, que, para aferir se o espírito de liberalidade do doador é preponderante, seja necessário quantificar as contrapartidas. Com este intuito, a Circular limita o valor de mercado destas regalias a 5% dos donativos atribuídos anualmente. Justifica que, tratando-se de um "valor manifestamente insignificante face ao donativo efectuado", as contrapartidas oferecidas não desvirtuam o *animus donandi* da empresa mecenas. Ou seja, quando não há verdadeira gratuitidade, mas os valores são desproporcionados, admite-se que a acção da empresa benemérita não foi motivada pela procura de um benefício relevante.

---

[98] Estas Circulares têm como suporte legislativo o Estatuto do Mecenato. Porém, a esmagadora maioria das formulações que delas constam permanecem válidas à luz do disposto no EBF.

Relativamente à associação pública da empresa doadora à entidade recipiente, ou à causa apoiada, a Circular estabelece uma importante distinção, com efeitos no tratamento dos donativos mecenáticos. Sucintamente, a referência à firma da empresa ou à sua identidade corporativa, desde que seja feita discreta e indiscriminadamente pela entidade beneficiária[99], não prejudica a aplicação do regime do mecenato.

Porém, se a associação entre o doador e o donatário incidir directamente nos produtos e serviços comercializados pelo primeiro, ou se consistir numa promoção ostensiva da denominação social, do logotipo da empresa, ou das suas marcas junto do público em geral, mostra-se incompatível com o regime do mecenato. Este tipo de iniciativas assume a forma de patrocínio, uma vez que remete o espírito de liberalidade para segundo plano, em favor do interesse próprio. O patrocínio é orientado para os consumidores e tem um preço fixado, enquanto o mecenato tem um destino mais ampliado, dirigindo-se à comunidade em geral. Ainda que a empresa reforce a sua identidade institucional, o mecenato tem uma motivação predominantemente cívica, não sendo submisso a uma estratégia de obtenção de resultados imediatos. Recorre a meios de comunicação mais subtis e discretos na expressão dos valores e da responsabilidade social da empresa junto de uma base alargada de stakeholders.

Assim, postula-se um tratamento diverso para a divulgação comercial dos produtos, marcas, logotipo e firma das empresas e para a menção meramente institucional dos mecenas. A própria Circular admite expressamente que a alusão ao doador, "tendo como fito a busca de uma imagem pessoal ou institucional de responsabilidade cívica, que o identifique junto do público em geral", não colide com o regime do mecenato.

São devidas duas notas positivas sobre o teor da Circular. Em primeiro lugar, é de louvar a interpretação flexível do regime legal do mecenato e a preocupação em enquadrar fiscalmente algumas formas de exercício da filantropia empresarial. Consciente das diversas figuras que a filantropia assume, e sem ignorar as vantagens que gera, a posição dominante da

---

[99] A Circular refere expressamente que "a divulgação do nome ou designação social do mecenas deve fazer-se de modo idêntico e uniforme em relação a todos os mecenas, não podendo a mesma variar em função do valor do donativo concedido" (Secção I, nº 2.2, alínea a), ponto ii)).

Administração fiscal é no sentido da sua inclusão no regime do mecenato, sem, no entanto, consentir o desvirtuamento dos seus princípios estruturantes ou o seu aproveitamento impróprio pelos sujeitos passivos.

Por outro lado, ainda que as hodiernas tendências filantrópicas não possam ser contempladas na sua totalidade, verifica-se que existiu um certo esforço da Administração para exprimir a sua posição através de conceitos precisos e de exemplos elucidativos concretos. De resto, o texto introdutório da Circular nº 2/2004 arroga-se no dever de definir linhas de orientação mais objectivas, representando uma melhoria substancial face ao conteúdo da Circular nº 12/2002. Esta Circular antecessora estava eivada de conceitos indeterminados e de critérios vagos e imprecisos, tais como a "intenção de enriquecimento" e o "valor manifestamente desproporcionado", recorrendo sistematicamente às circunstâncias do caso concreto. Ou seja, a apreciação sobre a qualificação dos donativos nos termos do regime de mecenato dependia, nas palavras da referida Circular, "da exposição dos elementos de facto", acrescentando que a aferição da substância das regalias facultadas pela entidade beneficiária era "por natureza casuística". Ora, sem prejuízo da dificuldade em estabelecer medidas que quantifiquem as vantagens associadas ao mecenato pelas razões já expostas, a Circular, que dois anos depois se deu à estampa, contribuiu para a melhoria da segurança jurídica nas relações mecenáticas.

De toda esta análise, de uma forma genérica, porque a sofisticação e o engenho das estratégias de comunicação e do exercício da filantropia são cada vez maiores, poder-se-á dizer que a filantropia estratégica está, por via de regra, abrangida pelo regime do mecenato. Por outra banda, as acções de marketing de causas enquadram-se neste regime de forma excepcional. Têm de mostrar determinados predicados, designadamente a não equivalência material entre o donativo e a compensação empresarial directa, um requisito básico nas relações mecenáticas.

Seria, contudo, irreflectido caracterizar a relação entre os donativos e a publicidade concebendo uma mera trajectória unívoca. É evidente que, animadas pela regulação do aproveitamento abusivo das majorações fiscais dos donativos, a legislação e a doutrina têm definido mecanismos impeditivos da "conversão" de acções de marketing em donativos, delimitando o seu conceito do espectro daquelas acções, e a jurisprudência tem dirimido a ingerência destas actividades no campo dos donativos. Porém, existem razões para crer que os artifícios de transformação, criados pelos sujeitos passivos com base na natureza híbrida de algumas práticas, laboriosamente planeadas, operam nos dois sentidos.

As despesas com acções de marketing não encontram limites à dedução ao rendimento tributável, sendo acolhidas expressamente pelo art. 23º, nº 1, alínea b) do CIRC. Contrariamente, os donativos integrados no regime do mecenato estão sujeitos a diversas restrições[100]. É, pois, realista admitir que, em determinadas circunstâncias, se verifiquem comportamentos perversos tendentes à "transformação encapotada" de donativos em gastos ordinários[101].

Apesar de serem gastos fiscais e de lhes ser aplicável um sistema de majorações, representando um valor fiscal superior ao que foi realmente despendido, a dedutibilidade dos donativos defronta-se com uma disciplina rigorosa tanto no EBF e no Estatuto do Mecenato Científico, como no art. 92º, nº 2, alínea b) do CIRC. No primeiro caso, as restrições operam ao nível da dedução ao lucro tributável, variando em função das entidades recipientes e das actividades apoiadas, e, no segundo, como limitações ao IRC liquidado. No âmbito deste último, importa trazer à colação que o CIRC, no seu art. 90º, nº 2, alínea b), consagra a dedutibilidade de benefícios fiscais à colecta e que, nos termos do art. 92º, nº 2, alínea b), os benefícios fiscais incluem os plasmados no Estatuto do Mecenato Científico (Lei nº 26/2004, de 8 de Julho) e nos art. 62º a 65º do EBF.

Muito embora o CIRC faça referência aos benefícios fiscais, em particular aos donativos, no capítulo dedicado à liquidação, insinuando que operam como deduções à colecta, repita-se que o disposto no EBF classifica os donativos, bem como as respectivas majorações, como gastos

---

[100] Obviamente que, no caso dos donativos que não estão abrangidos pelo regime do mecenato, a tentação em convertê-los em despesas comerciais é muito maior. De facto, como nota a Circular nº 2/2004, "as importâncias que revistam a natureza de donativos, fora do âmbito do Estatuto do Mecenato, não logram passar o teste da respectiva indispensabilidade, pelo que não são aceites como custo para efeitos fiscais" (secção I, nº 1).

[101] Esta "metamorfose" encontra terreno fértil na delimitação negativa do conceito de donativo. Ou seja, o cerne da separação entre os donativos e as actividades de promoção tem radicado na tese, segundo a qual, à partida, tudo o que transborda os limites do conceito de donativo para efeitos fiscais, previsto no regime do mecenato se reconduz à publicidade, ou patrocínio, facilitando o processo de transformação neste sentido.

("custos ou perdas do exercício"). Nem os donativos, nem as respectivas majorações são dedutíveis à colecta de imposto, como parece fazer crer, numa leitura menos atenta, o disposto no CIRC. São deduções ao rendimento.

Os donativos mecenáticos, à semelhança de outros benefícios fiscais e dos regimes contemplados no nº 13 do art. 43º e no art. 75º do CIRC[102], estão expressamente previstos no art. 92º, nº 2, alínea b) do CIRC, com o propósito de corrigirem o valor do imposto liquidado, tendo como base de comparação a sua ausência (para o cálculo do IRC de 2010, vigora a percentagem de 75%, mas está prevista a sua elevação para 90%). Trata-se de uma formulação sinuosa que preserva o valor do IRC, estabelecendo um imposto mínimo liquidado, através da limitação do efeito cumulativo dos benefícios que actuam antes da determinação da colecta. É provável que esta restrição, aplicável aos exercícios de 2006 e seguintes, surpreenda os sujeitos passivos que usufruem do regime do mecenato, na medida em que não é referida nos preceitos do EBF e da Lei nº 26/2004, de 8 de Julho, que, especificamente, o regulamentam.

É pertinente questionar qual a verdadeira grandeza do benefício fiscal que os donativos fiscais corporizam em IRC. Será o gasto contabilístico? Será o valor das majorações, sobreposto ao gasto fiscal? Será o somatório

---

[102] O nº 13 do art. 43º admite como gasto, em determinadas condições, a totalidade das contribuições suplementares para fundos de pensões e equiparáveis destinadas à cobertura de responsabilidades com pensões. O art. 75º estende a aplicação do princípio da solidariedade dos exercícios sociais, mediante autorização do Ministro das Finanças, a casos que envolvem alteração da identidade jurídica do beneficiário original, designadamente fusões e cisões. Estes regimes, apesar de não serem benefícios fiscais, encerram medidas excepcionais ao regime geral que se traduzem em vantagens para os sujeitos passivos. O art. 75º do CIRC, anterior art. 69º, é rotulado como desagravamento estrutural. Sem querer retomar a discussão em torno da distinção conceptual entre benefício fiscal e desagravamento estrutural, refira-se apenas que, para Lobo (2006), o reporte para jusante dos prejuízos é um aspecto estruturante do sistema fiscal, mesmo em casos de fusão, porque está em causa a medição da capacidade contributiva da empresa incorporada que tem de ser ponderada pela empresa incorporante. Este e outros argumentos expendidos levam o autor a concluir peremptoriamente que este sistema de comunicação de prejuízos na fusão se consubstancia num desagravamento fiscal estrutural. Esta classificação é avalizada pelo Relatório de Reavaliação dos Benefícios Fiscais (2005) que aponta este caso para ilustrar os desagravamentos estruturais que encerram um interesse extrafiscal. Neste sentido também se pronunciou Oliveira Martins (2006).

do valor das majorações com o gasto fiscal? Mesmo depois do extenso percurso trilhado em torno dos donativos, a resposta a esta questão não é linear.

Na verdade, é impraticável determinar o benefício fiscal consagrado no regime do mecenato com o rigor desejado. À partida, a comparticipação do Estado, correspondente à receita a que deliberadamente renuncia, é constituída pelo produto entre a taxa efectiva e a soma do gasto fiscalmente aceite do donativo com o valor da majoração. De facto, à luz da definição fiscal dos donativos, é um dado adquirido que não concorrem para a formação do rendimento, pelo que não é razoável reduzir o benefício à majoração fiscal, com o fundamento de aqueles estarem contabilisticamente arrumados na classe dos gastos. Por outras palavras, um mero donativo não é um gasto fiscal, pelo que a mensuração do benefício deve considerar também o valor da dedução ao rendimento[103].

O efeito rendimento varia de acordo com o caso concreto – quanto maior for o rendimento do sujeito passivo, maior o quantitativo de receita que o Estado prescinde. Também o efeito taxa depende da taxa efectiva do sujeito passivo, pelo que é insusceptível de generalização. Mas, no caso específico dos donativos, à estratificação imposta pelo regime do mecenato, em função das actividades e entidades a que os donativos se destinam, alia-se a disciplina restritiva do art. 92º do CIRC, que introduz na equação variáveis laterais ao regime do mecenato, conduzindo a uma solução indeterminável. Ou melhor, que não é passível de abstracção.

No que diz respeito à hierarquização das majorações e à fixação de limites de dedutibilidade dos donativos, têm de ser consideradas a natureza das iniciativas apoiadas e a tipologia das instituições beneficiárias. E, desde logo, a comparação da receita cessante com o objectivo visado envolve análises qualitativas. Como medir o mérito do mecenato? Como medir a actividade desenvolvida pelas diversas entidades previstas no mecenato? Numa primeira abordagem, dir-se-á que a despesa fiscal deve ser comparada com o que o Estado estaria disposto a transferir directa-

---

[103] Segundo o Tribunal de Contas (2007a:148), a Administração fiscal considera somente o valor das majorações previstas na legislação fiscal, desprezando o valor do donativo na parte fiscalmente aceite. Recomenda que "seja adoptada uma metodologia de determinação da despesa fiscal em IRC que considere não apenas as majorações mas também a parte do donativo aceite fiscalmente, evitando uma subavaliação da despesa fiscal".

mente para os recipientes. Mas, ainda assim, não se estaria a ter em linha de conta a promoção de valores fundamentais para a vida em sociedade.

5.4.2. Análise das entidades donatárias e das actividades apoiadas

À semelhança da composição do terceiro sector, as entidades donatárias consagradas no regime do mecenato têm um formato diverso. Fruto da delimitação genérica e imprecisa do terceiro sector, de grande volatilidade – "o que não é público nem privado lucrativo" –, é compreensível que, em obediência à segurança jurídica, o regime do mecenato tenha procedido a uma enumeração exaustiva, tipificando as entidades recipientes.

As entidades do terceiro sector não esgotam o conteúdo dos beneficiários do mecenato, verificando-se, aliás, uma inclusão exagerada de entidades públicas neste regime. Por outro lado, a generalidade das cooperativas não está contemplada neste grupo. Assim, independentemente da sua natureza pública ou privada, as entidades elegíveis para efeitos de mecenato têm de prosseguir determinadas actividades consideradas relevantes nas áreas social, cultural, ambiental, desportiva, educacional ou científica, e de estar tipificadas na lei.

O art. 62º do EBF gradua as diversas instituições recipientes através da fixação de limites à dedutibilidade dos donativos. Nas próximas linhas, deter-nos-emos a comentar a natureza jurídica dessas entidades, tarefa que será acompanhada da descrição da respectiva actividade, delimitadora do seu enquadramento no regime do mecenato e da majoração aplicável. Ordená-las-emos segundo os três grupos previstos nos nº 1, nº 3 e nº 6 do art. 62º, em conformidade com o plano hierárquico que ocupam neste regime.

Atendendo à dedutibilidade irrestrita dos donativos, no topo da hierarquia pontificam as entidades mencionadas nas quatro alíneas do nº 1 do art. 62º.

a) "Estado, Regiões Autónomas e autarquias locais e qualquer dos seus serviços, estabelecimentos e organismos, ainda que personalizados".

Neste preceito, estão incluídas a administração directa (Estado e seus serviços, estabelecimentos e organismos sem personalidade jurídica), parte da administração autónoma (Regiões Autónomas e autarquias locais e qualquer dos seus serviços, estabelecimentos e organismos, com ou sem personalidade jurídica) e parte da administração indirecta, ou seja os serviços, estabelecimentos e organismos personalizados (institutos públicos, que podem revestir a forma de serviços personalizados, fundações públicas de direito público e estabelecimentos públicos)[104].

b) "Associações de municípios e de freguesias".
Trata-se de associações públicas constituídas por pessoas colectivas públicas, integrando-se na administração autónoma, já descritas anteriormente.

c) "Fundações em que o Estado, as Regiões Autónomas ou as autarquias locais participem no património inicial".
Vilar (2007:536) define as fundações como "organizações autónomas ou independentes, instituídas por pessoas singulares ou colectivas, que são dotadas com um determinado património suficiente para a prossecução de uma finalidade de interesse social, que os diferentes ordenamentos jurídicos sancionam concedendo-lhes personalidade jurídica". Para Duarte (2008:14), são "pessoas colectivas autónomas, diferentes do seu instituidor, seja ele uma pessoa singular ou colectiva (e neste caso pública ou privada), que têm como elemento constitutivo fundamental um património ou conjunto de bens dedicados, de forma permanente, à realização de uma determinada finalidade não lucrativa e que reveste natureza altruísta".

As fundações públicas, enquanto modalidade de instituto público, estão previstas na alínea a). São constituídas por iniciativa e meios públicos, mediante acto administrativo, com vista à realização de interesses públicos e regem-se pelo direito público.

Este preceito procura abarcar as fundações de direito privado, instituídas (também) por entidades públicas, desde que esta titularidade

---

[104] Esta alínea suscita muitas dúvidas. Por exemplo, parece, numa primeira análise, excluir todo o sector empresarial do Estado e, por consequência, as empresas públicas, que, a par dos institutos públicos, fazem parte da administração indirecta, e que acolhem as entidades públicas empresariais (EPE). Esta interpretação, que desloca os Hospitais EPE do âmbito do mecenato, foi objecto de estudo, no qual se defendeu a respectiva inclusão (Taborda, 2008). Refira-se também que o Ofício-Circulado nº 20020, de 16/5/2000, da Direcção de Serviços do IRS, veio enquadrar os donativos concedidos ao Comissário para Apoio à Transição de Timor-Leste nesta norma, fundando-se na tutela exercida pelo Ministério dos Negócios Estrangeiros.

pública se reporte à data da respectiva constituição[105]. De facto, existem fundações públicas de direito público e fundações públicas de direito privado; ambas são criadas por iniciativa pública para a consecução do interesse público. As fundações públicas de direito privado ilustram a já aludida metáfora da "fuga para o direito privado". São figuras eclécticas, instituídas por um ente público, mas sob a égide do Código Civil, ficando sujeitas a regras de direito privado.

Um problema controverso prende-se com o financiamento de fundações puramente privadas através do erário público, abordado no Parecer do Conselho Consultivo da Procuradoria Geral da República nº P00022001, votado em 18/04/2001. Este parecer conclui que, observados determinados condicionalismos, o Estado ou outras entidades públicas podem financiar fundações privadas cujos interesses se identificam com aqueles que lhes incumbem prosseguir. Porém, o mesmo não se aplica à atribuição de subsídios a pessoas singulares e colectivas, destinados à constituição de fundações, mesmo que, garantidamente, venham a prosseguir fins de interesse público. Com efeito, é difícil ajuizar do interesse público de uma entidade que ainda não foi criada, comparativamente com o caso de a entidade já existir e, sobretudo, depois de um período experimental. Com três votos vencidos, e invocando uma panóplia de argumentos em sentido contrário, o parecer arremata que "o quadro jurídico em vigor sobre a concessão de auxílios pelo Estado a particulares não autoriza a concluir pela permissão geral de atribuição de auxílios pelo Estado e por outras pessoas colectivas públicas, para a instituição de fundações de direito privado e interesse social, nos termos previstos no Código Civil".

Anote-se que tal não obsta a que possam vir a ser atribuídas competências na concessão deste tipo de auxílios, mediante uma avaliação do caso concreto sob o respeito dos vários princípios que enformam a actua-

---

[105] Um exemplo é a *Fundação Serralves* que, em 1989, resultou da associação entre cerca de 50 entidades privadas, singulares e colectivas, e o Estado. Actualmente conta com mais de uma centena de fundadores e com um conjunto estável de mecenas. É uma iniciativa de incontestável sucesso na cena cultural portuguesa, assumindo-se como um caso de estudo. Exemplo diferente, na medida em que envolveu o financiamento público de uma fundação puramente privada, é a *Fundação Mário Soares*, facto que foi amplamente noticiado pela comunicação social.

ção da Administração pública. O mais expressivo consiste na vinculação à promoção do interesse público.

Em síntese, esta norma reconhece relevância fiscal aos donativos concedidos às fundações, públicas ou privadas, em cuja constituição participaram as pessoas colectivas Estado (administração directa), Regiões Autónomas e autarquias locais (parte da administração autónoma, com excepção das associações públicas).

d) "Fundações de iniciativa exclusivamente privada que prossigam fins de natureza predominantemente social ou cultural, relativamente à sua dotação inicial, nas condições previstas no nº 9".
Esta alínea acolhe os montantes destinados à constituição de fundações privadas. Porém, outros requisitos, patentes no nº 9 deste artigo, têm de ser preenchidos. Nos termos deste dispositivo, o benefício fiscal aplicável aos donativos está dependente de reconhecimento por despacho conjunto dos Ministros das Finanças e da tutela. Para além da natureza do objecto social constante na norma, os estatutos da fundação têm de prever que, no caso de extinção, os bens revertem para o Estado ou para as entidades elencadas no art. 10º do CIRC: "pessoas colectivas de utilidade pública administrativa"; "instituições particulares de solidariedade social e entidades anexas, bem como as pessoas colectivas àquelas legalmente equiparadas" e "pessoas colectivas de mera utilidade pública que prossigam, exclusiva ou predominantemente, fins científicos ou culturais, de caridade, assistência, beneficência, solidariedade social ou defesa do meio ambiente"[106].

As dotações patrimoniais feitas a favor da fundação durante a sua vida, porque não são iniciais, não são fiscalmente dedutíveis. Tal não implica que seja recusada relevância fiscal aos donativos feitos pela entidade instituidora, ou por qualquer outra. Com efeito, os donativos concedidos às fundações privadas, nas condições previstas nos nº 3 e nº 6 do art. 62º, são aceites como gasto fiscal, ainda que sujeitos a limites. O que esta norma consigna é que as dotações apenas têm relevância fiscal para as entidades fundadoras.

---

[106] Nos termos do art. 186º, nº 2 do Código Civil, "no acto de instituição ou nos estatutos pode o instituidor providenciar ainda sobre a sede, organização e funcionamento da fundação, regular os termos da sua transformação ou extinção e fixar o destino dos respectivos bens".

Conhecer a natureza jurídica das fundações facilita o seu enquadramento fiscal. Adicionalmente, aproveitamos o ensejo para aludir ao regime de utilidade pública, também aplicável às associações, dada a sua pertinência para a análise subsequente.

A CRP não contempla nenhuma referência expressa às fundações, mas o art. 157º do Código Civil inclui-as nas pessoas colectivas.

Regra geral, contrariamente às fundações públicas, que são criadas pela via legislativa, as fundações privadas são criadas por iniciativa particular. Uma pessoa, singular ou colectiva, dispondo livremente do seu património, decide afectá-lo parcial ou totalmente a fins altruístas. Mesmo nos casos em que exercem, acessoriamente, uma actividade económica lucrativa, as fundações distanciam-se de uma lógica de acumulação capitalista, configurando um património organizado que prossegue o interesse colectivo.

A personalidade jurídica das fundações advém do reconhecimento por autoridade administrativa (art. 158º, nº 2 do Código Civil), sendo o respectivo interesse social[107] um aspecto nuclear deste procedimento (art. 188º, nº 1). O processo de reconhecimento administrativo é instruído nos termos da Portaria nº 69/2008, de 23 de Janeiro, e é da competência do Ministro da Presidência (art. 2º, nº 1 do Decreto-Lei nº 284/2007, de 17 de Agosto[108]).

O Decreto-Lei nº 460/77, de 7 de Novembro, alterado pelo Decreto-Lei nº 391/2007, de 13 de Dezembro, estabelece regras especiais para o reconhecimento da utilidade pública das fundações. Este atributo não deixa de suscitar alguma perplexidade, dado que a expressão "utilidade pública" é muitas vezes utilizada com o sentido de "interesse público".

---

[107] Interesse social aqui entendido como interesse geral. Este conceito, apesar da sua geometria variável, porque depende do contexto temporal, significa, em traços gerais, a prossecução do bem-estar alheio. Para Vilar (2007:538), "o interesse social deverá ser entendido como uma natureza altruísta e sobretudo não lucrativa, embora não se deva confundir *interesse social* com *interesse público* (...)". Também Duarte (2008:36) defende que "não se exige à fundação a prossecução de um interesse público, ligado portanto às tarefas do Estado, bastando que a mesma tenha uma finalidade desinteressada e de *interesse social*, conceito juridicamente mais indeterminado mas certamente desprovido de exigência comparável à necessária para o preenchimento do juízo de interesse público".
[108] Até à publicação desde Decreto-Lei, esta competência estava cometida ao Ministro da Administração Interna (art. 17º do Decreto-Lei nº 215/87, de 29 de Maio).

Neste sentido, Macedo (2001:17) assinala que as pessoas colectivas de tipo fundacional "consubstanciam organizações dirigidas à realização de interesses comuns colectivos – tradutores de utilidade pública (...)".

Porém, esta distinção apenas é concedida, considerando o especial interesse da actividade da fundação para a comunidade e a estreiteza de laços que a liga aos fins prosseguidos pela Administração pública. Assim, o art. 1º, nº 1 do supra referido diploma sublinha que a declaração de utilidade pública depende essencialmente da cooperação das associações ou fundações, que prossigam fins de interesse geral, com as administrações central ou local. É atribuída caso a caso e é da competência do Primeiro-Ministro, sem prejuízo de delegação (art. 3º)[109], e implica várias isenções fiscais (art. 9º) e o acesso a diversas regalias (art. 10º).

De entre os vários requisitos cumulativos de elegibilidade, previstos no art. 2º, realçamos, tendo como critério a pertinência para o tema em apreço, os seguintes:

1) a consecução de um fim não lucrativo;
2) o desenvolvimento de uma actividade socialmente relevante em prol da comunidade. Aqui incluem-se iniciativas desenvolvidas numa multiplicidade de áreas, tais como "a promoção da cidadania e dos direitos humanos, a educação, a cultura, a ciência, o desporto, o associativismo jovem, a protecção de crianças, jovens, pessoas idosas, pessoas desfavorecidas, bem como de cidadãos com necessidades especiais, a protecção do consumidor, a protecção do meio ambiente e do património natural, o combate à discriminação baseada no género, raça, etnia, religião ou em qualquer outra forma de discriminação legalmente proibida, a erradicação da pobreza, a promoção da saúde ou do bem-estar físico, a protecção da saúde, a prevenção e controlo da doença, o empreendedorismo, a inovação e o desenvolvimento económico, a preservação do património cultural";

---

[109] A desburocratização e a desmaterialização dos pedidos de declaração de utilidade pública estiveram na base da segunda alteração do Decreto-Lei nº 460/77, de 7 de Novembro. Por exemplo, para além de este requerimento ter como suporte um formulário electrónico, pode ser feito em simultâneo com o pedido de reconhecimento administrativo, previsto no já aludido Decreto-Lei nº 284/2007, de 17 de Agosto.

3) a constituição formal e a elaboração dos estatutos de acordo com a lei;
4) a garantia de não exercerem, a título principal, actividades económicas que sejam concorrentes com outras entidades que não possam beneficiar da declaração de utilidade pública.

Outra questão que cabe aqui convocar relaciona-se com o momento da declaração da utilidade pública. Segundo o art. 4º, nº 1 do Decreto-Lei nº 460/77, de 7 de Novembro, as associações e fundações que prosseguem fins de beneficência, humanitários, de assistência ou educação, nos termos do art. 416º e seguintes do Código Administrativo[110], podem ser declaradas de utilidade pública logo no momento da sua constituição. Esta automacidade justifica-se pela proximidade destas entidades (pessoas de utilidade pública administrativa) com a própria Administração pública, já que, tipicamente, desenvolvem actividades a ela confiadas. Um exemplo de uma pessoa colectiva privada de utilidade pública administrativa é a *Cruz Vermelha Portuguesa* (art. 3º do Decreto-Lei nº 281/2007, de 7 de Agosto).

As entidades de mera utilidade pública só podem receber esta declaração depois de três anos de efectivo e relevante funcionamento (nº 2), possibilitando aferir do mérito da sua actuação, sem prejuízo da dispensa deste período probatório, nos termos do nº 3[111]. A distinção entre as pessoas de utilidade pública administrativa e as de mera utilidade pública é valorada no plano fiscal, sobretudo no capítulo das isenções (art. 10º do CIRC) e do regime do mecenato.

As pessoas de utilidade pública são objecto de vigilância próxima e regular pela Administração pública. Sobre elas recaem múltiplos deveres,

---

[110] Esta norma estabelece que "consideram-se pessoas colectivas de utilidade pública administrativa as associações beneficentes ou humanitárias e os institutos de assistência ou educação, tais como hospitais, hospícios, asilos, casas pias, creches, lactários, albergues, dispensários, sanatórios, bibliotecas e estabelecimentos análogos, fundados por particulares, desde que umas e outros aproveitem em especial aos habitantes de determinada circunscrição e não sejam administrados pelo Estado ou por um corpo administrativo".
[111] A entidade requerente deve reunir uma das seguintes condições: "desenvolver actividade de âmbito nacional" (alínea a)), ou "evidenciar, face às razões da sua existência ou aos fins que visa prosseguir, manifesta relevância social" (alínea b)).

dos quais salientamos o envio dos documentos de prestação de contas à Secretaria-Geral da Presidência do Conselho dc Ministros (art. 12º, nº 1, alínea a)). Caso desenvolvam, acessoriamente, actividades para além das de interesse geral (nomeadamente de natureza económica), ficam inibidas de invocar o seu estatuto para as promoverem (dadas as distorções na concorrência) e obrigadas a reflectir estas realidades distintas na sua contabilidade (art. 12º, nº 2). O art. 8º, nº 1 contribui para a clarificação e transparência desta matéria, consignando a divulgação de uma base de dados das pessoas de utilidade pública.

O tratamento fiscal mais favorável reconhecido a estas entidades justifica o seu escrutínio. Relativamente às fundações, Vilar (2007) entende que a supervisão pública deverá cingir-se à verificação do preenchimento dos pressupostos que determinaram o estatuto fiscal privilegiado, obedecendo ao princípio da proporcionalidade e nunca colocando em causa a sua liberdade e independência. Para este autor, o aumento da auto-regulação e o reforço dos mecanismos de governação no sector fundacional são as pedras basilares da sua transparência. De resto, estas parecem ter sido as motivações que determinaram a criação do *Centro Português de Fundações*. Trata-se de uma instituição privada constituída sob a forma de associação, em 1993, por iniciativa das Fundações *Engº António de Almeida*, *Calouste Gulbenkian* e *Oriente*. Os seus estatutos prevêem a promoção da "adopção de um código de conduta das fundações tendo em vista a adopção de boas práticas, a preservação do seu bom-nome e confiança pública na sua actividade" (art. 3º, nº 3).

Pois bem, revertendo para o regime fiscal das fundações em sede de IRC, importa separar as "fundações empresariais, as fundações de utilidade pública (dentro das quais há ainda a destacar as fundações particulares de solidariedade social), as fundações de interesse social *tout court* e as fundações que sejam institutos públicos"(Casalta Nabais, 2005d:257). Excluindo a primeira espécie enunciada[112], enquanto entidades não

---

[112] Casalta Nabais (2005d:273) defende a aplicação de um regime fiscal mais favorável às fundações empresariais "conquanto que estas se apresentem como empresas instrumentais de fundações". Confrontando o tratamento fiscal reconhecido às dotações feitas por terceiros (que podem beneficiar de majoração) com o financiamento interno das fundações (através de lucros gerados por empresas que dominam), entende que se está perante uma "discriminação inaceitável".

empresariais, as fundações são tributadas pelo rendimento global, obtido pela soma algébrica dos rendimentos das várias categorias de IRS (art. 3º, nº 1, alínea b) do CIRC). Assim, a determinação do rendimento das fundações *tout court* é feita por via da remissão para o CIRS e estão sujeitas a uma taxa de IRC de 20%, nos termos do art. 87º, nº 5 do CIRC.

As fundações pertencentes à administração indirecta do Estado têm enquadramento na isenção subjectiva e automática contemplada no art. 9º, nº 1, alínea a) do CIRC. As fundações de utilidade pública, que incluem as fundações de utilidade pública administrativa, as fundações particulares de solidariedade social e as fundações de mera utilidade pública, podem beneficiar da isenção do art. 10º do CIRC. Repare-se no escalonamento entre as duas primeiras categorias e a terceira, recaindo sobre a última o ónus da demonstração da actividade prosseguida. De facto, no art. 10º do CIRC estão ínsitos dois tipos de isenções: uma dependente de reconhecimento (alínea c)) e outra automática (alíneas a) e b)), assunto que será desenvolvido mais adiante.

Os donativos atribuídos às entidades referidas no nº 1 do art. 62º são segmentados em função do fim a que se destinam e do grau de estabilidade da relação mecenática. As majorações são de 40% para o mecenato social, de 20% para os mecenatos cultural, ambiental, desportivo e educacional e de 30% quando os donativos "forem atribuídos ao abrigo de contratos plurianuais celebrados para fins específicos, que fixem os objectivos a prosseguir pelas entidades beneficiárias, e os montantes a atribuir pelos sujeitos passivos" (art. 62º, nº 2 do EBF).

Centrar-nos-emos, de seguida, nas entidades recipientes dos donativos cuja dedutibilidade, na esfera dos mecenas, é limitada. Cumpre realçar que, para além dos diversos limites que variam em função das entidades e actividades apoiadas (um por mil, seis por mil e oito por mil), a dedução ao rendimento está sujeita a outra fronteira, calculada em termos globais, com referência a 8/1000 do volume de negócios (art. 62º, nº 12).

Saliente-se, ainda, que o art. 100º da Lei nº 64-A/2008, de 31 de Dezembro, veio estabelecer um outro regime, transitório, elevando os limites da aceitação fiscal. Segundo esta norma, "durante o ano de 2009, os limites previstos nos nº 3 e 12 do artigo 62º do EBF são fixados em 12/1000 do volume de vendas ou dos serviços prestados realizados pela empresa no exercício, sempre que os donativos atribuídos sejam direccionados para iniciativas de luta contra a pobreza, desde que a entidade destinatária dos donativos seja previamente objecto de reconhecimento por despacho do Ministro das Finanças". Este regime foi estendido ao exercício de 2010 pela Lei nº 3-B/2010, de 28 de Abril.

Posto isto, começamos por fazer uma descrição das actividades e das entidades catalogadas no nº 3 do art. 62º do EBF, cingindo-nos, em alguns casos, a uma mera exemplificação, e, posteriormente, das que constam do nº 6.

a) "Instituições particulares de solidariedade social, bem como pessoas colectivas legalmente equiparadas" (alínea a) do nº 3) e "pessoas colectivas de utilidade pública administrativa e de mera utilidade pública que prossigam fins de caridade, assistência, beneficência e solidariedade social e cooperativas de solidariedade social" (alínea b) do nº 3).
Em primeiro lugar, salientamos as afinidades entre estas entidades e as que constam do art. 10º, nº 1 do CIRC. As duas alíneas transcritas agrupam quatro espécies: IPSS e outras entidades equiparadas; pessoas colectivas de utilidade pública administrativa; pessoas colectivas de utilidade pública cujos fins sejam a caridade, assistência, beneficência e solidariedade social e cooperativas de solidariedade social. Note-se que esta última categoria não está expressamente prevista na norma do CIRC, mas é abrangida pela isenção que dela consta, por força da remissão operada por via do art. 7º, nº 7 do Estatuto Fiscal Cooperativo.

Em segundo lugar, interessa discorrer em torno da natureza destas entidades, sistematizando os seus traços distintivos. Seguindo de perto Freitas do Amaral (2005), as IPSS, a par das sociedades de interesse colectivo, das pessoas colectivas de mera utilidade pública e das pessoas colectivas de utilidade pública administrativa, constituem instituições particulares de interesse público. Estas instituições são entidades privadas que prosseguem interesses públicos (actividades orientadas para a concretização do bem-estar geral). A sua justificação encontra eco em várias razões: partilha das funções públicas com entidades privadas[113], exercício

---

[113] A propósito deste assunto, Rebelo de Sousa e Salgado Matos (2006:50) referem que "actualmente, o exercício da função administrativa encontra-se também distribuído por pessoas colectivas que, embora de criação e/ou controlo públicos, se revestem de forma jurídica privada (paradigmaticamente, sociedades anónimas) e mesmo por pessoas colectivas pura-

de uma actividade relevante e fomento à criação de entidades privadas que se dedicam, numa base voluntária e altruísta, à prossecução de tarefas de interesse geral. Ressalta, pois, uma coexistência colaborante entre entidades públicas e privadas.

Dito de outro modo, as instituições particulares de interesse público dividem-se em dois grandes grupos: as sociedades de interesse colectivo e as pessoas colectivas de utilidade pública. As primeiras assumem a forma societária e englobam as sociedades participadas[114] e, por regra, têm fins lucrativos.

Retomando o que já foi aflorado, as pessoas colectivas de utilidade pública têm como sustentáculo jurídico uma fundação ou uma associação. As associações adquirem personalidade jurídica, através de escritura pública (art. 158º, nº 1 e art. 168º, nº 1 do Código Civil), sem prejuízo do disposto na Lei nº 40/2007, de 24 de Agosto, que estabelece o regime vulgarmente designado por "associação na hora". No entanto, note-se que, nos termos do art. 1º, nº 2 deste diploma, há associações que estão fora da moldura deste regime. É o caso dos partidos políticos, das pessoas colectivas religiosas, das associações socioprofissionais de militares e de agentes das forças de segurança, das associações de empregadores, das associações sindicais, das comissões de trabalhadores e das associações humanitárias de bombeiros. O procedimento de reconhecimento da utilidade pública às associações segue uma tramitação análoga ao das fundações, constando do mesmo diploma que tivemos ocasião de analisar.

O regime do mecenato e as isenções em sede de IRC distinguem uma tríplice tipologia: as pessoas colectivas de mera utilidade pública, as IPSS e as pessoas de utilidade pública administrativa. Nesta enumeração há uma graduação do controlo da Administração pública. Repita-se que as

---

mente privadas (em especial associações e fundações), em ambos os casos fundamentalmente disciplinadas pelo direito privado (em especial pelos direitos civil, comercial e do trabalho) e sujeitas a um regime de controlo público substancialmente diferente do aplicável às entidades públicas".

[114] As empresas participadas não são empresas públicas, mas fazem parte do sector empresarial do Estado. Esta qualificação legal exige, pelo menos, 10% de capital e o preenchimento do critério da permanência, nos termos do art. 2º, nº 3 do Decreto-Lei nº 558/99, de 17 de Dezembro. A sua existência levanta problemas de dispersão e incontrolabilidade, porque a participação do Estado não é activa, assumindo, frequentemente, uma posição de prestador de conforto, ou seja, de *sleeping partner* (D'Alte, 2007).

actividades exercidas pelas entidades de utilidade pública administrativa vêm suprir lacunas ou omissões daquela.

De acordo com o art. 1º do Decreto-Lei n.º 119/83, de 25 de Fevereiro, "são instituições particulares de solidariedade social as constituídas, sem finalidade lucrativa, por iniciativa de particulares, com o propósito de dar expressão organizada ao dever moral de solidariedade e de justiça entre os indivíduos e desde que não sejam administradas pelo Estado ou por um corpo autárquico (...)". Este preceito enumera alguns dos seus objectivos, tais como o apoio às crianças e jovens, à família e à integração social e comunitária; a protecção na velhice e invalidez e em outras condições desfavoráveis; a promoção e protecção da saúde; a educação e formação profissional e a resolução de problemas habitacionais. Atento o objecto social das IPSS, compreende-se por que figuram numa alínea separada das outras entidades de utilidade pública. É que estas entidades, para colherem donativos mecenáticos, têm forçosamente de desenvolver actividades na área de intervenção natural das IPSS.

Segundo o art. 2º, nº 1 do referido diploma, podem revestir a forma de associações de solidariedade social, associações de voluntários de acção social, associações de socorros mútuos, fundações de solidariedade social e irmandades de misericórdia[115]. Sem prejuízo da sua liberdade de actuação (art. 3º), as IPSS têm o direito ao apoio do Estado e estão sujeitas à sua tutela (art. 4º)[116]. O seu registo está regulado na Portaria nº 139/2007, de 29 de Janeiro. Por via de regra, em caso de extinção, o seu património reverte para instituições com finalidades análogas (art. 27º e 28º). A Lei de Bases da Segurança Social (Lei nº 4/2007, de 16 de Janeiro) reconhece um papel central às IPSS no sistema de acção social, estabelecendo um vasto acervo de direitos e obrigações entre o Estado e estas entidades, designadamente comparticipações financeiras dos serviços públicos de Segurança Social. Daí que a declaração da utilidade pública das IPSS ocorra automaticamente com o seu registo junto da tutela, dispensando-

---

[115] Namorado (2007) salienta a necessidade de clarificação da natureza jurídica das Misericórdias, que são entidades de direito canónicas, reguladas na Concordata, e que, simultaneamente, são uma categoria de IPSS.

[116] As transferências do Estado determinam que estas entidades, ou quaisquer outras que delas beneficiem, fiquem sujeitas ao controlo do Tribunal de Contas (art. 2º da Lei nº 98/97, de 26 de Agosto).

as do período probatório (art. 8º do Decreto-Lei nº 119/83, de 25 de Fevereiro). Como bem nota Macedo (2001:97), à semelhança do que acontece com as pessoas de utilidade pública administrativa, a este regime subjaz a "ideia de uma utilidade pública por natureza, contraposta a uma outra declarada".

As IPSS têm sido alvo de discriminação fiscal positiva, facto que, segundo Santos (2008), tem fundamentos de natureza jurídico-constitucional e económica e social. Sob a égide do primeiro grupo de argumentos, a CRP atribui ao Estado a responsabilidade de concretizar um elenco de direitos sociais e, simultaneamente, confia às IPSS um papel relevante na sua prossecução. Ou seja, a devolução de competências públicas na área social às instituições e associações de solidariedade social legitima este tratamento fiscal mais favorável. Acresce que, por razões de eficiência (produção de bens públicos, geração de externalidades positivas), de eficácia organizativa (descentralização, desburocratização e proximidade do terreno) e de coesão e estabilidade social (promoção do voluntariado, do associativismo e do espírito de cidadania), estas entidades merecem uma fiscalidade privilegiada.

A Lei nº 60-A/2005, de 30 de Dezembro, veio eliminar o procedimento de reconhecimento prévio para a isenção aplicável às pessoas colectivas de utilidade pública administrativa e às IPSS e entidades anexas, bem como pessoas colectivas legalmente equiparadas às IPSS[117] (art. 10º, nº 1, alíneas a) e b) do CIRC). Santos (2008) resume as cinco modificações ao nível do enquadramento tributário destas instituições. Esta última visou reintroduzir a automacidade na concessão da isenção em IRC a entidades que já haviam sido reconhecidas previamente pela tutela como IPSS ou outro tipo análogo, ou como pessoas colectivas de utilidade pública administrativa. Quanto às pessoas colectivas de mera utilidade pública que prossigam os fins previstos na alínea c) do referido artigo, o usufruto da isenção de IRC está dependente de solicitação, mediante requerimento dirigido ao Ministro das Finanças, instruído segundo o mapa anexo ao Ofício-Circulado nº 20140, de 4 de Agosto, da Direcção

---

[117] Parece-nos, segundo os art. 40º e 41º do Decreto-Lei nº 119/83, de 25 de Fevereiro, ser o caso das organizações e instituições religiosas que actuam no espaço estatutário das IPSS, a que aludiremos mais adiante.

de Serviços do IRC. O processo de reconhecimento culmina num despacho publicado em Diário da República, que define a amplitude da isenção, nos termos do nº 2 do art. 10º do CIRC.

Os rendimentos empresariais resultantes do "exercício das actividades comerciais ou industriais desenvolvidas fora do âmbito dos fins estatutários" não subsumem à regra da isenção (nº 3 do art. 10º). Para Santos (2008:89), parece que "o alcance da norma é, também, o de abranger com a isenção do imposto sobre o rendimento (IRC) as actividades que sirvam como forma de angariação de meios financeiros de suporte às finalidades estatutárias e actividades principais desenvolvidas". A ideia é que as actividades secundárias, ou acessórias, apenas beneficiam de isenção se estiverem adstritas à prossecução da actividade principal e preencherem os requisitos enumerados nas várias alíneas do nº 3 deste artigo.

Refira-se, por fim, que o regime do mecenato prevê inequivocamente quais os tipos de cooperativas que podem ter a categoria de entidades beneficiárias. Tal como já foi mencionado, a discussão em torno da natureza das cooperativas é intensa. Porém, o regime do mecenato aparta-se dessa controvérsia, porquanto delimita com precisão quais os ramos do sector cooperativo que são relevantes nesta sede: as cooperativas de solidariedade social e as cooperativas culturais, consagradas respectivamente nas alíneas m) e i) do nº 4 do Código Cooperativo[118]. Ademais, nos termos da Lei nº 101/97, de 13 de Setembro, as cooperativas de solidariedade social cujos objectivos sejam comuns aos das IPSS e sejam reconhecidas pela Direcção-Geral da Acção Social são equiparadas a estas entidades.

b) "Organizações não governamentais cujo objecto estatutário se destine essencialmente à promoção dos valores da cidadania, da defesa dos direitos humanos, dos direitos das mulheres e da igualdade de género, nos termos legais aplicáveis" (alínea d) do nº 3) e "organizações não governamentais para o desenvolvimento" (alínea e)).
A expressão "organizações não governamentais" (ONG) constitui, não raro, um sinónimo de terceiro sector (Franco, 2004). À semelhança das entidades do terceiro sector, não têm fins lucrativos e resultam do dinamismo e

---

[118] Como mais adiante se verá, existe um outro tipo muito vulgar de cooperativas que, ainda que implicitamente, está contemplado no mecenato: as cooperativas de ensino.

associativismo da sociedade civil. A ideia de voluntariado, combinada com a vontade de realizar colectivamente projectos sociais, perpassa toda a história das ONG. Numa acepção mais restrita, são vistas como organizações que funcionam, geralmente, como contra-poder, demarcando-se ostensivamente do poder político. Fruto da variedade de causas que abraçam e de fins a que se dedicam, existem ONG de diversa espécie.

O regime do mecenato optou por enumerar as ONG beneficiárias de donativos, tendo em conta as respectivas áreas de actuação, gerando alguma complexidade. Por exemplo, na alínea d) deste preceito enquadram-se as associações não governamentais de mulheres (ONGM), previstas no Decreto-Lei nº 246/98, de 11 de Agosto, cujo objecto se consubstancia na eliminação de discriminações de género, promovendo a igualdade de oportunidades e de direitos entre mulheres e homens. Mas é-nos difícil expurgar outras categorias de ONG, até porque a legislação não lhes confere identidade própria. Para além destas, apenas as organizações não governamentais para o desenvolvimento (ONGD) e as organizações não governamentais de ambiente (ONGA) são formalmente regulamentadas, sendo objecto de legislação específica.

As ONGD estão exclusivamente consagradas numa alínea específica. Dada a sua expressão, dedicar-lhes-emos algumas linhas.

Tradicionalmente o desenvolvimento mundial estava reservado à cooperação entre os vários Estados. Hodiernamente não é assim. Para além de a visão sobre o desenvolvimento se ter demarcado do crescimento económico, incorporando uma abordagem multidimensional, de que é exemplo o índice de desenvolvimento humano, reconheceu-se paulatinamente a importância do papel desempenhado pelas ONG. A cooperação para o desenvolvimento não se esgota na ajuda pública ao desenvolvimento[119]. Existem organizações da sociedade civil que actuam sob o princípio da solidariedade internacional entre os povos. Ou seja, a sua acção inscreve-se numa lógica de cooperação internacional, encorajando uma ordem mundial mais justa e reduzindo as assimetrias e as desigual-

---

[119] O Comité de Ajuda ao Desenvolvimento (CAD), criado em 1961 no âmbito da OCDE, é composto por um grupo de países industrializados que contribuem com subsídios, donativos ou empréstimos. Tem como observadores o Fundo Monetário Internacional, o Banco Mundial e o Programa das Nações Unidas para o Desenvolvimento. A representação de Portugal no CAD incumbe ao Instituto Português de Apoio ao Desenvolvimento (IPAD).

dades. As ONGD têm como eixos principais a cooperação para o desenvolvimento, a ajuda humanitária e de emergência e a educação para o desenvolvimento (art. 6º, nº 1 e nº 3 da Lei nº 66/98, de 14 de Outubro, que rege as ONGD).

Nos termos dos art. 3º e 7º deste diploma, são pessoas colectivas de direito privado sem fins lucrativos registadas junto do Ministério dos Negócios Estrangeiros. O respeito pela Declaração Universal dos Direitos do Homem é um elemento indispensável da sua actuação (art. 6º, nº 4). As áreas de intervenção são múltiplas, desdobrando-se no ensino, educação e cultura; na assistência científica e técnica; na saúde e emprego; na integração social e comunitária; no desenvolvimento rural e no reforço da sociedade civil, entre outras estipuladas no art. 9º.

O protagonismo das ONGD na década de oitenta fortaleceu-se pela actuação descentralizada e de proximidade, assim como pelo esforço em inverter a situação de vulnerabilidade das pessoas dos países em vias de desenvolvimento, rumo ao desígnio da capacitação funcional (na terminologia das ciências da gestão, aproxima-se do conceito de *empowerment*, assente numa intervenção participada dos indivíduos, responsáveis pela dinâmica de construção do seu sucesso). Superando a lógica meramente assistencialista, os seus métodos privilegiam o autodesenvolvimento individual e comunitário e o combate a problemas estruturais, promovendo a dignificação da pessoa humana, a igualdade de oportunidades e evitando a posição de inferioridade e de dependência que a caridade e a compaixão podem provocar. Numa palavra, o seu apoio é orientado para dotar os países mais desfavorecidos de processos de desenvolvimento endógeno sustentáveis[120].

---

[120] Uma medida concreta de implementação de mecanismos de desenvolvimento é o comércio justo. Esta iniciativa visa a comercialização de produtos oriundos dos países do Hemisfério Sul, mediante a distribuição equitativa das margens de lucro desde o produtor ao consumidor final. Esta repartição do preço, para além de incentivar a produção e a formação, respeitando condições ambientais, laborais e de segurança, funciona como uma forma de consciencialização e de mobilização dos consumidores para as injustiças das leis do mercado internacional. Desde 2001 que a Coordenação Portuguesa do Comércio Justo dinamiza este movimento em Portugal, designadamente através de campanhas de informação aos consumidores e do apoio à criação das "Lojas do Mundo" (locais de venda dos produtos de comércio justo sedeados nos países do Hemisfério Norte).

As ONGD criam alianças entre si e com entidades públicas centrais e locais. Potenciam os resultados da sua actividade, concertando os seus programas e projectos através de parcerias sinérgicas. Entre nós, a Plataforma Portuguesa das ONGD, criada em 1985, constitui um exemplo emblemático da interdependência e colaboração entre estas organizações. Das várias funções que desempenha, destaca-se o papel de interlocutor privilegiado com outros organismos oficiais e decisores públicos.

Segundo o art. 12º da Lei nº 66/98, de 14 de Outubro, as ONGD devidamente registadas adquirem automaticamente o estatuto de pessoas colectivas de utilidade pública, gozando das regalias fiscais aplicáveis a estas entidades (art. 15º)[121].

O art. 13º deste diploma estatui um tratamento fiscal especial para os donativos que se destinem a financiar projectos de interesse público reconhecidos pelo Ministério dos Negócios Estrangeiros[122]. Todavia, considerando que não há qualquer referência sobre esta obrigação no regime do mecenato e que este preceito se refere aos benefícios fiscais dos donativos constantes das redacções do CIRC e do CIRS, anteriores à publicação do Estatuto do Mecenato, prevalece a regra geral em vigor relativa ao reconhecimento automático dos donativos. Note-se que as ONGD apenas foram incluídas expressamente no regime do mecenato com a sua codificação no EBF. Durante a vigência do Estatuto do Mecenato, recorria-se à integração desta omissão no respectivo art. 2º, nº 1, alínea d), que abrangia as ONG. E, como valia a regra do reconhecimento prévio, a intervenção do Ministério dos Negócios Estrangeiros era intransponível.

Refira-se, por fim, que o facto de as ONGD disporem de utilidade pública não as inclui na alínea b) do nº 3 do art. 62º, na medida em que lhes foi dedicada uma norma especial. Este caso não suscita problemas de maior, porque estas entidades estão no mesmo plano hierárquico no

---

[121] Sintetizando o que já foi referido de forma fragmentada ao longo deste texto, a concessão de utilidade pública pode ser conferida no momento da constituição das IPSS, das ONGD, das associações ou fundações que prossigam algum dos fins previstos no art. 416º do Código Administrativo e das que desenvolvam uma actividade de âmbito nacional ou que evidencie superior relevância social.

[122] Não se confunda o "interesse público" com as actividades ou programas "considerados de superior interesse social" a que o Estatuto do Mecenato fazia alusão, que determinavam a não aplicação dos limites à dedutibilidade dos donativos.

regime mecenato. Porém, tal como sucede com as ONGA, nem sempre esta coincidência se verifica. Daí que salvaguardemos, desde já, a aplicação generalizada deste critério.

c) "Outras entidades promotoras de iniciativas de auxílio a populações carecidas de ajuda humanitária, em consequência de catástrofes naturais ou de outras situações de calamidade internacional, reconhecidas pelo Estado Português, mediante despacho conjunto do Ministro das Finanças e do Ministro dos Negócios Estrangeiros" (alínea f) do n.º 3).
Esta alínea tem uma natureza residual. Confere ao governo o poder de reconhecer como beneficiárias de donativos determinadas entidades, em caso de situações gravosas a que urge atender. Deste procedimento resultará o seu enquadramento no mecenato.

No que se reporta aos limites e majorações, registe-se que a aceitação fiscal dos donativos atribuídos a estas entidades está balizada em 8/1000 do volume de negócios dos sujeitos passivos. Como vimos, as majorações aplicam-se aos valores doados; mas, reitere-se, nos casos em que a dedução está sujeita a um valor máximo calculado em função do volume de negócios, ficam subordinadas a estes limites. Dito de outro modo, a base de incidência das majorações confina-se ao valor do gasto fiscalmente dedutível.

Ainda que limitada, a dedutibilidade aceite é majorada em 30%, nos termos do n.º 4 do art. 62º. Este benefício é elevado para 40% no caso de se destinarem ao "apoio à infância ou à terceira idade"; ao "apoio e tratamento de toxicodependentes ou de doentes com sida, com cancro ou diabéticos"; ou à "promoção de iniciativas dirigidas à criação de oportunidades de trabalho e de reinserção social de pessoas, famílias ou grupos em situações de exclusão ou risco de exclusão social, designadamente no âmbito do rendimento social de inserção, de programas de luta contra a pobreza ou de programas e medidas adoptadas no contexto do mercado social de emprego". Apesar de haver zonas de intersecção entre os vários tipos de mecenato, como é o caso do mecenato social e do mecenato familiar, estas medidas inserem-se num regime especial do mecenato social.

O mecenato familiar, muitas vezes considerado como uma sub-espécie do mecenato social, é contemplado com uma majoração de 50%. Está previsto no n.º 5 do art. 62º e abrange diversas medidas, entre as quais se destacam o apoio a mulheres grávidas, mormente solteiras, jovens e economicamente desfavorecidas, e a crianças em situações de risco ou vítimas de abandono. À excepção da alínea f), que constitui autenticamente um sinal dos tempos em que vivemos ("apoio à criação de infra-estruturas e serviços destinados a facilitar a conciliação da maternidade com a actividade profissional dos pais"), as iniciativas elencadas são direccionadas para grupos sociais fragilizados e, por vezes, marginalizados.

Diferentemente do regime especial do mecenato social, que tem um campo de aplicação limitado, o mecenato familiar comporta a totalidade das entidades enumeradas, quer constem do nº 3, quer constem do nº 1 (entidades públicas e determinadas fundações), por força da formulação da norma de remissão prevista no nº 5 ("donativos concedidos às entidades referidas nos números anteriores").

Prosseguindo a nossa análise, centrar-nos-emos, de seguida, nas actividades e entidades enumeradas no nº 6 do art. 62º do EBF.

a) "Cooperativas culturais, institutos, fundações e associações que prossigam actividades de investigação, excepto as de natureza científica, de cultura e de defesa do património histórico-cultural e do ambiente e, bem assim, outras entidades sem fins lucrativos que desenvolvam acções no âmbito do teatro, do bailado, da música, da organização de festivais e outras manifestações artísticas e da produção cinematográfica, áudio-visual e literária" (alínea a) do nº 6) e "organismos públicos de produção artística responsáveis pela promoção de projectos relevantes de serviço público nas áreas do teatro, música, ópera e bailado" (alínea i) do nº 6).

Na alínea a) enumeram-se determinadas categorias de entidades pertencentes ao sector não lucrativo que já foram objecto de caracterização. Tem uma abrangência ampla, fruto dos propósitos multifacetados que acolhe. Em primeiro lugar, reconhece a actuação de outras entidades no espaço ambiental que não sejam ONGA, consagradas numa alínea separada.

Abriga expressamente o apoio à cultura, nas suas diversas manifestações. Parece-nos que aqui se incluem, por exemplo, as bandas de música e filarmónicas, escolas de música, tunas, fanfarras, ranchos folclóricos, entre outras associações sem fins lucrativos, desde que legalmente constituídas. Estas entidades estão elencadas no art. 1º da Lei nº 123/99, de 20 de Agosto. O Decreto-Lei nº 128/2001, de 17 de Abril, define as regras de apoio público a estas agremiações privadas, não contemplando explicitamente o regime do mecenato. Os donativos concedidos às entidades constantes na alínea a) carecem de reconhecimento prévio pelo Ministério da respectiva tutela, concretizado por uma declaração que ateste o seu enquadramento no regime do mecenato e o "interesse cultural, ambiental, desportivo ou educacional das actividades prosseguidas ou das acções a desenvolver" (art. 62º, nº 10 do EBF).

A alínea i) comporta áreas similares à alínea a), mas que são prosseguidas por outros sujeitos. Alude explicitamente a "organismos públicos" que, atenta a sua natureza, estariam enquadrados na alínea a) do nº 1 do art. 62º. Não é fácil compreender a razão desta decantação. Apenas vislumbramos a hipótese de estes "organismos públicos" não terem verdadeiramente uma natureza pública, daí que careçam de uma referência separada.

b) "Museus, bibliotecas e arquivos históricos e documentais" (alínea b) do nº 6).

Não temos conhecimento da existência de qualquer lei especificamente dedicada às bibliotecas e aos arquivos históricos e documentais. Parece-nos perfeitamente aceitável a opção de apoiar estas entidades. Para além disto, a sua individualização não oferece grandes problemas.

No que aos museus diz respeito, o nº 3 da Lei nº 47/2004, de 19 de Agosto (Lei Quadro dos museus portugueses), define-os como "uma instituição de carácter permanente, com ou sem personalidade jurídica, sem fins lucrativos (...)". O conceito de museu integra instituições de diversa índole, nomeadamente de carácter botânico e zoológico, mas, de acordo com o art. 6º, nº 2, este diploma "não se aplica às bibliotecas, arquivos e centros de documentação".

Os museus estão vinculados a diversos deveres de actuação, desempenhando um papel central no desenvolvimento da pessoa humana. Têm de garantir a valorização dos bens culturais, mediante actividades de investigação, documentação, conservação, exposição e divulgação, e o acesso regular ao público (art. 2º e 3º). Na Lei Quadro que os regula não encontrámos qualquer referência expressa ao regime do mecenato.

c) "Organizações não governamentais de ambiente (ONGA)" (alínea c) do nº 6).

As ONGA estão previstas na Lei nº 35/98, de 18 de Julho. Assumem a forma de associações sem fins lucrativos e visam, "exclusivamente, a defesa e valorização do ambiente ou do património natural e construído, bem como a conservação da Natureza" (art. 2º, nº 1). Têm o direito de participar activamente na definição da política ambiental (art. 6º). O art. 4º abre a possibilidade de reconhecimento de utilidade pública às ONGA, contanto comprovem determinadas condições.

O art. 13º faz referência aos donativos concedidos às ONGA. Desde que tenham por escopo o financiamento de projectos de interesse público reconhecidos pelas autoridades ambientais, aplica-se-lhes o regime do mecenato ambiental[123]. Porém, as ONGA inscritas no respectivo Registo Nacional, organizado pela Agência Portuguesa do Ambiente, estão dispensadas de solicitar a esta entidade o reconhecimento do interesse ambiental do projecto, uma vez que o direito ao benefício fiscal é automático. Parece-nos que, atendendo aos argumentos expendidos a propósito das ONGD, o benefício fiscal associado a quaisquer donativos atribuídos às ONGA, no âmbito do actual regime do mecenato, não depende de reconhecimento prévio.

d) "Comité Olímpico de Portugal, Confederação do Desporto de Portugal e pessoas colectivas titulares do estatuto de utilidade pública desportiva" (alínea d) do nº 6) e "associações promotoras do desporto e associações dotadas do estatuto de utilidade pública que tenham como objecto o fomento e a prática de actividades desportivas, com excepção das secções participantes em competições desportivas de natureza profissional" (alínea e)).

Nos termos do regime jurídico das federações desportivas (Decreto-Lei nº 144/93, de 26 de Junho), o estatuto de utilidade pública desportiva reconhecido a estas entidades atribui-lhes o exercício de poderes de natureza pública, delegando-lhes competências de índole regulamentar e disciplinar (art. 7º). As federações desportivas são associações de direito privado sem fins lucrativos e adquirem o estatuto de utilidade pública desportiva mediante requerimento dirigido ao Primeiro-Ministro, entregue no Instituto de Desporto de Portugal (art. 14º), com parecer prévio favorável do Conselho Superior de Desporto e do Comité Olímpico de

---

[123] Este artigo refere explicitamente o IPAMB (Instituto de Promoção Ambiental), sendo que, actualmente, esta função de controlo é da responsabilidade da Agência Portuguesa do Ambiente (Decreto Regulamentar nº 53/2007, de 27 de Abril).

Portugal (art. 15º). Segundo o art. 20º, nº 1 da Lei de Bases da actividade física e do desporto (Lei nº 5/2007, de 16 de Janeiro), este estatuto só pode ser reconhecido a pessoas de mera utilidade pública. Não são, contudo, estatutos confundíveis.

As federações desportivas comportam clubes ou sociedades desportivas, associações de âmbito territorial, ligas profissionais, entre outras entidades, que verifiquem os condicionalismos elencados no art. 14º desta Lei. São estas as "pessoas colectivas titulares do estatuto de utilidade pública desportiva" referidas na alínea d) transcrita.

O Comité Olímpico de Portugal é uma associação sem fins lucrativos que tem por missão organizar a participação de Portugal nos Jogos Olímpicos e noutras iniciativas promovidas pelo Comité Olímpico Internacional (art. 12º da Lei de Bases da actividade física e do desporto). A Confederação do Desporto de Portugal congrega as federações desportivas nacionais e é uma pessoa colectiva de direito privado com natureza associativa (art. 1º dos Estatutos da Confederação do Desporto de Portugal). De entre as fontes de receita, destacamos as "contribuições, donativos ou patrocínios de quaisquer outras entidades ou de pessoas singulares" (art. 41º, alínea c) dos Estatutos).

Revertendo para a alínea e) em epígrafe, as associações promotoras do desporto são reguladas pelo Decreto-Lei nº 279/97, de 11 de Outubro. Não se confundem com as federações desportivas: são associações de direito privado sem fins lucrativos, mas são parafederativas. Incluem "agrupamentos de clubes, de praticantes ou outras entidades que tenham por objecto exclusivo a promoção e organização de actividades físicas e desportivas, com finalidades lúdicas, formativas ou sociais, que não se compreendam na área de jurisdição própria das federações desportivas dotadas do estatuto de utilidade pública desportiva e que se constituam nos termos deste diploma" (art. 1º).

O preâmbulo deste diploma refere explicitamente que esta moldura jurídica, atenta a sua flexibilidade, é mais adequada às modalidades desportivas que ainda não têm muita expressão. Pode depreender-se que o legislador estabeleceu um estádio de gestação para as futuras federações desportivas de utilidade pública desportiva. Até ascenderem a esta categoria, à qual está reservada o estatuto de utilidade pública desportiva, as associações promotoras do desporto estão confinadas à obtenção do estatuto de pessoa colectiva de mera utilidade pública (art. 13º).

Os clubes desportivos e os clubes de praticantes também fazem parte do movimento associativo desportivo. O art. 26º, nº 1 da Lei de Bases da actividade física e do desporto define os clubes desportivos como pessoas colectivas de direito privado, constituídas sob a forma de associação sem fins lucrativos cujo objecto é "o fomento e a prática directa de modalidades desportivas". Segundo o Decreto-Lei nº 272/97, de 8 de Outubro, os clubes de praticantes são associações de direito privado sem fins lucrativos que podem não ter personalidade jurídica. Constituem estruturas elementares cuja matriz de actuação é de carácter não competitivo, ficando dispensados de inscrição no Registo Nacional das Pessoas Colectivas[124]. Visam a promoção e a organização de actividades físicas e desportivas com finalidades lúdicas, formativas ou sociais (art. 1º).

Tanto as associações promotoras do desporto, como os clubes desportivos de utilidade pública, com excepção das secções que participam em competições desportivas de natureza profissional, são beneficiários de donativos mecenáticos, depois de previamente reconhecidos (art. 62º, nº 10 do EBF)[125]. O donativo deve ser atribuído a uma secção em concreto (amadora). Caso contrário, se a entidade donatária acolher simultaneamente secções profissionais, perde a relevância fiscal. Fora do regime do mecenato ficam naturalmente as sociedades (anónimas) desportivas, reguladas pelo Decreto-Lei nº 67/97, de 3 de Abril, e os clubes de praticantes[126].

---

[124] Porém, para poderem beneficiar de apoios públicos, os clubes de praticantes devem requerer a sua inscrição no Registo Nacional de Clubes e Federações Desportivas. Ademais, o art. 11º do CIRC estabelece uma isenção aplicável aos rendimentos directamente derivados do exercício de actividades culturais, recreativas e desportivas, mas, em cúmulo ao cumprimento de outros requisitos, só beneficia "associações legalmente constituídas para o exercício dessas actividades" (art. 11º, nº 2). Saliente-se, ainda, dois benefícios fiscais consagrados no art. 54º do EBF: o nº 1 deste preceito isenta de IRC os rendimentos meramente acessórios das colectividades desportivas, de cultura e recreio, abrangidas pelo art. 11º do CIRC, e o nº 2 consigna, em determinadas circunstâncias, a depreciação acelerada dos investimentos em novas infraestruturas ou em actividades desportivas e recreativas, feitos pelos clubes desportivos.

[125] Este requerimento é entregue nas delegações regionais do Instituto do Desporto de Portugal.

[126] No plano fiscal, as sociedades desportivas têm um estatuto específico, regulado pelo Regime Fiscal Específico das Sociedades Desportivas, aprovado pela Lei nº 103/97, de 13 de Setembro. Em sede de IRC, em traços gerais, os clubes desportivos profissionais, enquanto empresas, são tributados pelo lucro e os clubes de amadores pelo rendimento global, sem prejuízo do regime fiscal mais favorável previsto no art. 11º do CIRC.

Refira-se, por fim, que a Lei de Bases da actividade física e do desporto remete para o regime do mecenato o tratamento fiscal dos donativos concedidos, abstendo-se de quaisquer clarificações (art. 48º, nº 3).

e) "Centros de cultura e desporto organizados nos termos dos Estatutos do Instituto Nacional de Aproveitamento dos Tempos Livres dos Trabalhadores (INATEL), com excepção dos donativos abrangidos pela alínea c) do nº 3" (alínea f) do nº 6).
Os centros de cultura e desporto estão previstos no art. 61º e seguintes do Decreto-Lei nº 61/89, de 23 de Fevereiro. Consistem em associações ou agrupamentos de pessoas que, nos locais de trabalho ou nos agregados populacionais, desenvolvem fins análogos aos do INATEL com o qual firmaram protocolos de colaboração, beneficiando da sua assistência técnica e apoio financeiro. As suas finalidades devem constar dos respectivos estatutos que são verificados casuisticamente pela direcção do INATEL, a quem incumbe o controlo e acompanhamento regulares da actividade desenvolvida. O INATEL é, pois, o organismo competente para a certificação dos requisitos mencionados neste preceito, dispensando estas entidades recipientes de donativos desportivos do procedimento de reconhecimento prévio exigido pelo nº 10 do art. 62º.

As casas do povo inscrevem-se no conceito de "centros de cultura e desporto", já que, segundo o nº 1 do art. 1º do Decreto-Lei nº 4/82, de 11 de Janeiro, "são pessoas colectivas de utilidade pública, de base associativa, constituídas por tempo indeterminado com o objectivo de promover o desenvolvimento e o bem-estar das comunidades, especialmente as do meio rural"[127]. O art. 2º, nº 1, alínea d) do Decreto-Lei nº 246/90, de 27 de Julho, refere que os donativos são receitas das casas do povo.

Os donativos atribuídos a estes centros de cultura e desporto têm dois tratamentos distintos. Se forem concedidos para apoiar actividades de natureza social, a sua dedutibilidade é limitada a 8/1000 do volume de vendas ou dos serviços prestados (art. 62º, nº 3, alínea c) do EBF). Na hipótese alternativa, isto é, quando os donativos são destinados a activi-

---

[127] Refira-se, no entanto, que o Decreto-Lei nº 171/98, de 25 de Junho, equipara as casas do povo às IPSS, desde que reúnam um conjunto de requisitos previstos no Estatuto destas entidades.

dades culturais e desportivas e, portanto, se enquadram nos estatutos e no espaço de intervenção natural dos próprios centros, o limite aplicável é de 6/1000 (art. 62º, nº 6, alínea f)).

f) "Estabelecimentos de ensino, escolas profissionais, escolas artísticas, creches, lactários e jardins-de-infância legalmente reconhecidos pelo ministério competente" (alínea g) do nº 6).
O direito à educação, como de resto outros bens superiores fornecidos pelas várias instituições donatárias, encontra guarida na CRP, pelo que estas entidades, desde que legalmente reconhecidas, têm enquadramento no regime do mecenato. Por um lado, afigura-se-nos que a aplicação desta norma se circunscreve a entidades de natureza privada e cooperativa, uma vez que, na hipótese de serem públicas, estariam desde logo abrangidas pela alínea a), nº 1 do art. 62º. Por outro, dada a referência expressa nesta alínea, coligada com o princípio do tratamento igualitário, todos estes organismos, independentemente da sua natureza, desde que reconhecidos ministerialmente, deveriam subsumir-se neste preceito. Inclinamo-nos para a primeira interpretação, dada a evidente proeminência das entidades públicas no regime do mecenato.

Nos termos do nº 10 do art. 62º, à semelhança do que foi dito para as associações promotoras do desporto, associações dotadas do estatuto de utilidade pública e para as da alínea a) do nº 6, estas entidades, antes da recepção dos donativos, devem obter junto do Ministério da respectiva tutela uma declaração que confirme o seu enquadramento no regime do mecenato e o interesse cultural, ambiental, desportivo ou educacional das actividades prosseguidas ou das acções a desenvolver.

g) "Instituições responsáveis pela organização de feiras universais ou mundiais, nos termos a definir por resolução do Conselho de Ministros" (alínea h) do nº 6).
Esta alínea abre a possibilidade de apoio a determinados eventos que, dada a sua expressão e excepcionalidade, justificam uma deliberação específica do governo. São, por natureza, dependentes de reconhecimento prévio. Foi o que sucedeu com a EXPO/98 que, ao abrigo da Lei nº 127-B/98, de 20 de Dezembro, mereceu um tratamento especial. Poderá, no entanto, ser interpretado de outra forma, porventura mais optimista (ou ingénua): limita a margem de manobra do governo para,

em legislação avulsa, determinar casuisticamente o apoio a conceder a certames desta natureza.

Ao nível do escalonamento do benefício fiscal associado aos donativos concedidos a estas entidades, a aceitação fiscal é limitada a 6/1000 do volume de negócios dos sujeitos passivos e majorada em 20%. Este benefício é elevado para 30% nos casos de contratos plurianuais, e para 40% quando os donativos são destinados a creches, lactários e jardins-de-infância, legalmente reconhecidos, e aos organismos públicos de produção artística que promovem projectos relevantes de serviço público nas áreas do teatro, música, ópera e bailado (art. 6º, nº 7).

Por fim, cumpre salientar que detectámos algumas entidades, cujo diploma legal que as rege remete para o mecenato, e que não figuram expressamente neste regime[128]. Não deixa de ser contraditório que, em alguns casos, seja difícil identificar a natureza jurídica das entidades donatárias visadas pelo mecenato e, por outro lado, existam entidades cujo diploma de estatuição lhes reconhece a categoria de beneficiárias e apenas se enquadrem tacitamente neste regime (por exemplo, em dispositivos de conteúdo muito aberto, que acolhem várias associações e, simultaneamente, as actividades por elas prosseguidas). Trata-se da já mencionada "legislação avulsa conexa". Destacamos as associações juvenis e associações de estudantes (art. 14º, nº 3 da Lei nº 23/2006, de 23 de Junho); as associações de pais (art. 15º-A, nº 3 da Lei nº 29/ 2006, de 4 de Julho); as associações de defesa dos utentes da saúde (art. 8º da Lei nº 44/2005, de 29 de Agosto), as associações de pessoas portadoras de deficiência (art. 11º da Lei nº 127/99, de 2 de Agosto), as associações de imigrantes (art. 6º da Lei nº 115/99, de 3 de Agosto) e as associações de família (art. 7º da Lei nº 9/97, de 12 de Maio)[129].

---

[128] Diferentemente, o regime de financiamento dos partidos políticos e das campanhas eleitorais (Lei nº 19/2003, de 20 de Junho) não contém qualquer referência ao mecenato. Nos termos do art. 3º, nº 1, alínea h) deste diploma, apenas as pessoas singulares podem conceder donativos aos partidos políticos. Não produzem, contudo, quaisquer efeitos fiscais.

[129] Para estas últimas, porque constam de um diploma legal anterior à publicação do Estatuto do Mecenato, estabelece-se que a concessão de donativos poderá ser objecto de benefícios fiscais. Segundo o art. 7º da Lei nº 9/97, de 12 de Maio, "às pessoas individuais ou colectivas, que financiarem actividades ou projectos de associações de família poderão ser atribuídas deduções ou isenções fiscais nos termos a definir".

Por outro lado, a Lei nº 24/96 de 31 de Julho, que estabelece o regime legal aplicável à defesa dos consumidores, prevê, no seu art. 18º, nº 1, alínea p), que as associações de consumidores têm o direito a gozar dos benefícios fiscais aplicáveis às IPSS. Mas não faz qualquer menção aos donativos e, atentos os fins que estas associações prosseguem, não vislumbramos em que categoria do mecenato se enquadram. Se fossem elegíveis, tornar-se-iam, com toda a certeza, um destino preferencial dos donativos empresariais.

Com efeito, uma das dificuldades com que nos defrontámos na análise do regime do mecenato foi, precisamente, o de conformar o disposto nos vários diplomas legislativos, que fazem referência aos benefícios associados aos donativos utilizando expressões anacrónicas, com o regime do mecenato vigente. É desejável dotar o sistema de maior clareza e congruência.

5.4.3. O mecenato para a sociedade de informação

Quase dois anos volvidos desde a aprovação do Estatuto do Mecenato, a Lei nº 30-G/2000, de 29 de Dezembro, aditou-lhe o mecenato para a sociedade de informação. As dimensões tradicionais do mecenato foram ampliadas e, fruto da modernidade, este regime estendeu-se à causa tecnológica.

As particularidades do mecenato de informação determinaram que fosse tratado separadamente no art. 65º do EBF. Na vigência do Estatuto do Mecenato, aproveitava também aos sujeitos passivos tributados no seio da categoria B do IRS. Com a condensação do regime do mecenato no EBF, amputou-se a relevância fiscal dos donativos de bens afectos à actividade profissional daqueles sujeitos passivos, pelo que, actualmente, é um benefício privativo dos sujeitos passivos de IRC.

Sinteticamente, o mecenato de informação consente a dedução fiscal dos donativos constituídos por equipamento informático (definido no nº 6), programas de computadores e, o que parece estranho, formação e consultoria na área da informática, concedidos a grande parte das entidades atrás analisadas (lamentavelmente, o art. 65º, nº 1 do EBF, evitando repetir as entidades elegíveis, remete para algumas alíneas do nº 6 do art. 61º, quando quer referir-se ao nº 6 do art. 62º do EBF). A propósito das entidades excluídas, não vislumbramos qualquer justificação consistente para esta discriminação. À primeira vista, pareceu-nos que a actividade prosseguida poderia constituir um critério congruente, na medida em que seria lógico que as entidades contempladas tivessem necessidades informáticas mais prementes do que as outras, mas, percorrendo o grupo de beneficiários, depressa abandonámos esta suposição.

Questionamos, por exemplo, quais as razões que determinaram a previsão das associações promotoras do desporto em detrimento das ONGA, quando ambas são elegíveis ao abrigo do art. 62º, encontrando-se no mesmo "patamar hierárquico" em termos de dedutibilidade e de majorações fiscais. Ainda conjecturámos que estivesse relacionado com o procedimento administrativo de percepção dos benefícios fiscais na esfera dos mecenas, mas, contrariamente às primeiras, os donativos concedidos às ONGA operam automaticamente, não carecendo de reconhecimento prévio (art. 62º, nº 10 do EBF).

A aceitação fiscal dos serviços de formação e consultoria informáticas constitui uma excepção à regra. Já mencionámos que, em Portugal, se aderiu ao conceito de donativo plasmado no art. 940º do Código Civil. Para além do fim desinteressado, sem contrapartidas, a lei civil consigna o cmpobrecimento do património do doador. Entende-se que o trabalho prestado, muito embora comporte, pelo menos, um custo de oportunidade, não se incorpora nos donativos em espécie com relevância fiscal. Campaniço (2002:68) exemplifica: "Fulano declina receber quaisquer honorários pelo trabalho prestado a uma Junta de Freguesia. Neste caso, verificou-se uma situação de solidariedade (comunitária, ou de elevado grau de civismo), mas não uma doação, porque nada saiu do seu património, ou seja, e em termos populares, com tal acção não ficou mais pobre"[130].

---

[130] É, também, muito controverso o problema dos direitos de crédito sobre a sociedade, no âmbito do regime das entradas em espécie para a realização ou aumento do capital social, previsto nos art. 28º e 89º do CSC (Sá, 2007). Atendendo à noção de contrato de sociedade estabelecida no art. 980º do Código Civil ("aquele em que duas ou mais pessoas se obrigam a contribuir com bens ou serviços para o exercício em comum de certa actividade económica, que não seja de mera fruição, a fim de repartirem os lucros resultantes dessa actividade"), a obrigação de contribuir comporta os bens (numerário e espécie) e os serviços. À excepção das sociedades em nome colectivo e em comandita (para os sócios comanditados), o CSC não permite as contribuições de indústria, isto é, de força de trabalho. Não é fácil determinar se esta prerrogativa abrange a entrega de direitos de crédito sobre a sociedade, oriundos dos

O problema do trabalho gratuito entronca no voluntariado. Segundo o art. 2º, nº 1 da Lei nº 71/98, de 3 de Novembro, o voluntariado é o "conjunto de acções de interesse social e comunitário realizadas de forma desinteressada por pessoas, no âmbito de projectos, programas e outras formas de intervenção ao serviço dos indivíduos, das famílias e da comunidade desenvolvidos sem fins lucrativos por entidades públicas ou privadas". Está subordinado aos princípios da solidariedade, da participação, da cooperação, da complementaridade, da gratuitidade, da responsabilidade e da convergência (art. 6º, nº 1). Reforça os laços sociais, aprofundando a tolerância dos cidadãos face à diversidade e fortalece o espírito cívico, melhorando a governança. Um estudo de 2008, promovido pelo Observatório do Emprego e Formação Profissional, estimou existirem em Portugal, no ano de 2005, cerca de 360 mil voluntários, repartidos por 12 156 instituições, divididas por 17 tipos, não abarcando as de cariz político ou sindical, nem as que desenvolvem, maioritariamente, fins religiosos. Apesar de os resultados serem animadores, comparativamente com outros países europeus, há ainda um longo caminho a percorrer no plano da mobilização dos cidadãos.

Um dos direitos que assiste ao voluntário é o reembolso "das importâncias despendidas no exercício de uma actividade programada pela organização promotora, desde que inadiáveis e devidamente justificadas, dentro dos limites eventualmente estabelecidos pela mesma entidade" (art. 7º, nº 1, alínea j)). O Decreto-Lei nº 389/99, de 30 de Setembro, que regulamenta esta Lei, estabelece, no seu art. 19º, nº 1, que, no âmbito de um programa de voluntariado, à excepção daquelas importâncias, o voluntário "não pode ser onerado com despesas que resultem exclusivamente do exercício regular do trabalho voluntário nos termos acordados no respectivo programa". Sobre o reembolso das despesas de deslocação em automóvel próprio, a informação vinculativa relativa ao processo nº 7588/05, com despacho concordante de 3/5/2006, veio esclarecer que as mesmas são excluídas de tributação em IRS, desde que sejam atribuídas

---

serviços prestados pelos sócios e não liquidados, distinguindo-os do trabalho convencional. Regressando aos donativos, a regra é que o trabalho não remunerado se afasta do conceito de donativo. Mas não se vislumbram diferenças substanciais entre a percepção da remuneração, seguida, num segundo momento, da sua restituição sob as vestes de um donativo, e a renúncia a um direito de crédito gerado pelos serviços prestados.

de acordo com o estabelecido no programa de voluntariado, estejam devidamente comprovadas, nomeadamente através de mapas de itinerários, e não excedam os limites legais mencionados no art. 2º, nº 3, alínea d) do CIRS, que, para o exercício de 2010, constam da Portaria nº 1553-D/2008, de 31 de Dezembro.

O reconhecimento de benefícios fiscais ao trabalho voluntário, valorando-o como um "donativo de tempo", encontra limites não só no plano conceptual, como também no plano prático, sobretudo ao nível da respectiva avaliação. Para além destes problemas, importa considerar a sua relação com os donativos em dinheiro. Segundo Andreoni (2006), os resultados da literatura sobre os "donativos de tempo", ou seja, de trabalho gratuito, não são unânimes quanto à relação estabelecida com os donativos em dinheiro. Este aspecto parece-nos central: dado que os "donativos de tempo" são fiscalmente inócuos, se houver substituibilidade, uma política fiscal que aumente a dedução aplicável aos donativos em dinheiro, reduz os primeiros. Contrariamente, se forem complementares, o efeito do benefício fiscal associado aos donativos em dinheiro terá uma eficácia superior.

O mecenato para a sociedade de informação não engloba o trabalho voluntário numa categoria de donativos. Reitere-se que este tipo de mecenato está reservado às pessoas colectivas e o voluntariado é empreendido pelas pessoas singulares. Mas, atenta a sua excepcionalidade, a regulamentação dos donativos constituídos por serviços de formação e consultoria informáticas deveria ser densificada, acautelando ambiguidades interpretativas. Mostrando preocupação com o desvio à norma e com a sua concretização prática, Campaniço (2002) ensaia algumas linhas orientadoras. No plano da quantificação, defende que o preço do serviço corresponde ao seu valor de mercado, devendo estar contabilizado enquanto tal. Aventa ainda que o mecenas deve estar colectado na área da formação ou consultoria informáticas. Subscrevemos a implementação de mecanismos que suportem a avaliação do serviço prestado, problema que também tem relevância no âmbito do mecenato científico. Só ficcionando que os serviços prestados são de carácter oneroso se consegue uma base de cálculo objectiva, que previna as indesejáveis manipulações de preço para granjear vantagens fiscais. Porém, a segunda condição parece-nos excessivamente restritiva, porque, tal como referimos, uma empresa pode desenvolver actividades que contribuam para a consecução do seu escopo lucrativo, sem relação directa com o seu objecto social.

Outra originalidade deste artigo está patente no seu nº 4, que acolhe uma exigência inovadora, a qual, bem vistas as coisas, quase ascende à categoria de cláusula anti-abuso. Este nº 4 remete para o disposto no número anterior, segundo o qual "o período de amortização de equipamento informático pelos sujeitos passivos referidos no nº 1 é de dois anos, ou pelo valor residual se ocorrer após dois anos, no caso de doação do mesmo às entidades referidas naquele número". Com algum esforço, compreende-se que este preceito consagra uma depreciação antecipada daqueles bens, inferior ao período de vida útil mínimo previsto no regime legal das depreciações e amortizações, que é de três anos. Se a doação ocorrer após o período de dois anos, o equipamento é depreciado pelo seu valor residual. Este desvio à regra do "valor fiscal do bem", plasmada no art. 62º, nº 11 do EBF, visa evitar a oferta de bens obsoletos (o que, no caso dos bens informáticos, adquire uma dimensão qualificada) e eventuais abusos no plano da sua valorização, problema que, repita-se, é bem mais expressivo na avaliação dos serviços prestados. Para além de não serem referidos quaisquer sujeitos passivos no nº 1 do art. 65º, complicando a interpretação da norma, não se decifra por que se restringe aos equipamentos informáticos (*hardware*), desprezando os programas informáticos (*software*). Caso os sujeitos passivos exerçam a opção pelo regime de depreciação transcrito, recai sobre eles a obrigação de exporem as razões que a suportaram ao Ministério da Ciência, Tecnologia e Ensino Superior (nº 5).

Regressando ao nº 4, este preceito recusa a relevância fiscal de equipamentos informáticos doados a "entidades em que os doadores sejam associados ou em que participem nos respectivos órgãos sociais". Campaniço (2002:96) anota que o objectivo é impedir que "os doadores se *livrem* de produtos obsoletos a título de donativo, beneficiando da respectiva inflação de custos do exercício (...)". Sobre este assunto, importa fazer dois reparos. Em primeiro lugar, não faz sentido circunscrever esta exigência aos equipamentos informáticos, afastando do seu campo de aplicação os programas de computadores e os serviços de formação e consultoria. Em segundo lugar, não é vulgar que a lei fiscal se detenha na prevenção de conflitos de interesses desta natureza. Esta limitação não é replicada nas outras categorias mecenáticas, onde, potencialmente, podem surgir os mesmos problemas. Torna-se difícil alcançar as razões desta diferenciação.

Tal não significa que defendamos a extensão do "regime das incompatibilidades" a todo o regime do mecenato. Muito embora se compreendam as razões subjacentes, não faz sentido incluir esta limitação, sobretudo quando a moldura legal do mecenato acolhe o associativismo. Com efeito, o art. 62º, nº 8 do EBF estipula a aceitação fiscal das "importâncias atribuídas pelos associados aos respectivos organismos associativos a que pertençam, com vista à satisfação dos seus fins estatutários", limitada ao valor de 1/1000 do volume de negócios e negando-lhe qualquer majoração[131]. Acresce que, nos termos do art. 44º do CIRC, as quotizações a favor de associações empresariais são fiscalmente dedutíveis até perfazerem 2‰ do volume de negócios, reconhecendo-lhes uma majoração de 50%. Esta contradição é inconcebível num quadro legal que se pretende coeso e harmónico.

Refira-se, por fim, que estes donativos admitem sempre uma majoração de 30%, que, à semelhança de outros casos, pode ascender a 40%, "quando atribuídos ao abrigo de contratos plurianuais, que fixem objectivos a atingir pelas entidades beneficiárias e os bens e serviços a atribuir pelos sujeitos passivos" (art. 65º, nº 2 do EBF).

5.5. O regime do mecenato em sede de IRS

As actividades e as instituições públicas e privadas que produzem benefícios fiscais em IRC, elencadas no art. 62º do EBF, são retomadas pelo art. 63º, que se dedica exclusivamente ao IRS. Uma vez que o capítulo relativo ao IRS segue de perto algumas das regras instituídas para as pessoas colectivas, para evitar redundâncias, a nossa análise centrar-se-á nos aspectos específicos deste imposto.

---

[131] Como nota Campaniço (2002), a terminologia "importâncias atribuídas" parece afastar os donativos em espécie, tornando-se incompatível com o recorte normativo aplicável às pessoas colectivas. Malgrado a expressão, este preceito comporta aquele tipo de donativos. Este autor sublinha ainda que, na prática, os fins estatutários destes organismos não se acomodam nas actividades visadas pelo regime do mecenato, na medida em que dificilmente consistem "na realização de iniciativas nas áreas social, cultural, ambiental, desportiva ou educacional" (art. 61º), colidindo com a definição de donativo para efeitos fiscais.

A modalidade que concretiza o benefício fiscal reconhecido aos mecenas, sujeitos passivos de IRS, é, em regra, a dedução à colecta. O emprego desta técnica foi introduzido pelo Estatuto do Mecenato. Até 1999, ano em que foi aprovado, o abatimento era feito à matéria colectável, consubstanciando uma dedução que operava antes da aplicação da taxa de imposto. Por razões de equidade fiscal, no IRS, esta conversão de deduções à matéria colectável em deduções à colecta foi generalizada a outro tipo de desagravamentos fiscais. De facto, existindo taxas progressivas, os contribuintes com uma matéria colectável mais elevada beneficiavam relativamente mais do que os de menor rendimento, por via do enquadramento num escalão de taxas de tributação inferior[132].

A dedução dos donativos em IRS é limitada a 15% da totalidade da colecta se a sua aceitação para efeitos de IRC também o for, na medida em que o art. 63º do EBF remete para os limites aplicáveis aos sujeitos passivos de IRC. Por exemplo, 25% do montante dos donativos concedidos ao Estado, Regiões Autónomas, Autarquias Locais, Associações de

---

[132] Esta questão é menos relevante ao nível do IRC, na medida em que é, genericamente, um imposto de taxa única (*flat tax*). Não é olvidável que as deduções à colecta não beneficiam do instituto de reporte de prejuízos, mas a inexistência de progressividade interna leva a que, tanto a dedução ao rendimento, como a dedução à colecta, sejam proporcionais. Em rigor, um imposto não é proporcional por ter uma taxa única. A proporcionalidade, regressividade ou progressividade medem-se pela relação entre a taxa média de imposto (divisão do imposto devido pela respectiva matéria colectável) e o rendimento. Se a taxa média de imposto se mantiver com a variação do rendimento, é proporcional. Se variarem no mesmo sentido é progressivo e se variarem em sentido inverso é regressivo. Dito de outro modo, se a taxa marginal for superior à taxa média, o imposto é progressivo. Se for igual ou inferior, o imposto é proporcional ou regressivo, respectivamente. Por exemplo, o IVA é regressivo, porque a propensão marginal a consumir é maior nos indivíduos de rendimentos baixos (Lei de Engel), levando a que a taxa média de imposto implícita no IVA seja superior nestes contribuintes. Num sistema de taxas progressivas, taxas marginais elevadas favorecem a evasão e elisão fiscais e agravam as pressões políticas para a criação de benefícios fiscais que actuem antes do cálculo da colecta. Na pendência de taxas proporcionais, a progressividade pode ser obtida através de abatimentos, deduções à matéria colectável e deduções à colecta. Independentemente das vantagens inerentes a cada um dos modelos, a verdade é que se reacendeu a discussão em torno da *flat tax* na tributação do rendimento (Tomaz, 2006, Teixeira, 2008). Por exemplo, em ordem a um sistema fiscal mais simples e transparente, reduzindo o desfasamento entre as taxas efectivas de imposto, Catarino (2008:644) defende, gradual e paulatinamente, a "adopção de uma taxa proporcional única para o rendimento das pessoas singulares próxima ou igual à taxa geral do IRC".

Municípios e de Freguesias e a Fundações participadas (no património inicial) por estas entidades, são dedutíveis à colecta de IRS, sem qualquer restrição, desde que, naturalmente, as actividades desenvolvidas por aquelas sejam de carácter social, cultural, ambiental, desportivo ou educacional.

Não obstante a definição de donativo fiscal acolher as contribuições em espécie, esta forma não parece ser admissível para efeitos de IRS. Assim, apenas são dedutíveis à colecta do ano a que dizem respeito, os donativos em dinheiro efectuados por pessoas singulares residentes em território nacional (art. 63º, nº 1 do EBF). Esta interpretação sai reforçada, comparando o revogado Estatuto do Mecenato com a actual redacção das normas centralizadas no EBF. O anterior quadro disciplinador incluía explicitamente os donativos em espécie atribuídos por pessoas singulares, estivessem ou não sujeitas a contabilidade organizada, opção que foi abandonada com a inserção do regime dos donativos no EBF.

Na esteira da simplificação administrativa, o EBF deixou de submeter a reconhecimento prévio os donativos em dinheiro que excedessem o valor de 498,8 euros. Esta dispensa veio eliminar as várias interrogações que emanavam desta norma, nomeadamente se este constituía um valor unitário, se correspondia ao somatório dos donativos concedidos ao longo do ano a uma única entidade, ou se era relativo à totalidade de donativos canalizados para várias entidades e se o procedimento deveria ser desencadeado pelo doador (Campaniço, 2002).

A referência expressa aos "donativos em dinheiro" no nº 1 do art. 63º do EBF não é repetida no nº 2 deste preceito, que regula especificamente os donativos atribuídos a "igrejas, instituições religiosas, pessoas colectivas de fins não lucrativos pertencentes a confissões religiosas ou por eles instituídas". O facto de a expressão "donativos em dinheiro" não constar taxativamente do texto levanta a dúvida de os donativos religiosos constituírem, tal como o Estatuto do Mecenato Científico (art. 11º), uma excepção ao princípio de que os donativos em espécie não são fiscalmente relevantes em sede de IRS. Parece-nos que sim, o que afecta a consistência do sistema mecenático no EBF[133].

---

[133] O tratamento especial destas entidades beneficiárias é recorrente. Durante a vigência do Estatuto do Mecenato, contrariamente ao sentido legal, o Ofício-Circulado nº 20039, de 13/3/2001, da Direcção de Serviços do IRS, autorizou "a dispensa de reconhecimento prévio

A ausência de orientações claras na avaliação dos bens oferecidos por pessoas singulares enquanto tais, isto é, na sua vertente não empresarial, associa-se ao problema da incoerência. Com efeito, os sujeitos passivos de IRS são divididos em duas categorias, consoante exerçam ou não actividades empresariais e profissionais. Em caso afirmativo, devem ser observados os métodos de avaliação aplicáveis às pessoas colectivas, mas, para os que não exercem aquelas actividades, não há regras de avaliação. Para colmatar esta omissão, no âmbito do revogado Estatuto do Mecenato, Campaniço (2002) salienta que a Administração fiscal lançava mão do disposto no art. 24º do CIRS, que se dedica à avaliação de rendimentos em espécie[134]. Segundo este autor, tal artifício defrontava-se com várias limitações, porque assimila o valor fiscal de um bem doado ao valor fiscal que teria no caso de ser recebido, desvirtuando o espírito do regime do mecenato. Esta solução de recurso era bastante popular até à reformulação do art. 5º-A do Estatuto do Mecenato em 2004, que veio, finalmente, definir que, para efeitos da dedução à colecta dos donativos em espécie, concedidos pelos sujeitos passivos de IRS que não exercem actividades empresariais e profissionais, valia o custo devidamente comprovado dos bens doados.

No actual regime do mecenato, o legislador não recuperou esta regra, esquecendo-se dos donativos religiosos dedutíveis à colecta de IRS, quando são constituídos por bens diferentes de dinheiro. Assim, infere-se que aquele subterfúgio poderá ainda subsistir. A outra alternativa de avaliação consta do art. 11º, nº 2 do Estatuto do Mecenato Científico, segundo o qual "sendo os bens doados por sujeitos passivos de IRS que não exerçam actividades empresariais ou profissionais, ou que, exercendo-as, os mesmos bens não lhes estejam afectos, o seu valor corresponde ao respectivo custo de aquisição ou de produção, devidamente

---

dos donativos, concedidos por pessoas singulares, a igrejas, instituições religiosas, pessoas colectivas de fins não lucrativos pertencentes a confissões religiosas ou por elas instituídas, referidas no nº 2 do artigo 5º do Estatuto do Mecenato, aprovado pelo Decreto-Lei nº 74/99, de 16 de Março".

[134] Nos termos do art. 24º, nº 1 do CIRS, aplicam-se sucessivamente as seguintes regras de avaliação aos rendimentos em espécie: preço tabelado oficialmente; cotação oficial de compra; cotação de compra na bolsa de mercadorias de Lisboa (géneros); preços de bens ou serviços homólogos publicados pelo INE e valor de mercado em condições de concorrência.

comprovado". Inclinamo-nos para esta segunda metodologia, por se mostrar menos desajustada.

Nos termos do art. 63º, nº 1, alínea c), a dedução à colecta apenas opera na hipótese de os donativos não serem contabilizados como gastos. Esta norma visa acautelar a duplicação do benefício em sede de IRS para os sujeitos passivos que, no âmbito da categoria B (rendimentos empresariais e profissionais), determinam o rendimento líquido com base na contabilidade organizada (art. 28º, nº 1, alínea a) do CIRS)[135]. Assim, se o contribuinte que concede o donativo optar por registá-lo no catálogo dos gastos da sua actividade profissional, não pode inscrevê-lo como dedução à colecta, alegando que o atribuiu a título pessoal.

Dificilmente se consegue compatibilizar este recorte normativo com a vida comum. A política fiscal insiste em separar as pessoas em termos pessoais e em termos profissionais, o que se defronta com alguns obstáculos. Já mencionámos que a justeza de algumas tributações autónomas, estipuladas no CIRC e no CIRS, é discutível. Acompanhando Campaniço (2002), questionamos se é possível cindir a pessoa em duas dimensões, procurando aferir se, numa determinada realidade em concreto, agiu ou não na "qualidade de pessoa". Mais: não é razoável que da mesma pessoa e do mesmo património possam resultar benefícios fiscais distintos em relação ao mesmo acto.

Os benefícios fiscais são dedutíveis à colecta nos termos do art. 78º, nº 1, alínea j) e do art. 88º do CIRS. Contudo, dado que as deduções elencadas no art. 78º são efectuadas pela ordem nele indicada (nº 3) até à concorrência da colecta, e que a dedução relativa aos benefícios fiscais está no fim do elenco, pode acontecer que os donativos não surtam qualquer efeito. Ou seja, se as deduções anteriores esgotarem a colecta, não subsiste colecta quando operar a dedução dos donativos, pelo que são ineficazes. Tal não se verifica com os contribuintes tributados na categoria B, que, mesmo que registem prejuízo fiscal, podem repercuti-lo nos exercícios seguintes e, assim, tirar proveito do benefício fiscal.

---

[135] São excluídos os sujeitos passivos integrados na categoria B que estão no regime simplificado, assim como os que são tributados por via do acto isolado e os que optam pela tributação de acordo com as regras estabelecidas para a categoria A.

À excepção dos "donativos religiosos", os donativos concedidos por particulares não beneficiam de majorações, coincidindo o seu valor real com o valor fiscal da dedução à colecta em IRS. Dada a formulação labiríntica da lei, importa esclarecer o modo como opera aquela singular majoração. Considerando o método de cálculo das majorações no IRC e que, no IRS, os donativos religiosos são quantificados em 25% do seu valor, parece-nos que este montante, ou em alternativa o seu limite (15% da colecta), deve ser multiplicado por 130% em ordem a obter a dedução fiscalmente aceite.

Como vimos, o mecenato religioso não tem relevância fiscal em sede de IRC. No regime do mecenato, a referência às entidades que prosseguem fins religiosos é acrescentada pelo nº 2 do art. 63º do EBF, pelo que os benefícios fiscais aproveitam tão-somente aos sujeitos passivos de IRS. A razão de ser desta discriminação é aflorada numa informação vinculativa, processo nº 4115/2004, despacho de 6/2/2006, cujo nº 2 reza que: "(...) apenas terão relevância fiscal os donativos concedidos pelas pessoas singulares às pessoas colectivas religiosas, na medida em que apenas as pessoas singulares encerram em si a dimensão humana compaginável com a vertente espiritual que lhes possibilita acreditarem numa determinada religião e nesse sentido contribuírem monetariamente ou em espécie para a prossecução dos fins religiosos daquelas".

Não se controverte o entendimento legal que, tal como foi exposto, é bastante claro no EBF. Além do mais, como veremos mais adiante, o disposto na Lei da Liberdade Religiosa, invocado na informação vinculativa, confirma esta interpretação. No entanto, o fundamento expendido é pouco consistente por duas razões.

Em primeiro lugar, por via da remissão, operada pelo art. 63º, nº 2, para a alínea c) do nº 1, conclui-se que os donativos religiosos feitos pelos particulares podem estar contabilizados como gastos, o que contende com um quadro fiscal que se esforça em isolar a vertente pessoal das pessoas singulares. A possibilidade legal de os donativos religiosos estarem afectos à esfera profissional das pessoas singulares atropela a argumentação da informação vinculativa, ancorada na divisão artificial entre as dimensões pessoal e empresarial.

Em segundo lugar, segundo a interpretação da Administração fiscal, nenhuma pessoa colectiva parece dotada de capacidade para conceder donativos de carácter social, cultural, ambiental, desportivo ou educacional. E estes têm relevância fiscal! Na verdade, e como já se referiu, a vontade das pessoas colectivas manifesta-se pelos actos dos membros dos respectivos órgãos de gestão, necessariamente pessoas singulares, pelo que a argumentação constante na referida informação vinculativa não deveria evocar razões desta natureza[136].

De forma expressiva, Morais (2007:133) sublinha que a dispersão do capital inviabiliza uma abordagem ao mecenato empresarial assente na lógica individual de empresários afortunados movidos por ímpetos filantrópicos. O mecenato organizacional contemporâneo "deixou, assim, de poder ser encarado como instrumento de satisfação de um interesse ou uma paixão pessoais, de projecção e prestígio de uma pessoa, para ter que ser analisado e decidido tendo em atenção as motivações e os interesses da empresa". Para os detractores da filantropia empresarial, esta actividade resulta da excessiva margem de discricionariedade da gestão, devendo ser vedada pela via legal. Parece que a doutrina da Administração fiscal adere a esta corrente, tomando-a como boa para desqualificar os "donativos religiosos" das pessoas colectivas.

As empresas não se reduzem a meros intermediários para a obtenção de rendimento. A sua acção é, ainda que direccionada por pessoas singulares, independente. Estão sujeitas a direitos, deveres e obrigações próprios e geram riqueza, o que lhes confere uma dimensão económica autónoma. De resto, o património pessoal dos sócios usufrui, por via de regra, do instituto da responsabilidade limitada, o que reforça a ideia de separação.

Esta perspectiva acomoda-se plenamente no direito fiscal, que atribui uma capacidade tributária às empresas. Com este pano de fundo, as empresas têm necessariamente capacidade contributiva[137]. Medi-la, por

---

[136] Furtado (2009:231) salienta que, muito embora a capacidade de gozo das pessoas colectivas seja consensual na doutrina e tenha guarida no art. 12º, nº 2 da CRP, o entendimento sobre a capacidade de exercício não é unívoco, uma vez que não consta expressamente do art. 6º do CSC. Aduz que a tese dominante propugna que, apesar de a capacidade de exercício não ser uma *"aptidão natural"*, é efectivada através de uma *"construção jurídica* que se resolve na possibilidade de exercer, através dos seus *órgãos*, uma actividade a si própria imputada, em consequência do *reconhecimento* da sua *personalidade jurídica"*.

[137] A dicotomia da tributação do rendimento também assenta noutras razões. Desde logo, na prevenção de lacunas de tributação que emergiriam caso a carga fiscal apenas se repercutisse

via de regra, ou, na letra constitucional, *"fundamentalmente"*, pelo lucro real, constitui a forma legal para determinar os seus encargos com o IRC.

Em face do exposto, as apreciações contidas na informação vinculativa em apreço não dignificam o regime do mecenato e desvirtuam os seus princípios. Fortalecem, ao invés, a posição dos seus críticos, sancionando os seus argumentos.

No cerne do problema, objecto da informação vinculativa, está o art. 26º, nº 6 da Concordata entre a Santa Sé e o Estado Português de 18 de Maio, ratificada pelo Decreto do Presidente da República nº 80/2004, de 16 de Novembro. É verdade que este preceito garante a consagração de benefícios às pessoas que concedem donativos aos destinatários contemplados neste diploma, sem especificar se são singulares ou colectivas. Mas não se pode ignorar que esta norma vem no esteio do art. 32º, nº 3 da Lei da Liberdade Religiosa (Lei nº 16/2001, de 22 de Junho), que, até 31 de Agosto de 2009, determinava que "os donativos atribuídos pelas pessoas singulares às pessoas colectivas religiosas inscritas para efeitos de imposto sobre o rendimento das pessoas singulares são dedutíveis à colecta em valor correspondente a 25 % das importâncias atribuídas, até

---

na esfera dos sócios, pois estes teriam um forte incentivo para não distribuírem lucros (amplificado pelo regime de tributação das mais-valias de partes sociais ser, até há pouco tempo, muito favorável), o que, segundo Tavares (1999:38), levaria à tributação de lucros retidos, concepção que "esbarra na delicadíssima questão da tributação de ganhos potenciais, fenómeno que os sistemas fiscais resistem em admitir". Em segundo lugar, na dificuldade em tributar os rendimentos gerados pelas sociedades cujos sócios são não residentes, com consequências no plano da repartição da receita pelos vários Estados. Acrescem os ganhos de simplicidade e de eficácia administrativos, mediante a transferência do lançamento, liquidação e cobrança dos impostos para as empresas, e os motivos pragmáticos relacionados com a arrecadação de receitas e com a facilidade de controlo do pagamento de outros impostos, fruto da constelação de obrigações que impende sobre as empresas (a que não é alheia a transferência de funções da Administração fiscal). Por fim, refira-se o princípio do benefício, segundo o qual as sociedades utilizam infra-estruturas comuns, pelo que devem participar na repartição dos seus ónus. De acordo com este princípio, o imposto societário corporiza o dividendo a que o "sócio-Estado" tem direito pelo lucro gerado pela empresa, já que lhe proporciona condições para o exercício da sua actividade. Deste sistema constitucional dual, resultam problemas de dupla tributação económica do rendimento – não jurídica, porque sociedade e sócios são pessoas distintas. Embora se possa alegar que a repercussão do IRC no preço de venda dos bens e serviços afasta a dupla tributação, porque não afecta a remuneração do capital investido pelos sócios, existem preceitos especialmente previstos nos códigos fiscais que mitigam este problema.

ao limite de 15% da colecta"[138]. Se a redacção do art. 26º da Concordata tivesse sido fielmente decalcada desta, referindo expressamente que os destinatários do benefício são as pessoas singulares, evitar-se-iam confusões[139]. Porém, a ausência de especificação na Concordata não legitima que os donativos atribuídos pelas pessoas colectivas à Igreja Católica sejam abrangidos por benefícios fiscais.

Entre nós, vigora o princípio da separação entre o Estado e a Religião (art. 3º da Lei da Liberdade Religiosa), sem prejuízo das relações de cooperação entre estas entidades em matéria de "promoção dos direitos humanos, do desenvolvimento integral de cada pessoa e dos valores da paz, da liberdade, da solidariedade e da tolerância" (art. 5º). É, justamente, o princípio da igualdade de tratamento das religiões que está em causa na interpretação da norma. Para Cardia (2006:928), a liberdade religiosa corresponde ao "igual direito de cada indivíduo a fundar uma religião, a ter, não ter ou deixar de ter qualquer religião, bem como a contestar não só qualquer religião mas a validade do fenómeno religioso". Proíbe a discriminação negativa ou positiva em matéria religiosa[140]. Relativamente ao princípio democrático, este deve ser entendido como o facto de o poder político não ser refém de qualquer religião,

---

[138] É ainda de assinalar que o art. 63º do EBF superava os benefícios constantes nos mencionados diplomas, porquanto prevê uma majoração de 30%. No entanto, a Lei nº 91/2009, de 31 de Agosto, veio alterar o art. 32º, nº 3 da Lei da Liberdade Religiosa, conformando as majorações com o EBF: "Os donativos atribuídos pelas pessoas singulares às pessoas colectivas religiosas inscritas para efeitos de imposto sobre o rendimento das pessoas singulares são dedutíveis à colecta, nos termos e limites fixados nas alíneas b) e c) do nº 1 do artigo 63º do Estatuto dos Benefícios Fiscais, sendo a sua importância considerada em 130 % do seu quantitativo".

[139] Sem aprofundar a problemática da hierarquia das normas, refira-se, apenas, o princípio da recepção automática vertido no art. 8º, nº 2 da CRP, segundo o qual "as normas constantes de convenções internacionais regularmente ratificadas ou aprovadas vigoram na ordem interna após a sua publicação oficial e enquanto vincularem internacionalmente o Estado Português".

[140] A não discriminação religiosa levantou diversos problemas no plano da tributação. Por exemplo, o Ofício-Circular nº X-5/91, emitido em 23/9/1991 pela Direcção de Serviços do IRS, muito antes da publicação do Estatuto do Mecenato, ignorou as várias ramificações das diversas correntes religiosas e foi incapaz de separar as seitas das igrejas, provocando uma grande celeuma (Campaniço, 2002). Esta matéria originou uma sucessão de Ofícios-Circulados, dos quais destacamos o nº 20021, de 17/5/2000, o nº 20028, de 11/8/2000, e o nº 20039, de 13/3/2001.

estando aberto a todos os cidadãos independentemente da sua confessionalidade.

Todas as entidades que prosseguem fins religiosos estão sujeitas ao regime da Lei da Liberdade Religiosa. Escolheu-se a via concordatária, que tem a natureza de tratado internacional, para disciplinar a relação entre Portugal e a Santa Sé. Mas a Lei da Liberdade Religiosa também estipula o princípio da não discriminação pelo Estado de qualquer igreja ou comunidade religiosa (art. 2º, nº 2). Portanto, seria inaceitável que a relevância fiscal dos donativos empresariais concedidos dependesse do tipo de religião apoiada. A Igreja Católica está submetida às regras do direito canónico e à Concordata, mas também à Lei da Liberdade Religiosa.

Assim, o tratamento fiscal das diversas pessoas colectivas religiosas não é discriminatório, existindo vários exemplos. Segundo o art. 12º da Concordata, "as pessoas jurídicas canónicas, reconhecidas nos termos do artigo 10º[141], que, além de fins religiosos, prossigam fins de assistência e solidariedade, desenvolvem a respectiva actividade de acordo com o regime jurídico instituído pelo direito português e gozam dos direitos e benefícios atribuídos às pessoas colectivas privadas com fins da mesma natureza". Também o nº 5 do art. 26º autoriza a Igreja Católica a empreender actividades distintas das religiosas, tais como a solidariedade social, educação e cultura e, ainda, comerciais e lucrativas, ficando abrangidas pelo regime fiscal aplicável à actividade exercida, sem qualquer discriminação positiva ou negativa. Estes preceitos encontram paralelo nos art. 21º, nº 2 e 27º da Lei da Liberdade Religiosa. Desta forma, reconhece-se um tratamento paritário das pessoas colectivas religiosas, e não religiosas, que prosseguem fins análogos[142].

---

[141] Estas pessoas são a Santa Sé, a Conferência Episcopal Portuguesa, as dioceses e as demais jurisdições eclesiásticas e as outras pessoas jurídicas constituídas pelas competentes autoridades eclesiásticas para a prossecução de fins religiosos a quem tenha sido reconhecida personalidade civil, nos termos dos art. 9º e 10º da Concordata.

[142] Os fins não religiosos das pessoas religiosas são profundamente regulados e controlados pelo Estado. Como assinala Gouveia (2006:443), "efectivamente, pensando nos benefícios fiscais que são aplicados à actividade religiosa, não custa muito admitir a hipótese de que pode haver actividades económicas lucrativas camufladas de actividades religiosas, mas cujo fim é fazer comércio, não exercer uma religião".

O art. 26º da Concordata estabelece um conjunto de não sujeições e de isenções. Do vasto cardápio de desagravamentos (exclusões tributárias no nº 1, e benefícios fiscais mediante a modalidade de isenções nos nº 2, 3 e 4), destacamos a não sujeição a qualquer imposto dos donativos recebidos para os seus fins religiosos (art. 26º, nº 1, alínea b)), a isenção de IMI da generalidade do seu património (nº 2) e a isenção em sede de IS e de outros impostos (nomeadamente IMT), que incidam em aquisições onerosas, ou a título gratuito, de bens afectos a fins religiosos (nº 3, alíneas a) e b)). Também aqui é de notar as semelhanças entre a formulação desta norma e a dos art. 31º e 32º da Lei da Liberdade Religiosa[143].

Cabe aqui convocar a possibilidade de consignação de 0,5% do IRS liquidado com base nas declarações anuais dos contribuintes, mediante a indicação expressa no respectivo quadro 9, do Anexo H, do número de identificação da pessoa beneficiária. Esta regra está prevista no art. 32º, nº 4 da Lei da Liberdade Religiosa, aproveitando às igrejas ou comunidades religiosas que tenham fins religiosos ou de beneficência radicadas em Portugal[144].

Trata-se de um benefício dependente de reconhecimento. É requerido nos termos da Portaria nº 362/2004, de 8 de Abril, segundo a qual as entidades devem fazer prova, junto da Direcção-Geral dos Impostos, até ao final do ano anterior, do seu registo no Registo de Pessoas Colectivas Religiosas (RPCR)[145], e enviar, até ao último dia útil do primeiro semestre do ano seguinte ao do recebimento dos donativos, um relatório que descreva o respectivo destino, cumprindo o disposto no art. 32º,

---

[143] Como bem assinala Marques da Silva (2006), no âmbito da Concordata, tanto as exclusões tributárias como as isenções são atribuídas aos mesmos sujeitos. Já na Lei da Liberdade Religiosa, as exclusões aplicam-se às igrejas e demais comunidades religiosas e as isenções às pessoas colectivas religiosas inscritas.

[144] Segundo o art. 32º, nº 5 da Lei da Liberdade Religiosa, as verbas destinadas às igrejas e comunidades religiosas são entregues pelo Tesouro a si próprias, ou às suas organizações representativas. Sublinhe-se que, em alternativa, esta importância do IRS liquidado pode ser direccionada para uma pessoa colectiva de utilidade pública de fins de beneficência ou de assistência ou humanitários, ou para uma IPSS, bastando indicá-la na declaração de rendimentos (nº 6). Também este benefício carece de reconhecimento, instruído nos termos da Portaria nº 80/2003, de 22 de Janeiro.

[145] A inscrição das pessoas colectivas religiosas faz-se através do RPCR, incluído no Registo Nacional de Pessoas Colectivas (art. 1º, nº 1 do Decreto-Lei nº 134/2003, de 28 de Junho).

nº 5 da Lei da Liberdade Religiosa. Este diploma exige ainda que as entidades declarem que renunciam à restituição do IVA ao abrigo do Decreto-Lei nº 20/90, de 13 de Janeiro, no ano a que respeita o recebimento. Esta última imposição decorria do disposto no art. 65º da Lei da Liberdade Religiosa. No entanto, a actual redacção deste preceito, dada pela Lei nº 91/2009, de 31 de Agosto, postergou esta obrigação que ainda consta da Portaria. Parece-nos que o seu conteúdo foi tacitamente revogado, pelo que as referidas entidades podem beneficiar, cumulativamente, da consignação do IRS e da restituição do IVA (a devolução do IVA está a ser objecto de discussão no âmbito do Orçamento do Estado para 2011).

Tal como assinala Marques da Silva (2006), o art. 27º, nº 1 da Concordata estabelece que compete à Conferência Episcopal Portuguesa a inclusão da Igreja Católica neste sistema. Isto porque a obrigação de registo no RPCR, pressuposto essencial para requerer o benefício fiscal, apenas recai sobre as pessoas jurídicas canónicas constituídas depois da entrada em vigor da Concordata (art. 10º, nº 3 da Concordata). Esta fonte de rendimento está isenta de tributação, nos termos do art. 31º, nº 1, alínea a) da Lei da Liberdade Religiosa e do art. 26º, nº 1, alíneas a) e b) da Concordata, reforçado pelo seu nº 4.

Entendemos que este tipo de donativos não se reconduz a um benefício fiscal para os contribuidores. O conceito de benefício fiscal não se compadece com as especificidades deste instituto, que apenas cumpre o critério de acarretar despesa fiscal. De resto, a adesão a este tipo de donativos, porque não traz qualquer dispêndio adicional para os contribuintes, poderá, porventura, resultar de um sentimento de "vingança" face ao sujeito activo da relação tributária, subtraindo-lhe parte do imposto que lhe é devido. No entanto, constitui um meio de sinalização de que o Estado apoia determinadas instituições e actividades, funcionando como um possível indutor de verdadeiras contribuições filantrópicas.

5.6. O tratamento dos donativos em sede de IVA

Já vimos que os donativos podem ser atribuídos em dinheiro ou em espécie. Os primeiros estão fora das regras de incidência do IVA. O enquadramento dos segundos neste imposto exige uma análise mais rigorosa e demorada.

Encontram-se abrangidas pelas normas de incidência objectiva do CIVA as transmissões de bens efectuadas no território nacional, a título oneroso, por um sujeito passivo agindo como tal (art. 1º, nº 1, alínea a) do CIVA). Nos termos do art. 3º, nº 1, "considera-se, em geral, transmissão de bens a transferência onerosa de bens corpóreos por forma correspondente ao exercício do direito de propriedade". Cabe, no entanto, neste conceito, a transmissão gratuita de bens da empresa, quando, relativamente a estes, ou aos elementos que os constituem, tenha havido dedução total ou parcial do imposto (alínea f) do nº 3 do art. 3º). Assim, mediante certas condições previstas no CIVA, uma operação gratuita pode ser "requalificada" em transferência onerosa, trasladando-se para o perímetro de incidência objectiva deste imposto.

A Lei nº 67-A/2007, de 31 de Dezembro, veio reformular a alínea f), que, anteriormente, continha uma delimitação negativa da incidência do IVA relativamente às amostras e às ofertas "de pequeno valor em conformidade com os usos comerciais". Mas este diploma veio também aditar o nº 7 ao art. 3º, que exclui do regime estabelecido na aludida alínea f) do nº 3, "os bens não destinados a posterior comercialização que, pelas suas características, ou pelo tamanho ou formato diferentes do produto que constitua a unidade de venda, visem, sob a forma de amostra, apresentar ou promover bens produzidos ou comercializados pelo próprio sujeito passivo, assim como as ofertas de valor unitário igual ou inferior a € 50 e cujo valor global anual não exceda cinco por mil do volume de negócios do sujeito passivo no ano civil anterior, em conformidade com os usos comerciais". Esta norma remete ainda o regime de exclusão da tributação para legislação específica. Assim, a Portaria nº 497/2008, de 24 de Junho, do Ministro das Finanças, procurou eliminar as ambiguidades daquela norma, preenchendo os conceitos indeterminados que a compõem. Actualmente, ainda que tenha havido dedução total ou parcial do imposto, as amostras, independentemente do respectivo valor, não estão sujeitas a IVA, assim como as ofertas de valor unitário igual ou inferior a 50 euros (IVA excluído) e cujo montante global não exceda 0,5% do volume de negócios do ano anterior. Estas operações têm de ser discriminadas na contabilidade (art. 44º, nº 3, alínea d) do CIVA).

Para compreender esta remodelação, é imprescindível fazer uma referência ao *direito circulatório* e aos conflitos que se geraram em torno desta questão, sobejamente apreciados pela jurisprudência. Até à alteração deste preceito, vigorava o disposto na Circular nº 19/89, de 18 de Dezembro, da Direcção-Geral dos Impostos, que quantificou o valor destas ofertas em 14,96 euros (IVA excluído) e fixou, em termos globais anuais, o limite de cinco por mil do volume de negócios do ano anterior[146].

Consente-se que a Administração fiscal, através do *direito circulatório*, proceda à clarificação e densificação dos conceitos previstos na lei, nos casos em que são vagos e inconclusivos. Dando a conhecer a sua interpretação contribui para o aumento da segurança jurídica nas relações tributárias. Contudo, não deve incorrer no erro de prescrever critérios excessivamente rígidos e que se afastam do sentido legal das normas, sob pena de colocar em causa o princípio da reserva legislativa vazado no art. 103º, nº 2 da CRP[147]. E foi exactamente sobre esta matéria que se pronunciaram vários Acórdãos do STA. Concluem que "não é legal o critério da Administração Tributária segundo o qual só serão como tal consideradas as ofertas que, individualmente, não excedam determinado valor e, globalmente, não ultrapassem certa percentagem do volume anual de negócios do ofertante" (Acórdãos do STA nº 053/07 de 26/4/2007, nº 0106/07 de 2/5/2007, nº 01167/06 de 16/5/2007, nº 052/07 de 23/5/2007, nº 0271/07 de 6/6/2007, nº 0339/07 de 12/6/2007 e nº 0470/08 de 15/10/2008).

Analogamente, os Acórdãos do STA nº 036/07 e nº 054/07 de 26/4/2007, nº 0804/06, nº 0231/07 e nº 0916/06 de 6/6/2007, nº 0915//06 de 12/6/2007, nº 0563/07 de 17/10/2007 e nº 0709/07 de 21/11/2007

---

[146] Até 1 de Janeiro de 1990, vigorava o disposto na Circular nº 3/87, de 9 de Fevereiro, que estabelecia um valor máximo unitário de dois mil escudos. À semelhança da sua substituta, o valor máximo era aplicável às ofertas constituídas por um conjunto de bens e não a cada um dos seus componentes isoladamente. Porém, para além do limite de cinco por mil do volume de negócios, esta Circular acolhia um valor absoluto máximo de cinco milhões de escudos, que se extinguiu a partir de 1 de Janeiro de 1989. No que se reporta às amostras, considerando os atributos definidos nas mencionadas Circulares, a respectiva transmissão gratuita não estava sujeita a tributação. Mas a delimitação conceptual das amostras era demasiado imprecisa e não era passível de generalização a todos os sectores, exigindo reinterpretações administrativas. Foi o caso do Ofício-Circulado nº 67880, de 19/6/1995, da Direcção de Serviços do IVA, que veio regulamentar as amostras das editoras.

[147] Neste sentido, Teixeira (2007) defende que se a lei não oferece suficiente certeza na tributação, a densificação perpetrada pela Administração fiscal, desde que não molde os elementos essenciais dos impostos, substituindo-se ao parlamento, promove a segurança jurídica.

declaram que "é ilegal a imposição, através da circular da DGI, de um limite máximo para ofertas de pequeno valor calculado em função do volume de negócios do ano anterior, por não ter qualquer relação com o valor da oferta e os usos comerciais em vigor na actividade do ofertante". No mesmo sentido, mas colocando a tónica no plano da constitucionalidade, os Acórdãos do STA nº 01180/06 de 21/3/2007, nº 07/07 de 26/4/2007, nº 0203/08 de 14/7/2008 e nº 0202/08 de 18/9/2008 sentenciam que "é material e organicamente inconstitucional, por ofender o artigo 103º, nº 2 e 165º, nº 1, alínea i) da CRP, a criação por Circular da DGCI de um limite máximo, calculado em função do volume de negócios do ano anterior, para «ofertas de pequeno valor» referidas na 2ª parte da alínea f), do nº 3 do art. 3º do CIVA".

É de salientar a panóplia de Acórdãos que, nos anos de 2007 e 2008, versaram sobre este problema, com conclusões convergentes, culminando frequentemente na fixação do direito ao recebimento de juros indemnizatórios. Não é, pois, de estranhar a alteração da redacção do art. 3º do CIVA, acolhendo no texto da lei o que antes constava da referida Circular, com efeitos a partir de 2008.

Regressando ao mecenato, uma leitura mais apressada do regime das amostras e das ofertas poderia estendê-lo às relações mecenáticas. Tal é inviável, uma vez que estão em causa "usos comerciais". É verdade que na concessão de donativos podem estar implícitos motivos promocionais, mas afigura-se-nos que a expressão "usos comerciais" não se coaduna com o regime do mecenato. Cinge-se às relações comuns da empresa, que têm em vista a prossecução da sua actividade operacional e que se firmam entre clientes e fornecedores.

Esta interpretação parece conformar-se com o disposto na jurisprudência. Incidindo numa contenda distinta, a que já aludimos, o Acórdão do STA, de 26/4/2007, processo nº 053/07, enfatiza a vertente comercial das ofertas, exemplificando que "a mesma oferta, quando feita por ocasião da venda de um bem de milhares de euros, poderá haver-se como de pequeno valor; mas já o não será quando o bem vendido seja de valor próximo do da própria oferta. E conhecido é, ainda, que os usos comerciais a que a lei apela não são os mesmos em todos os ramos de negócio nem, sequer, se mantêm inalterados no tempo, podendo variar por alteração das condições do mercado". A intenção da anterior redacção legislativa foi deixar em aberto o valor e o limite de tais ofertas, cuja razoabilidade deveria ser aquilatada em função da prática corrente numa determinada actividade comercial. A ideia não era uniformizar, apenas conformar o valor das ofertas com as especificidades comerciais dos diversos sectores. Esta tese foi sufragada, e na maioria dos casos transcrita, pelos Acórdãos (do mesmo Tribunal) nº 054/07 e nº 036/07 de 26/04/2007, nº 01167/06 de 16/05/2007, nº 052/07 de 23/05/2007, nº 0231/07, nº 0916/06 e nº 0271/07 de 06/06/2007, nº 0915/06 e nº 0339/07 de 12/06/2007, nº 0563/07 de 17/10/2007, nº 0709/07 de 21/11/2007 e nº 0470/08 de 15/10/2008.

Esta apreciação permite concluir pela inaplicabilidade do regime das amostras e ofertas às relações mecenáticas, que, por definição, não têm o carácter comercial das primeiras. Relativamente às doações ao abrigo do mecenato, até ao ano de 2008, admitindo que os mecenas, na sua qualidade de sujeitos passivos de IVA, exerceram o direito à dedução do imposto que onerou a montante os bens doados, a verificação dos rigorosos requisitos mencionados no nº 7 do art. 3º, bem como da referida Portaria, não dispensam a obrigação de liquidar IVA. Contudo, neste contexto, é imprescindível distinguir duas situações. Se determinados bens forem adquiridos pelo sujeito passivo com o fito de serem doados no âmbito do mecenato, o IVA suportado não é dedutível, uma vez que não se destinam a nenhuma das operações elencadas no art. 20º do CIVA. Logo, também não há lugar à liquidação de imposto. Diferentemente, e mais usual, no âmbito de uma relação mecenática, podem ser oferecidos activos detidos pela empresa, designadamente inventários. Regra geral, aquando da sua aquisição ou produção, deduziu-se o IVA suportado e, por não se enquadrarem no conceito de oferta, independentemente do espírito subjacente ao acto e da natureza da entidade beneficiária, originam liquidação de IVA quando são cedidos[148].

Mais empenhada em garantir a universalidade e a neutralidade do IVA, do que em remover os obstáculos à concessão de donativos em espécie,

---

[148] Aparentemente despicienda, esta questão assume contornos importantes se tivermos em conta que a versão original do revogado Estatuto do Mecenato distinguia entre a avaliação dos bens em estado de uso e a dos bens em estado novo, ou seja, entre os bens que faziam parte do activo dos sujeitos passivos e os bens que eram oferecidos directamente às entidades recipientes. Actualmente, o regime do mecenato abandonou esta separação. Mas, como veremos mais adiante, esta questão não está totalmente ultrapassada.

a Circular nº 12/2002, de 19 de Abril, prescreveu regras próprias para a determinação do valor tributável das regalias associadas ao donativo. Já foi mencionado que estas regalias, por não constituírem o correspectivo do donativo, não fazem perigar o *animus donandi* que deve imbuir o mecenas. Merecendo a operação um tratamento diferenciado, procede-se à separação entre o donativo e a regalia, que, mais do que comercial, tem uma natureza institucional, escapando à tributação nos termos gerais. Por exemplo, partindo do valor de um donativo manifestamente desproporcionado face à regalia associada, a Circular atribuía ao beneficiário a obrigação de liquidação de imposto circunscrita ao valor daquela e não sobre o valor do donativo, uma vez que não correspondia verdadeiramente a uma contrapartida. O valor tributável da operação seria, independentemente da sua relevância material face ao donativo, "o preço de aquisição dos bens ou de bens similares, ou, na sua falta, o preço de custo, reportados ao momento da realização das operações" (art. 16º, nº 2, alínea b) do CIVA). No entanto, este caso escapa à regra geral da repercussão do IVA (art. 37º, nº 3 do CIVA). A entidade beneficiária que disponibiliza determinadas regalias aos seus mecenas pode liquidar o IVA internamente, (suporta-o e entrega-o ao Estado), abstendo-se, portanto, de o debitar a estes.

A Circular nº 2/2004, de 20 de Janeiro, reforçou a ideia de que a existência de contrapartidas realizadas pelo beneficiário não repudia o *animus donandi* do mecenas, descontados os casos em que as prestações envolvidas são equivalentes. Esta Circular veio conformar-se com o disposto no art. 6º do Estatuto do Mecenato, aditado pela Lei nº 107-B/2003, de 31 de Dezembro e que agora consta do art. 64º do EBF: "não estão sujeitas a IVA as transmissões de bens e as prestações de serviços efectuadas a título gratuito pelas entidades a quem forem concedidos donativos abrangidos pelo presente diploma, em benefício directo das pessoas singulares ou colectivas que os atribuam, quando o correspondente valor não ultrapassar, no seu conjunto, 5% do montante do donativo recebido"[149]. Ou seja, apenas há obrigação de liquidação de imposto pela enti-

---

[149] Esta matéria já foi abordada, ressaltando a utilização deste limite pela Administração fiscal para aquilatar o espírito de liberalidade do doador. Este limite está também plasmado no art. 10º do Estatuto do Mecenato Científico.

dade recipiente do donativo, se o conjunto das regalias a este associadas exceder 5% do seu valor e, naturalmente, se tiver havido dedução, parcial ou total, do IVA suportado com aquelas.

No que se refere às prestações de serviços, retomam-se as regras definidas para as transmissões de bens, designadamente a excepcional dispensa de repercussão do imposto (art. 37º, nº 3). Ressalva-se, contudo, que, no plano da incidência objectiva, deve atender-se ao disposto no art. 4º, nº 2, alíneas a) e b), sendo aplicável o art. 16º, nº 2, alínea c) do CIVA na determinação do valor tributável (valor normal do serviço). Neste âmbito, refira-se que a divulgação da identidade do mecenas pode corporizar um serviço prestado pela entidade beneficiária. A sua sujeição a IVA deverá ser também aferida considerando o limite dos 5%, abaixo do qual se presume não haver uma verdadeira contraprestação, não ferindo o espírito de liberalidade do mecenas.

O regime de tributação das regalias associadas ao donativo não aparenta ser penalizador da concessão de donativos. Porém, a sujeição a IVA das transmissões feitas pelos mecenas configurava uma grave restrição à atribuição de donativos em espécie.

Saliente-se que, mesmo no âmbito do regime do mecenato, a obrigatoriedade de liquidar IVA não precludia, sendo preferível, sob o estrito ponto de vista deste imposto, proceder à destruição de determinados activos, em vez de os oferecer ("transmitir gratuitamente", na linguagem do CIVA). Segundo o art. 86º do CIVA, "salvo prova em contrário, presumem-se adquiridos os bens que se encontrem em qualquer dos locais em que o sujeito passivo exerce a sua actividade e presumem-se transmitidos os bens adquiridos, importados ou produzidos que se não encontrem em qualquer desses locais". Em caso de destruição, a Administração fiscal recomenda ao sujeito passivo, através do Ofício-Circulado nº 35264, de 24/10/1986, dos Serviços do IVA, que comunique previamente à Direcção de Finanças a data e o local da destruição dos bens, convidando os serviços competentes a assistir ao acto. Deve ser documentado através de uma informação interna elaborada pelo sujeito passivo, que contemple uma descrição detalhada das razões subjacentes e as características dos bens abatidos, cuja destruição é testemunhada pelas pessoas encarregadas da operação. Desta forma, afasta-se a presunção do art. 86º, não havendo lugar à regularização do IVA deduzido.

Este regime bloqueava seriamente a concessão de donativos em espécie. A Lei nº 64-A/2008, de 31 de Dezembro, veio aplanar esta penalização, com a alteração do nº 10 do art. 15º do CIVA, que anteriormente se confinava a bens alimentares e que, a partir do exercício de 2009, passou a isentar de IVA "as transmissões de bens a título gratuito, para posterior distribuição a pessoas carenciadas, efectuadas a instituições particulares de solidariedade social e a organizações não governamentais sem fins lucrativos (...)". Esta norma deveria ter sido mais ambiciosa, abrangendo todas as entidades previstas no regime do mecenato[150]. Aliás, parece estar destinada a "alargamentos regulares": foi novamente alterada pela Lei nº 22/2010, de 23 de Agosto, prolongando o campo da isenção "às transmissões de livros a título gratuito efectuadas ao departamento governamental na área da cultura, a instituições de carácter cultural e educativo, a centros educativos de reinserção social e a estabelecimentos prisionais". As entidades destinatárias continuam a ser referidas de forma vaga e imprecisa.

5.7. O tratamento dos donativos em sede de IS e (ainda) a avaliação dos donativos em espécie

As regras de incidência real do IS constam do art. 1º. Esta norma de sujeição é concretizada num vasto catálogo – a Tabela Geral do CIS –, que estabelece o valor tributável e as taxas de liquidação (art. 9º, nº 1 e art. 22º, nº 1 do CIS). As transmissões gratuitas de bens percorrem grande parte do texto do CIS, merecendo destaque em diversas secções autónomas[151],

---

[150] É, contudo, admissível que, tal como referimos anteriormente, a expressão "organizações não governamentais sem fins lucrativos" seja utilizada em sentido (demasiado) amplo, aproximando-se do conceito de terceiro sector. Mas julgamos que não, até porque não é olvidável que, mormente no caso dos inventários, estas ofertas podem degenerar num mecanismo para contornar problemas de escoamento, conseguindo vantagens fiscais.

[151] Para Casalta Nabais (2009:644), "com a reforma da tributação do património de 2003/04 e a consequente abolição do anterior imposto sobre sucessões e doações, o tradicional imposto de selo passou efectivamente a ter uma dupla natureza, desdobrando-se em dois impostos de selo, a saber: 1) o *imposto de selo propriamente dito*, que é o imposto de selo tradicional, e 2) o *imposto de selo sobre as transmissões gratuitas*, que é um imposto sobre o património transmitido gratuitamente a favor de pessoas singulares. Pois, como vimos, as transmissões patrimoniais gratuitas a favor de pessoas colectivas, passaram a integrar as variações patrimoniais positivas do lucro das empresas colectivas ou o rendimento global das pessoas colectivas que não sejam empresas, a título de incrementos patrimoniais".

e a verba 1.2 da Tabela contempla a aquisição gratuita de bens, postulando a aplicação de uma taxa de 10% sobre o respectivo valor.

Regra geral, nos termos do art. 2º, nº 2 do CIS, os sujeitos passivos de IS são os beneficiários das transmissões gratuitas, competindo-lhes o encargo do imposto (art. 3º, nº 3, alínea a))[152]. Contudo, neste âmbito, cumpre destacar que as normas de incidência real e pessoal são dirigidas às pessoas singulares (art. 1º, nº 5, alínea e) e art. 2º, nº 2). Tal deve-se ao facto de os donativos recebidos escaparem à categorização do rendimento pelo CIRS, o que não sucede no CIRC. Os donativos recebidos pelas pessoas singulares encontram no CIS o seu espaço natural de tributação, o que, há um par de anos, originou alguma celeuma pública em torno das obrigações declarativas derivadas das transferências monetárias entre familiares directos[153].

Com o Orçamento do Estado para 2009, a redacção do art. 6º, alínea e) do CIS veio esclarecer que a isenção de IS nas transmissões gratuitas está limitada à verba 1.2 da Tabela Geral, não compreendendo a taxa de 0,8% prevista na verba 1.1. Tal significa que, na sucessão ou doação em favor do cônjuge ou unido de facto, ascendentes e descendentes, a isenção aplica-se apenas à tributação da doação ou sucessão (10%) permane-

---

[152] Sobre este assunto, Teixeira Ribeiro (1997:301) refere que "a tributação das doações tem a sua razão própria: elas são acréscimos patrimoniais para o donatário e, portanto, compreende-se que este seja colectado; mas, ao mesmo tempo, elas constituem utilização do património ou do rendimento pelo doador (consumo) e, portanto, também se compreende que o doador seja colectado. Todavia, se o donatário e o doador forem ambos colectados, um pelo que recebe, outro pelo que dá, teremos dupla tributação da importância doada, uma dupla tributação económica (...). E é por isso que nos diversos países as doações ou são tributadas junto do doador, como predominantemente sucede nos Estados Unidos e Inglaterra, ou junto do donatário, como sucede em Portugal, França, Itália...".

[153] Referimo-nos à obrigação de participação dos donativos em dinheiro em favor do cônjuge ou unido de facto, descendentes e ascendentes. Os donativos conformes os usos sociais inferiores a 500 euros não estão sujeitos a IS (art. 1º, nº 5, alínea d) do CIS). Mas há uma isenção subjectiva aplicável aos donativos entre familiares directos, mesmo quando este valor é ultrapassado, prevista no art. 6º, alínea e) do CIS. Até à publicação do Decreto-Lei nº 277/2007, de 1 de Agosto, os donativos de valor superior a 500 euros, entre cônjuges, ascendentes e descendentes, apesar de estarem isentos, tinham de ser obrigatoriamente participados junto da Direcção-Geral dos Impostos. Esta obrigação declarativa, cuja violação era punível com uma coima de 100 a 2500 euros, nos termos do art. 116º, nº 1 do Regime Geral das Infracções Tributárias, foi dispensada pelo mencionado diploma de Agosto de 2007, que veio alterar as redacções dos art. 26º, nº 11 e 28º, nº 1 do CIS.

cendo, todavia, a obrigação de liquidação do imposto devido pela transmissão do imóvel (0,8%).

Em sede de IRC, os donativos recebidos enquadram-se no conceito de "incrementos patrimoniais obtidos a título gratuito" e constam do art. 21º do CIRC. Constituem uma variação patrimonial positiva não reflectida no resultado que não está excluída de tributação[154]. Assim, dado que os lançamentos contabilísticos no donatário não afectam o resultado líquido do exercício, os donativos são acrescidos ao respectivo lucro tributável, na linha 202 do Quadro 07 do Modelo 22.

Visando a representação verdadeira e apropriada da imagem da empresa, a relevação contabilística dos donativos em espécie deve ser feita pelo justo valor. Por exemplo, no caso de os bens doados serem reconhecidos no activo fixo tangível, ficam sujeitos ao regime das depreciações seguido pela entidade. O critério do valor de mercado é reiterado pelas regras fiscais. Nos termos do art. 21º, nº 2 do CIRC, "para efeitos da determinação do lucro tributável, considera-se como valor de aquisição dos incrementos patrimoniais obtidos a título gratuito o seu valor de mercado (...)". Porém, este preceito determina um "valor mínimo" para o justo valor, determinado segundo as regras do CIS, prevenindo eventuais manipulações do valor dos bens doados, geradoras de vantagens fiscais.

Sendo certo que se estabeleceu um regime que salvaguarda a receita fiscal, através da prevalência das regras constantes no CIS, também é verdade que o empolamento dos valores de mercado dos bens recebidos, apesar de carrear agravamentos fiscais, constitui uma forma ardilosa de adulterar os valores do activo e do capital próprio. E podem existir fortes motivações para este acto, nomeadamente alcançar os almejados valores

---

[154] A redacção anterior deste preceito, alterada pelo Decreto-Lei nº 287/2003, de 12 de Novembro, afastava taxativamente da formação do lucro tributável "os incrementos patrimoniais sujeitos a imposto sobre as sucessões e doações". Com a abolição deste imposto, a partir de 2004, o IRC passou a incluir na sua base tributável todos os incrementos patrimoniais gratuitos. Assim, actualmente, estes rendimentos, que já não são tributados em sede de imposto sobre as sucessões e doações, não beneficiam da exclusão de tributação em IRC. Deixaram de prefigurar uma excepção ao princípio do rendimento acréscimo. Como nota o Preâmbulo do CIS, "introduz-se um princípio de maior coerência no sistema tributário, no sentido da concretização do conceito de rendimento acréscimo consagrado no Código do IRC, já que todos os afluxos patrimoniais que ingressem na esfera jurídico-patrimonial das pessoas colectivas ou equiparadas passarão a relevar para efeitos da determinação da sua matéria colectável".

de autonomia financeira, ou escapar às implicações da perda de metade do capital, regulada no art. 35º do CSC.

A relevância fiscal dos donativos recebidos pelas pessoas colectivas não se confina ao apuramento do lucro tributável dos sujeitos passivos residentes. Também entram no cômputo do rendimento global das entidades residentes que não exercem a título principal uma actividade de natureza comercial, industrial ou agrícola. Neste caso, o rendimento global é obtido através da soma algébrica dos rendimentos das diversas categorias para efeitos de IRS com os incrementos patrimoniais obtidos a título gratuito, já que estes não constam de qualquer categoria de rendimento (art. 3º, nº 1 alínea b) e art. 53º, nº 1 do CIRC). É de acentuar que, apesar da remissão para as normas de incidência do CIRS, a determinação do rendimento global em IRC preconiza, com excepção dos prejuízos da categoria B e das menos valias realizadas, a comunicabilidade horizontal das perdas de uma categoria aos ganhos das outras, facto que o distingue do processo de apuramento do rendimento líquido em IRS.

Compete ainda aflorar um regime derrogatório que beneficia as pessoas colectivas ou entidades residentes que não exercem, a título principal, uma actividade de natureza comercial, industrial ou agrícola. Para além da não sujeição a IRC "das quotas pagas pelos associados em conformidade com os estatutos, bem como os subsídios destinados a financiar a realização dos fins estatutários" (art. 54º, nº 3 do CIRC), os donativos recebidos por estas entidades podem ter um tratamento especial nos termos do art. 54º, nº 4, segundo o qual "consideram-se rendimentos isentos os incrementos patrimoniais obtidos a título gratuito destinados à directa e imediata realização dos fins estatutários". Este preceito, reformulado pela Lei do Orçamento do Estado para 2007, visa impedir a tributação destes rendimentos, que, frequentemente, se enquadram no regime do mecenato[155].

Não obstante as isenções previstas nos art. 9º, 10º e 11º do CIRC, seria inconsistente que, por um lado, a lei fiscal estimulasse os mecenas a con-

---

[155] Anteriormente, esta norma constava do nº 3 do art. 49º do CIRC. Contudo, a sua interpretação levantava algumas dúvidas, tendo sido objecto de uma informação vinculativa (processo nº 739/2004, de 21/6/2004). Inequivocamente, conclui que "se se destinarem a financiar a directa e imediata realização dos fins estatutários daquelas entidades, os citados incrementos patrimoniais não são sujeitos a IRC (...)".

tribuir, através de benefícios fiscais constantes no regime do mecenato, e, por outro, tributasse, *a posteriori*, os donativos na esfera dos donatários.

No que aos sujeitos passivos não residentes diz respeito, se possuírem estabelecimento estável, são tributados pelo lucro que lhe seja imputável, seguindo as regras gerais do apuramento do lucro tributável dos residentes (art. 55º, nº 1 do CIRC). Se não possuírem estabelecimento estável, ou, possuindo-o, não lhe sejam imputáveis rendimentos, são tributados pelos rendimentos das diversas categorias constantes no CIRS e pelos incrementos patrimoniais obtidos gratuitamente (art. 3º, nº 1, alínea c)). Relativamente a estes últimos, o art. 4º, nº 3, alínea e) do CIRC define elementos de conexão com o território português para alguns tipos de incrementos patrimoniais provenientes de aquisições a título gratuito.

Apesar dos efeitos que produzem em IRC tanto do lado dos doadores, como dos donatários, já vimos que a reforma dos impostos sobre o património concentrou a tributação das transmissões gratuitas no CIS. Todavia, as múltiplas obrigações que a concessão de donativos pode acarretar não se aplicam aos que têm enquadramento no regime do mecenato, uma vez que não estão sujeitos a tributação em sede de IS, por força do disposto no art. 1º, nº 5, alínea c) do CIS.

Assim, nem os donativos efectuados ao abrigo do mecenato, nem as transmissões a favor de sujeitos passivos de IRC, estão sujeitas a IS. Atendendo a que o art. 3º do CIS estatui que o imposto do selo é encargo dos titulares do interesse económico (logo o beneficiário do donativo é quem efectivamente o suporta) e que os destinatários dos donativos ao abrigo do mecenato são pessoas colectivas, julgamos estar perante uma redundância. Dito de outro modo, o conteúdo da exclusão tributária relativa às transmissões gratuitas feitas a favor de sujeitos passivos de IRC, consagrada na alínea e) do nº 5 do art. 1º do CIS, esvazia praticamente o alcance da que se reporta aos donativos mecenáticos, vertida na alínea c) do mesmo artigo.

Aproveitamos o ensejo para completar a análise dos donativos em espécie. Sem pretensões de esgotar o tema, e conscientes do problema da equivalência funcional entre o dinheiro e os bens em espécie, procuraremos determinar o valor dedutível em IRC dos donativos em espécie. Desconsideraremos, por ora, os diversos limites de dedutibilidade, tanto gerais, como concretos, que já desenvolvemos. Se assim não fosse, qualquer exercício de generalização tornar-se-ia insustentável.

O nº 11 do art. 62º do EBF estabelece que "no caso de donativos em espécie, o valor a considerar, para efeitos do cálculo da dedução ao lucro tributável, é o valor fiscal que os bens tiverem no exercício em que forem doados, deduzido, quando for caso disso, das reintegrações ou provisões efectivamente praticadas e aceites como custo fiscal ao abrigo da legislação aplicável". Os activos doados são, tipicamente, bens do activo imobilizado (activos fixos tangíveis) e existências (inventários)[156], daí que esta formulação se dirija directamente a estes.

Em consonância com esta norma, poderá dizer-se que os activos fixos tangíveis doados produzem uma dedução fiscal nula, caso estejam totalmente depreciados sob o ponto de vista fiscal. Contrariamente ao que acontece na esfera do beneficiário, não releva o valor de mercado do bem na esfera do mecenas. Também no caso de não terem sido seguidas as regras de depreciação previstas no CIRC, ou de se ter procedido a revalorizações, ou a perdas por imparidade sem relevância fiscal, o valor contabilístico do bem afasta-se da dedução fiscal que produz.

No que se reporta aos inventários, a solução fiscal preconizada é semelhante. Tal como nos activos fixos tangíveis, o valor de mercado dos inventários pode ser superior ao valor da dedução fiscal. Porém, diferentemente do que é usual verificar-se com aqueles bens, é esperável que o valor contabilístico, o valor de mercado e a dedução sejam correspondentes. Simplificadamente, os inventários devem ser mensurados ao custo de aquisição ou de produção, ou ao justo valor, seleccionando-se o menor dos dois quantitativos. A passagem do primeiro critério para o segundo é feita através do reconhecimento de um ajustamento (perda por imparidade) ao valor do activo, cuja contrapartida é um gasto contabilístico. Nesta sede, as regras fiscais seguem as contabilísticas: segundo o art. 28º, nº 1 do CIRC, aceita-se como gasto fiscal um ajustamento correspondente "à diferença entre o custo de aquisição ou de produção dos inventários e o respectivo valor realizável líquido referido à data do balanço, quando este for inferior àquele".

O Estatuto do Mecenato, entretanto revogado, acolhia no seu art. 4º-A as regras de valorização dos bens doados. Uma vez que apenas aludia

---

[156] Muito embora o disposto no EBF não se tenha conformado com o SNC, utilizaremos a terminologia que vigora actualmente.

aos bens do "activo imobilizado" ("custo de aquisição ou de produção deduzido das reintegrações efectivamente praticadas e aceites para efeitos fiscais") e às "existências" ("custo de aquisição ou de produção, eventualmente deduzido das provisões que devam ser constituídas de acordo com o respectivo regime fiscal"), parece-nos que vedava a oferta de outros activos. Porém, afigura-se-nos que o actual regime do mecenato a consente, muito embora esta matéria careça de clarificação.

Questionamo-nos, também, se há abertura legal para a oferta de bens que não sejam propriedade da empresa, ou melhor, que não estejam registados no seu activo. Referimo-nos à aquisição de um determinado bem, que não tem qualquer utilidade para a empresa, com o propósito de ser doado ao abrigo do mecenato. À partida, dir-se-ia que o valor da dedução corresponderia ao preço pago, no caso de o lapso temporal entre a compra e a oferta ser curto. Ainda assim temos dúvidas. Trata-se de um problema sensível, com repercussões nos planos contabilístico e fiscal. Considerando que a lógica dominante no quadro legal do mecenato assenta no reconhecimento de gastos no período de tributação, seria mais prudente conceder um donativo em dinheiro, de modo a que a entidade recipiente adquirisse directamente o bem em apreço, contornando, também, os problemas relacionados com os direitos de propriedade.

De facto, a ausência de especificação dos bens susceptíveis de serem doados, bem como de regras claras de avaliação, constitui uma séria limitação do regime do mecenato. Pode ser que a (premente) adaptação do EBF ao SNC dote esta matéria de maior rigor e consistência.

O objectivo geral da avaliação dos donativos em espécie é confinar a sua dedução fiscal à economia fiscal que gerariam se os bens não fossem doados. Assiste-se a uma preocupação desproporcionada com a "filantropia inflacionada" no lado de quem dá e a um esforço em garantir "avaliações mínimas" no lado de quem recebe. A avaliação dos activos recebidos obedece a regras, mas está, como vimos, isenta de supervisão. Sendo certo que este problema não se revela muito preocupante no caso de as entidades beneficiárias estarem previstas no regime do mecenato, parece-nos que é insustentável no que concerne às sociedades comerciais. A política fiscal não pode apenas proteger a receita fiscal, mostrando-se displicente em relação a outras questões, sobretudo quando pertencem ao campo do direito comercial.

5.8. O mecenato científico

O lapso temporal entre a data de publicação do Estatuto do Mecenato e do Estatuto do Mecenato Científico é indicativo da importância relativa da causa científica no nosso país. Está regulado autonomamente na Lei nº 26/2004, de 8 de Julho, que entrou em vigor em 1 de Janeiro de 2005, e que, como já foi mencionado, ainda subsiste, resistindo à fusão no EBF. Uma primeira nota bastante positiva sobre este diploma: foi alterado uma única vez, por via da Lei nº 67-A/2007, de 31 de Dezembro, que lhe aditou o art. 11º-A.

Nos termos do seu art. 1º, nº 1, o Estatuto do Mecenato Científico abriga incentivos não fiscais, previstos no art. 12º (capítulo III), e incentivos fiscais. Estes últimos concretizam-se através de benefícios fiscais em sede de IRS e de IRC, nos quais centraremos a nossa análise (capítulo II, composto pelos art. 8º a 11º-A). As pessoas singulares ou colectivas, de natureza pública ou privada, podem retirar vantagens fiscais dos donativos atribuídos a determinadas instituições enumeradas neste diploma, desde que se destinem "exclusivamente à realização de actividades de natureza científica ou à promoção de condições que permitam a sua realização". Estes donativos obedecem aos mesmos requisitos gerais dos donativos fiscais, podem revestir a forma de dinheiro ou espécie e não são cumuláveis com outros benefícios da mesma natureza.

Segundo o disposto na parte geral do Estatuto (capítulo I), o mecenato científico pode assumir várias modalidades: de projecto de investigação; de equipamento científico; de recursos humanos; de inovação ou aplicação industrial e para a divulgação científica (art. 2º). As entidades beneficiárias podem ser fundações, associações e institutos públicos ou privados; instituições de ensino superior, bibliotecas, mediatecas e centros de documentação e laboratórios do Estado, laboratórios associados, unidades de investigação e desenvolvimento, centros de transferência e centros tecnológicos, contanto que a sua actividade principal consista na realização de actividades científicas (art. 3º, nº 1). Parece-nos que o elenco de entidades referidas neste preceito não é taxativo, mas meramente enunciativo. Esta característica não se aplica às entidades consagradas, ainda que de forma ampla, no nº 2 do art. 3º: órgãos de comunicação social, no caso do mecenato para a divulgação científica, e empresas (singulares ou colectivas) que apoiem a inovação aplicada em contexto industrial, isto é, "a demonstração, em ambiente industrial, de resultados de investigação e desenvolvimento tecnológico, desde que tal demonstração assuma carácter inovador" (alínea e) do n.º 2 do art. 2º).

De acordo com o art. 5º, a relevância fiscal dos donativos está dependente de reconhecimento prévio, concretizado por um procedimento de acreditação, descrito pormenorizadamente no art. 6º, que culmina na emissão do certificado Ciência 2010 por cada donativo, concedido ou a conceder[157], pela Fundação para a Ciência e a Tecnologia (FCT)[158]. A decisão deste organismo deve ser comunicada às entidades mecenas e beneficiárias num prazo máximo de 30 dias a contar do pedido de acreditação, competindo-lhe ainda remeter, numa base anual, à Administração fiscal a lista de todos os certificados Ciência 2010 atribuídos. Desconhece-se, porém, o prazo de envio desta última comunicação (art. 6º).

Se a entidade beneficiária do donativo tiver uma natureza privada, impende uma obrigação adicional sobre a FCT: deverá emitir um parecer relativo à natureza científica da actividade desenvolvida por aquela e, em caso de avaliação positiva, remeter o requerimento de acreditação à tutela. Este processo burocrático justifica-se porque o pedido de aceitação destes donativos tem um tratamento diferenciado, estando sujeito a reconhecimento prévio por despacho conjunto dos Ministros das Finanças e da Ciência e do Ensino Superior, que determinará o respectivo prazo de validade (art. 7º).

São excluídos da categoria de mecenas as "pessoas, singulares ou colectivas, relativamente às quais a entidade beneficiária seja economicamente dependente, considerando-se como tal a titularidade de mais de 50% do capital da entidade beneficiária" (art. 4º, nº 2, alínea b)) e as pessoas que ocupem cargos de direcção ou de administração nas entidades beneficiárias. Esta segunda restrição revela algumas semelhanças com o regime do mecenato para a sociedade de informação, muito embora neste último seja mais limitativa, porquanto é aplicável aos titulares dos

---

[157] No caso dos donativos que ainda não foram atribuídos, deve o certificado Ciência 2010 fixar o respectivo prazo de validade (art. 5º, nº 3).
[158] Esta entidade foi designada pelo despacho nº 1593/2005, de 24 de Janeiro, da Ministra da Ciência, Inovação e Ensino Superior. Nos termos do nº 4 deste diploma, compete à FCT a elaboração e disponibilização no respectivo *site* do formulário de requerimento e do modelo oficial do certificado Ciência 2010.

órgãos sociais, que não se esgotam nos membros de direcção ou de administração.

As duas incompatibilidades mencionadas, que são condição suficiente para a recusa da acreditação, não se aplicam aos membros fundadores das entidades beneficiárias (art. 4º, nº 3). Não alcançamos as razões deste tratamento preferencial. Mas o que causa mais estranheza é o nº 5 desta norma, que veda o reconhecimento do mecenato recíproco e do mecenato em cadeia. Estes dois conceitos são indeterminados, novos na legislação fiscal e até na própria literatura económica. Aventamos que esta norma visa acautelar uma troca de donativos bilateral ou no seio de uma rede constituída por entidades beneficiárias e por mecenas, que, individual e concertadamente, poderiam actuar nessa dupla qualidade. Esta conclusão fundamenta-se no regime dos incentivos não fiscais, previsto no art. 12º, que se consubstancia na criação da rede nacional do mecenato científico (MECEN.PT), destinada à promoção e divulgação das acções mecenáticas.

A FCT, nos termos do art. 5º do despacho nº 1593/2005, de 24 de Janeiro, é responsável pela criação e manutenção de uma base de dados de livre acesso que integra, entre vários agentes, os mecenas. Os mecenas, membros desta rede, que mais se destaquem no âmbito do mecenato científico, podem ainda ser premiados publicamente (art. 12º, nº 4). Esta iniciativa mostra bem que o mecenato não tem forçosamente de ser exercido sob a capa do anonimato. A própria legislação portuguesa acompanha as novas tendências filantrópicas, conferindo incentivos (não fiscais) aos mecenas: a divulgação das acções apoiadas contribui activamente para o incremento da sua notoriedade pública.

Os benefícios fiscais que podem ser invocados pelos mecenas constam dos art. 8º (IRC) e 9º (IRS). Relativamente às pessoas colectivas e às pessoas singulares tributadas na categoria B[159], os donativos concedidos podem estar sujeitos ao limite de 8/1000 do volume de negócios. Este limite não se aplica às entidades donatárias previstas no art. 3º do Estatuto do Mecenato Científico que pertençam ao "Estado, às Regiões Autó-

---

[159] Note-se que, apesar de esta norma se direccionar aos titulares de rendimento da categoria B do IRS, a sua aplicação restringe-se aos que apuram o rendimento líquido desta categoria através da contabilidade organizada.

nomas e autarquias locais e a qualquer dos seus serviços, estabelecimentos e organismos, ainda que personalizados" (alínea a), nº 1 do art. 8º); a "associações de municípios e freguesias" (alínea b)), ou a "fundações em que o Estado, as Regiões Autónomas ou as autarquias locais participem no património inicial" (alínea c)). Com a ressalva das fundações de iniciativa exclusivamente privada, este elenco é decalcado do art. 62º, nº 1 do EBF. O Estatuto do Mecenato Científico preconiza a separação das instituições beneficiárias, consoante a natureza privada ou pública (ou semi-pública) do sujeito que as detém.

As majorações operam da mesma forma do que foi exposto anteriormente. Os gastos fiscais associados aos donativos relevam em 130%, ou em 140%, se forem "atribuídos ao abrigo de contratos plurianuais que fixem objectivos a atingir pelas entidades beneficiárias e os montantes a atribuir pelos sujeitos passivos" (art. 8º, nº 3).

No que se reporta ao IRS, o valor da dedução à colecta é fixado em 25% do donativo. Coerentemente com o regime aplicável aos sujeitos passivos de IRC, quando a natureza das entidades recipientes é privada, o efeito do donativo é limitado — a dedução à colecta pode representar, no máximo, 15% da colecta (art. 9º, nº 1). Não há qualquer sistema de majorações e, à semelhança do estipulado no EBF, a dedução à colecta em IRS funciona alternativamente à contabilização dos donativos como gastos do exercício.

Os donativos em espécie merecem um preceito privativo (art. 11º), o que se justifica pela complexidade que a sua avaliação envolve, agravada pela previsão expressa do mecenato de recursos humanos neste diploma. No que diz respeito aos sujeitos passivos de IRC, ou de IRS tributados na categoria B, sobreleva o valor fiscal dos bens. Esta norma foi inspirada no revogado Estatuto do Mecenato (art. 4º-A), que, tal como vimos, continha algumas imprecisões. Segundo o nº 1, parece que apenas são admitidos os donativos de bens pertencentes ao "activo imobilizado" ou à classe das "existências" (também neste diploma ainda não se procedeu à adaptação ao SNC). Em relação aos primeiros, faz-se ainda uma remissão (supérflua) para o regime fiscal das amortizações e depreciações, alertando para a denominada "perda da quota mínima", prevista do CIRC.

Para os sujeitos passivos de IRS que não exercem actividades empresariais ou profissionais, ou que, em caso afirmativo, os mesmos bens não lhes estejam afectos, o cálculo do valor dos bens doados é diferente.

Assim, para os sujeitos passivos de IRS que exerçam o direito ao benefício fiscal mediante a modalidade da dedução à colecta, o valor dos donativos em espécie corresponde ao custo de aquisição ou de produção, devidamente comprovado (art. 11º, nº 2). Estes bens não parecem estar confinados aos do activo acima apresentados, até porque, regra geral, estes contribuintes não dispõem de contabilidade organizada.

O mecenato de recursos humanos consubstancia-se na "cedência de investigadores e ou especialistas de uma entidade a outra, para o desenvolvimento, em exclusividade, de um projecto de investigação ou demonstração" (art. 2º, nº 2, alínea c)). A avaliação destes últimos, pelas razões já expostas, inclui um elevado grau de subjectividade, ficando mais vulneráveis a indesejáveis manipulações. De resto, a aceitação fiscal deste tipo de donativos configura uma excepção de grande relevo no actual regime do mecenato. Tudo leva a crer que apenas os sujeitos passivos com contabilidade organizada são passíveis de enquadramento neste tipo de mecenato, uma vez que o valor deste recurso cedido corresponde "aos encargos despendidos pela entidade patronal com a sua remuneração, incluindo os suportados para regimes obrigatórios de segurança social, durante o período da respectiva cedência" (art. 11º, nº 3). Afigura-se-nos que, malgrado a ausência de qualquer remissão e a autonomia dos diplomas, estas regras deveriam ser aplicadas ao cálculo dos donativos de formação e consultoria na área informática, concedidos no âmbito do mecenato para a sociedade de informação, regulado no art. 65º do EBF.

6. Conclusões Gerais

A prossecução do bem-estar geral compete, por comando constitucional, ao Estado. É conseguida através da transferência de recursos para certas áreas, agregando preferências e cobrando impostos para fazer face a essas despesas. Uma sociedade justa assenta num acordo colectivo que, pela via democrática, selecciona as políticas preferidas pelos cidadãos. O fenómeno eleitoral assegura a rotatividade dos decisores, espelhando a evolução dinâmica das escolhas privadas.

Tal não obsta a que o Estado apoie o desenvolvimento e a consolidação do terceiro sector. Com efeito, o âmbito do interesse social não se circunscreve ao exercício do poder governamental. Acolhe, também, uma sociedade civil vigorosa, que garanta a sua independência e convivência com os sectores público e de mercado. Daí que o Estado deva promover a prossecução do bem-estar por entidades que não se pautam por uma lógica mercantilista. Os bens e serviços oferecidos pelo sector público e pelo terceiro sector não são necessariamente substitutos, pelo que a discussão em torno da eficiência é recolocada no plano do financiamento indirecto ou directo do terceiro sector. Não está em causa o esvaziamento das funções do Estado, mas a forma de subsidiar o terceiro sector.

Anote-se que, mesmo que o Estado remeta para o terceiro sector algumas das suas funções sociais, permanece como um agente insubstituível na organização e vigilância da sociedade. Por exemplo, a definição e a supervisão da actuação das entidades que integram o terceiro sector e que usufruem de forma directa, ou indirecta, de financiamento público, impendem sobre o Estado. A sua intervenção exige uma opção prévia entre as transferências directas e o reconhecimento de benefícios fiscais aos agentes privados que consignam parte do seu rendimento, sob a forma de donativos, para aquelas entidades.

O direito fiscal não se reduz a um conjunto de normas que regulam a cobrança de impostos para fazer face à função financeira do Estado. Porém, a valência extrafiscal dos impostos, incluída no direito económico, é especificamente direccionada para a prossecução de objectivos económicos e sociais. Uma das virtualidades da extrafiscalidade é, justamente, influenciar as escolhas privadas. Neste contexto, em relação ao nível de donativos, sobressaem dois efeitos: o efeito rendimento e o efeito preço.

O resultado do primeiro é evidente: a carga fiscal contrai o rendimento disponível, com reflexos na redução do nível de donativos. No âmbito do segundo, a introdução de benefícios fiscais na concessão de donativos baixa o respectivo preço. Em Portugal, como na generalidade dos países, preconiza-se a dedutibilidade fiscal do donativo, pelo que a taxa efectiva de imposto reflecte a contribuição relativa do Estado, funcionando como uma aproximação à despesa fiscal. Concedendo um incentivo fiscal aos mecenas e, portanto, um subsídio indirecto às entidades recipientes, o preço do donativo diminui, aumenta a "quantidade procurada" e, assim, o montante agregado de donativos destinado às entidades do terceiro sector[160].

No IRC, a subtracção dos donativos ao rendimento tributável corporiza a parte mais substancial do benefício fiscal. As majorações reconhecidas ao valor dedutível dos donativos preenchem o remanescente. Este sistema de plafonamento, aliado às limitações de dedutibilidade, constitui uma forma de intervenção directa do Estado no financiamento indirecto do terceiro sector. É um instrumento de sinalização pública que permite moldar a configuração e a dimensão do terceiro sector. Mais uma vez ressalta a proeminência do papel do Estado, pelo que os argumentos da corrente que milita a favor das transferências directas, com base no ónus inalienável do Estado em promover o interesse público, esbatem-se.

---

[160] Não obstante, para além de, normalmente, a taxa efectiva só ser determinada pelo sujeito passivo no final do exercício, as limitações materializadas pelo volume de vendas e pelo mecanismo previsto no art. 92º do CIRC dificultam o apuramento do preço do donativo no momento da respectiva atribuição.

Assim, na hipótese de aceitação fiscal dos donativos, elevadas taxas efectivas de IRC favorecem a política mecenática da empresa. Mas o nível de donativos também é influenciado pela fixação de "tectos máximos" de dedutibilidade. Esta imposição legal encontra eco nas grandes disparidades entre o rendimento dos contribuintes. Procura atenuar a vantagem fiscal associada aos donativos àqueles que mais rendimentos auferem, já que podem utilizar esta via para reduzir substancialmente a sua carga fiscal. A par disto, urge reprimir o paternalismo filantrópico, que deriva de os contribuintes de elevados rendimentos canalizarem os seus donativos para causas da sua preferência e, simultaneamente, beneficiarem dos mesmos incentivos fiscais que os de baixos rendimentos, com a peculiaridade de serem mais bem "aproveitados". Caso contrário, o terceiro sector seria formado de acordo com os gostos de uma minoria, que, por dispor de mais rendimento, teria maior representatividade, com efeitos no agravamento do défice democrático. Seria desejável estabelecer um benefício fiscal que diminuísse à medida que o rendimento do filantropo aumenta.

No IRS, que, embora de forma não pura, assenta num sistema de taxas progressivas, este problema seria maior, caso os donativos, em vez de uma dedução à colecta, constituíssem uma dedução ao rendimento. Subsistem, porém, os efeitos da regra do CIRS da não solidariedade dos exercícios fiscais. Daqui resulta que, em vez de uma dedução à colecta, deveria haver um crédito de imposto reportável para anos subsequentes, que se reduziria à medida que o rendimento aumentasse, garantindo que os contribuintes de rendimentos mais baixos pudessem beneficiar do incentivo.

No IRC, fruto do regime de reporte de prejuízos, a dedutibilidade dos donativos opera por um período máximo de quatro anos. Ou seja, o problema da expulsão dos contribuintes de baixos rendimentos do espectro deste benefício fiscal só se coloca findo este prazo. Porém, neste modelo, mantém-se o problema de os sujeitos passivos com taxas efectivas maiores extraírem um benefício superior. Uma forma de contornar este efeito consiste na criação de uma dedução fixa por cada unidade monetária doada, subsidiando os contribuintes de forma igualitária.

Na ausência de progressividade do benefício, os limites de dedutibilidade desempenham um papel determinante. Na legislação portuguesa, o art. 61º do EBF qualifica os donativos empresariais como gasto fiscal, preenchidos que estejam determinados pressupostos (nomeadamente o seu carácter de liberalidade), destinados a certas actividades prosseguidas pelas entidades, públicas ou privadas, elencadas no art. 62º do mesmo diploma. Apesar de serem gastos fiscais e de lhes ser aplicável um sistema de majorações, a dedutibilidade dos donativos encontra limites não só no EBF e no Estatuto do Mecenato Científico, como no art. 92º, nº 2, alínea b) do CIRC. Os donativos são despesas fiscais que carecem de quantificação por imposição legal. É natural que a redução da receita fiscal, suportada para incentivar comportamentos filantrópicos, não seja irrestrita.

Por razões de equidade e assegurando o controlo da despesa fiscal, fixam-se valores máximos de dedutibilidade, tanto por via directa, em função do volume de vendas[161], como por via indirecta, em função do IRC liquidado (art. 92º do CIRC). A protecção da receita fiscal está bem vincada na arquitectura legal do regime do mecenato. Note-se que não estabelece limites à dedutibilidade dos donativos concedidos às entidades públicas. Compreende-se a preservação da receita fiscal, mas coloca o Estado num plano superior, subvertendo o espírito que fundamenta o regime do mecenato: o reforço do terceiro sector.

O Estado escalona os incentivos fiscais de molde a drenar os donativos para as áreas mais carenciadas e relevantes, sob o ponto de vista do interesse público, e a promover a igualdade na subsidiação dos filantropos. Ao fixar limites de dedutibilidade, para além de coarctar excessivos aproveitamentos fiscais, obriga a diversificar as preferências dos contribuintes que, para maximizarem o seu aforro fiscal, têm de distribuir os seus donativos por várias entidades.

De todo o modo, "tectos baixos" limitam consideravelmente o incentivo fiscal à atribuição de donativos, anulando o efeito preço acima de um determinado montante. Acresce que, visto noutro ângulo, este desiderato retira força ao argumento do pluralismo, prestando tributo à opção pelas transferências directas. Esta discriminação viola a ideia de que a escolha do recipiente não deve ser influenciada pela magnitude dos incentivos

---

[161] À partida, deveria ser o resultado líquido antes de impostos a servir de referência para efeitos de limitação da aceitação fiscal dos donativos em sede de IRC. Mas esta opção defronta-se com o problema de esta variável assumir valores negativos.

fiscais: o quadro legal deve ser desenhado tendo em conta as características do doador e o grau de interesse público da actividade desenvolvida pelo beneficiário.

Mas o problema da equidade não se queda por aqui. Consagrar uma dedução ao rendimento tributável para garantir a igualdade horizontal é uma abordagem que pressupõe que as despesas associadas aos donativos não são discricionárias. De facto, na hipótese de os donativos contribuírem para a formação do lucro tributável, a sua dedução fiscal torna-se perfeitamente legítima. Estaria em causa, tão-somente, a aferição da capacidade contributiva do sujeito passivo, determinando o rendimento líquido sujeito a imposto. Contudo, a legislação fiscal recusa um interesse económico dominante nas motivações que movem a actividade mecenática.

A tributação do rendimento pode ser vista como uma porção contributiva do agente económico que participa na economia de mercado, fazendo jus à expressão "contribuinte". Ora, ao conceder donativos, colabora na prossecução do bem-estar geral. Deverá o mecenas comportar a mesma carga fiscal do que outro sujeito passivo que não concede donativos? Esta perspectiva transporta-nos para outra dimensão do problema da equidade – a determinação do rendimento do filantropo que deve estar sujeito a imposto –, sustentando a dedutibilidade fiscal dos donativos.

Esta linha argumentativa centra-se nas externalidades positivas da filantropia. Com efeito, há benefícios que fluem dos donativos que não se destinam exclusivamente aos agentes que os concedem. À semelhança do que acontece com os bens públicos oferecidos pelo Estado, os donativos favorecem comportamentos *free-rider*, porquanto há vantagens comuns, impossíveis de separar e de afectar unicamente a quem contribui. Descontando as contribuições dos que retiram satisfação pessoal do acto de doar, este fenómeno poderá ter repercussões na diminuição dos donativos. Daí o incentivo fiscal à concessão de donativos.

Sob outro prisma, reconhece-se um prémio ao mecenas pelo sacrifício suportado em abdicar do seu bem-estar pessoal. Recentrando assim a questão, é legítimo questionar qual a racionalidade associada à relevância fiscal da generosidade. Recompensar monetariamente o mérito da generosidade, por meio de uma contrapartida fiscal, contradiz, e pode anular, a virtude e a dignidade inscritas no seu código genético.

Esta ordem de razões gravita em torno das motivações do acto filantrópico. Se da concessão de donativos resultar um sacrifício em favor do bem-estar dos outros, justifica-se um benefício fiscal. Por outra banda, se da filantropia advier satisfação, ou outro tipo de benefícios, os donativos reconduzem-se a uma decisão de alocação do rendimento disponível tendo em conta as preferências de consumo do contribuinte. Esta perspectiva tem mais aplicação aos donativos singulares, uma vez que, na doutrina e na jurisprudência, as organizações, na sua qualidade de construções artificiais, são incapazes de retirar a satisfação emocional que anima o altruísmo do filantropo individual, ou de ter os valores morais dos indivíduos. Justificar o benefício fiscal como uma recompensa pela renúncia em prol dos outros, para além de ser problemático sob o ponto de vista conceptual, pode ter o efeito perverso de não estimular os donativos, por ofender os filantropos intrinsecamente altruístas.

Mesmo que não se consiga responder a todas as questões, avulta aprofundar o conhecimento da filantropia empresarial, concretizada pela atribuição de donativos mecenáticos, identificando os factores que a influenciam. Os resultados empíricos apontam para a existência de uma relação positiva significativa entre a taxa efectiva de imposto e o montante de donativos concedidos pelas empresas portuguesas. Dado que, em todos os modelos estimados, a variável fiscal surge relacionada com o nível de donativos, julgamos que a sua atribuição não é feita exclusivamente por razões de maximização de lucros. Os resultados obtidos corroboram a fixação de limites legais à dedutibilidade dos donativos em sede de IRC, comprimindo o grau de discricionariedade dos gestores.

A cidadania organizacional não deve ser imposta, mas deve ser fomentada. A concessão de donativos não a preenche na totalidade, mas é um elemento nuclear. Note-se que a prossecução directa do interesse público pelas empresas, para além de se defrontar com limitações no plano da capacidade legal das sociedades comerciais e de vaticinar um aumento da conflitualidade, por via do agravamento dos problemas de agência, poderia ser vista como uma transferência exagerada de poderes. Um sistema tripartido, em que o sector privado fornece recursos, o sector público influencia a respectiva afectação e partilha os seus custos e o terceiro sector tem o ónus de os gerir, sob a lente do interesse público, suaviza o problema da legitimidade democrática já apontado.

No plano da regulamentação legal, irrompem várias questões que devem ser ponderadas na definição da relevância fiscal dos donativos. Separá-las-emos em dois grupos distintos: um referente às entidades donatárias, outro relativo às contribuidoras.

As entidades beneficiárias devem canalizar todos os seus recursos para a prossecução do interesse colectivo, o que requer uma vigilância pública regular e continuada. O cumprimento das obrigações a que os recipientes estão adstritos deve ser rigorosamente supervisionado, sob pena de alguns subverterem a missão que lhes foi confiada pela Administração pública e pelo próprio sector privado.

Do lado dos mecenas, compreender se a concessão de donativos segue o modelo da maximização de lucros, ou o modelo da utilidade dos gestores, é uma tarefa complexa e, porventura, inconclusiva. Pelos resultados que obtivemos parece ser o segundo, dada a relação significativa que os donativos estabelecem com a taxa de imposto.

Porém, tal como já foi mencionado, não se trata de modelos verdadeiramente dicotómicos. Tradicionalmente, no âmago deste debate, têm pontificado os problemas de agência e a ausência de dimensão espiritual das pessoas colectivas. O seu contributo para a afirmação da filantropia empresarial na literatura económica é inquestionável, mas, paulatinamente, têm vindo a ser secundarizados pelos estudos mais recentes.

A versão mais pura do modelo da maximização da utilidade dos gestores afasta os efeitos positivos da filantropia para a própria empresa, centrando-se exclusivamente na satisfação pessoal dos gestores, cuja contrapartida são os direitos dos sócios. Daqui decorrem custos de agência.

O modelo da maximização dos lucros equaciona os donativos como despesas que concorrem, a par com outras despesas ordinárias, para a formação de rendimento, negligenciando a abnegação e os seus impactos sociais. A literatura mais recente sobre a filantropia empresarial tem vindo a destacar que é possível aglutinar as motivações altruístas e interesseiras. Tem acentuado que os benefícios sociais e empresariais não são mutuamente exclusivos, subalternizando as objecções da teoria da agência.

De facto, a filantropia tem expressado tendências para exceder a mera generosidade. Contribui para o bem-estar geral e, simultaneamente, projecta-se na melhoria da performance de longo prazo da empresa. A própria análise da performance da empresa tem-se deslocado de uma abordagem estritamente económico-financeira para uma lógica holística e integrada, em que figura invariavelmente a performance social, com especial enfoque na gestão dos stakeholders. Apesar de não ser directamente observável e de ser um fenómeno multidimensional, a performance social é inferida por vários vectores, o que leva as empresas a realizar investimentos, tais como donativos, para aumentar os níveis de envolvimento e de comprometimento dos stakeholders.

Evocando que as organizações são ficções legais moralmente neutras, algumas correntes defendem que deveriam ser os sócios, autonomamente, a concretizar a sua própria filantropia. Porém, esperar que os sócios contribuíssem individualmente, depois de distribuídos os lucros, incorria-se no risco de os donativos diminuírem. A premissa de os donativos empresariais serem superiores ao somatório dos donativos individuais dos sócios, financiados por via da distribuição de lucros, é uma razão pragmática que tem contribuído para a legitimação da filantropia empresarial.

A legislação comercial portuguesa determina que as sociedades comerciais têm personalidade jurídica e são titulares do património social. Trata-se de um património autónomo do dos sócios, que não se confunde com a sua participação social que, por seu turno, lhes confere um conjunto de direitos perante a sociedade.

Os gestores determinam a política mecenática da empresa, a melhor opção concebível num cenário em que os programas filantrópicos operam como tácticas próprias de um quadro estratégico organizacional e, ainda que implicitamente, originam benefícios para a organização. A trajectória no sentido da profissionalização e da descentralização da actividade filantrópica, autonomizando-se das preferências pessoais dos gestores e suprimindo os problemas de agência, confere realismo a esta solução. Tal não exclui que os gestores, por natureza, mais sensíveis à filantropia, sejam mais propensos a incorporar esta actividade nas organizações que comandam.

Quando os benefícios para a empresa não são tão notórios, vislumbrando-se a possibilidade real de, à custa dos recursos da empresa, os gestores obterem vantagens pessoais com a actividade filantrópica, então, a decisão do montante de donativos a conceder deve estar sujeita a regras especiais. À semelhança de grande parte das deliberações da gestão, pode ser feito um teste à razoabilidade dos donativos (montante e destinatário) em sede de assembleia geral. Caso se conclua pela excessiva permeabilidade dos donativos face aos interesses pessoais dos gestores, colidindo com o interesse social, pode-se, estatutariamente, consagrar um valor máximo sob a competência daqueles, ou, inclusivamente, subtrair-lhes esta função em absoluto.

Assim, mais do que identificar plenamente as motivações que determinam a concessão de donativos, os modelos da maximização dos lucros e da utilidade dos gestores fornecem perspectivas opostas sobre a relevância fiscal os donativos. São úteis para o recorte do regime fiscal dos donativos. Repita-se que, aceitando-se o modelo da utilidade dos gestores, defende-se a ausência de dedutibilidade fiscal dos donativos. Será que é razoável admitir que as despesas associadas aos donativos são computáveis no lucro tributável, em função de um critério polarizado? O motivo endémico do filantropo é impossível de descortinar e, à partida, resulta de uma amálgama de factores que variam com o meio envolvente. Esta profusão inviabiliza o agrupamento das motivações em dois conjuntos que possam ser contrapostos com nitidez e segurança.

A perspectiva fiscal aderiu à tese que sanciona que os donativos mecenáticos resultam do rendimento obtido e não contribuem para a sua formação. Neste aspecto, é muito diferente de uma despesa ordinária, cuja indispensabilidade é aferida considerando a sua ligação ao escopo lucrativo da empresa. Se a regra aplicável aos encargos não dedutíveis é a existência de uma disposição legal expressa que faz precludir a sua relevância fiscal, no caso dos donativos mecenáticos, é precisamente a consagração explícita de um benefício fiscal que os inclui no balanço fiscal.

Na eventualidade de os donativos corresponderem a despesas discricionárias que concorrem exclusivamente para a satisfação pessoal dos gestores, o regime fiscal dos donativos teria, inexoravelmente, que recusar a sua aceitação.

Existem plúrimas condutas dos gestores que expressam o seu oportunismo, sendo impraticável regulá-las na globalidade. Atente-se, por exemplo, na rede privilegiada de contactos granjeados pelos gestores no desempenho das suas funções profissionais. Deste caso não resultam gravosos efeitos fiscais, pelo que não tem de ser disciplinado pela lei fiscal. Contrariamente, existem determinados gastos inscritos na contabilidade, cuja natureza híbrida impossibilita uma clara afectação aos interesses pessoais ou, em alternativa, às necessidades empresariais. Por regra, em cúmulo à respectiva dedutibilidade fiscal, prescreve-se a sua tributação autónoma, tal como acontece com as despesas de representação. Mas, se os donativos materializam apenas as preferências de consumo dos gestores, o seu tratamento fiscal deveria ser óbvio e simples, amputando-lhes a relevância fiscal.

Neste contexto, indagamo-nos: se os donativos forem a expressão dos interesses dos gestores, poderá a legislação fiscal admiti-los, ou, pior, incentivá-los?

A resposta a esta ambiguidade pode ser esboçada considerando vários factores. Desde logo, importa ressaltar que não está em causa aferir a capacidade contributiva da empresa, daí que o regime do mecenato seja erigido em torno de um sistema de benefícios fiscais. Note-se que, no âmbito do CIRC, os donativos não são dedutíveis para efeitos fiscais, o que presta tributo ao modelo da utilidade dos gestores.

A relevância fiscal dos donativos é conferida por meio da estatuição de benefícios fiscais. Fruto do contributo das entidades do terceiro sector para a satisfação das necessidades colectivas, não se vê qualquer óbice a que o Estado conceda um subsídio indirecto aos destinatários do donativo, do qual dimana, secundariamente, um benefício fiscal para o filantropo.

Os benefícios fiscais associados aos donativos mecenáticos não provêm da condescendência dos decisores públicos. O Estado é investido, por vários preceitos constitucionais, na missão de prosseguir determinados fins económicos e sociais. Pode fazê-lo quer directa, quer indirectamente, o que fundamenta que o regime do mecenato assente num sistema de benefícios fiscais, criando uma excepção ao sistema de tributação-regra. Naturalmente que a amplitude normativa da CRP não se compadece com uma delimitação precisa dos contornos do regime do mecenato, remetendo para os decisores públicos a sua concretização e emprestando-lhes uma autonomia considerável ao nível da fixação dos benefícios, o que, infelizmente, se tem reflectido em excessivas alterações legislativas.

Não obstante, repensando esta questão sob uma lógica compósita e indissociável, isto é, considerando o sistema fiscal como um todo, subsiste o problema de a lei fiscal portuguesa permitir a dedução dos donativos ao rendimento tributável.

Atente-se que respigar as motivações subjacentes ao mecenato, caso a caso, seria uma tarefa penosa, desproporcionada e, ao nível prático, inconclusiva. É crível que um donativo, individualmente considerado, não corresponda a uma realidade homogénea. Um donativo isolado pode ser fundado em razões altruístas e simultaneamente económicas, ideia inculcada pela filantropia estratégica. Seria excessivo e desajustado separar o donativo em partes, identificando a porção adstrita à formação do rendimento, que seria dedutível, e a que é desconexa com aquela variável, que seria eliminada do balanço fiscal. Este esforço, para além de burocratizante e oneroso, favoreceria a conflitualidade, na medida em que o exercício especulativo que demanda fragiliza a segurança jurídica, projectando-se no aumento dos litígios entre os contribuintes e a Administração fiscal.

Ademais, será que a concessão de donativos exerce um magnetismo tão pronunciado nos gestores como outras despesas, tais como as viaturas de luxo e outras vantagens acessórias, claramente mais sintomáticas do seu oportunismo? Poderão ser, no limite, benefícios colaterais, porventura menos expressivos do que outros meios que acarretam reconhecimento social. A eventual confusão entre as esferas pessoal e empresarial é acautelada, não por tributações autónomas, mais vocacionadas para a penalização de certos comportamentos, mas por limites à dedutibilidade.

Enunciando o problema nestes termos, a solução adoptada parece conformar-se com a resignação perante a impossibilidade de apurar os motivos que, intrinsecamente, estão na base dos donativos. Qual a objectividade de um critério discriminativo entre um voluntarismo endógeno e um interesse implícito? A hesitação em torno da adesão plena a um dos modelos afigura-se-nos adequada. Os dois modelos confluem no actual regime do mecenato.

Desta forma, contorna-se a valoração da racionalidade económica associada à concessão de donativos, transportando a questão para a relevância social de um comportamento. Na mira da lei fiscal está uma conduta que beneficie as actividades desenvolvidas pela entidade recipiente e que não aportem "contrapartidas que configurem obrigações de carácter pecuniário ou comercial"[162]. No caso de se admitirem benefícios direc-

---

[162] Note-se que, tal como vimos, o *direito circulatório* é renitente em desqualificar os donativos cujas contrapartidas não são predominantes, ou seja, que não desvirtuam o *animus donandi* do mecenas. Esta relutância é compatível com a polivalência de motivos que determinam a filantropia e reflecte que a visão da Administração fiscal em torno da actividade mecenática não

tos associados aos donativos, a discussão recentrar-se-ia nos encargos dedutíveis admitidos pelo CIRC, acantonando-os, a par com outras despesas imprescindíveis à actividade da empresa, no catálogo dos gastos com qualificação fiscal em sede de IRC. A solução de compromisso preconizada pelo regime do mecenato repudia a obtenção de uma contrapartida material preponderante e, simultaneamente, limita os efeitos fiscais dos donativos.

No plano dos princípios que enformam o regime fiscal do mecenato, concluímos, em face dos resultados que obtivemos, pela respectiva razoabilidade. No que se reporta ao plano formal[163], fomos evidenciando no capítulo anterior algumas das suas fragilidades e iniquidades. Sinopticamente, em sede de IRC, destacamos as seguintes:

1) a formulação labiríntica de algumas normas e o emprego de conceitos novos carecem de clarificação;
2) as razões do exclusivismo do regime do mecenato para a sociedade de informação em relação a algumas entidades não são descortináveis;
3) a especificação e a avaliação dos donativos em espécie são ambíguas e incompletas;
4) as excepções previstas para a dedutibilidade dos serviços de formação e consultoria informáticas e para o "regime de incompatibilidades" aplicável aos órgãos de gestão, no mecenato para a sociedade de informação, e, bem assim, para o mecenato de recursos humanos no Estatuto do Mecenato Científico, são incoerentes com as outras modalidades mecenáticas;
5) a legislação avulsa sobre o valor fiscal dos donativos concedidos a determinadas entidades, impregnando esta matéria de adendas, para além de ser uma forma arcaica de tratar os benefícios fiscais,

---

está cristalizada, mostrando-se sensível aos moldes abrangentes e às delimitações imprecisas deste fenómeno. Mas há sempre um limite intransponível e que perpassa transversalmente a doutrina: mesmo louvados nos benefícios sociais gerados pelo mecenato, seria inconcebível subsidiar verdadeiras despesas de marketing.

[163] Encontrámos dois lapsos do legislador que, em abono do rigor, devem ser corrigidos no texto legal: o art. 62º, nº 12 do EBF faz uma remissão para o art. 64º, quando pretende referir-se ao art. 65º (mecenato para a sociedade de informação), e o art. 65º, nº 1 do EBF remete para o nº 6 do art. 61º e, na verdade, refere-se ao nº 6 do art. 62º.

subtrai as almejadas consistência, transparência e simplicidade ao regime fiscal dos donativos condensado no EBF e no Estatuto do Mecenato Científico;
6) as razões que determinam a exigência de reconhecimento prévio a alguns donativos não são perceptíveis;
7) a natureza jurídica de algumas entidades beneficiárias é difícil de delimitar, o que dificulta o seu enquadramento no regime do mecenato e, por conseguinte, a identificação dos limites e das majorações aplicáveis;
8) a legislação específica sobre algumas entidades, que não constam expressamente do regime do mecenato, atribui-lhes o estatuto de recipientes de donativos e, noutros casos, sendo omissa em relação aos donativos, aquele regime confere-lhes essa categoria;
9) a miscigenação dos vários domínios de intervenção das entidades recipientes (social, cultural, ambiental, desportivo, educacional e científico) comporta dificuldades na determinação da actividade predominante, com impacto na selecção da majoração aplicável;
10) o ritual de procedimentos burocráticos que vinculam as entidades recipientes é complexo e, caso não seja observado, frustra os benefícios fiscais na esfera dos mecenas;
11) não se vislumbram as razões para a falta de adaptação do regime do mecenato ao regime simplificado;
12) o requisito da residência em território nacional da entidade beneficiária pode ofender o princípio da não discriminação, contrariando as disposições comunitárias.

BIBLIOGRAFIA

ACKERMAN, S.R., 1982, "Charitable Giving and «Excessive» Fundraising", *The Quarterly Journal of Economics*, 97, pp. 193-212.

ACKERMAN, S.R., 1996, "Altruism, Nonprofits and Economic Theory", *Journal of Economic Literature*, 34, pp. 701-728.

ADAMS, M., HARDWICK, P., 1998, "An Analysis of Corporate Donations: United Kingdom Evidence", *Journal of Management Studies*, 35, pp. 641-654.

ALMEIDA, A.P., 2008, *Sociedades Comerciais e Valores Mobiliários*, Coimbra Editora, Coimbra.

AMAESHI, K.M., Adi, B., 2007, "Reconstructing the Corporate Social Responsibility Construct in *Utlish*", *Business Ethics: A European Review*, 16, pp. 3-18.

AMORIM, J.P., 2007, "A Liberdade de Empresa", in *Nos 20 Anos do Código das Sociedades Comerciais, Homenagem aos Profs. Doutores A. Ferrer Correia, Orlando de Carvalho e Vasco Lobo Xavier*, Volume II, Coimbra Editora, Coimbra, 2007, pp. 849-929.

ANDREONI, J., 1989, "Giving with Impure Altruism: Applications to Charity and Ricardian Equivalence", *Journal of Political Economy*, 97, pp. 1447-1458.

ANDREONI, J., 1990, "Impure Altruism and Donations to Public Goods: A Theory of Warm-Glow Giving", *The Economic Journal*, 100, pp. 464-477.

ANDREONI, J., 2006, "Philanthropy", in Kolm, S-C., Ythier, J. M., *Handbook of the Economics of Giving, Altruism and Reciprocity, Applications, Volume II*, North-Holland, 2006, pp. 1201-1269.

ARNOVE, R., PINEDE, N., 2007, "Revisiting the «Big Three Foundations»", *Critical Sociology*, 33, pp. 389-425.

ARRONDEL, L., MASSON, A., 2006, "Altruism, Exchange or Indirect Reciprocity: What Do the Data on Family Transfers Show?", in Kolm, S-C., Ythier, J. M., *Handbook of the Economics of Giving, Altruism and Reciprocity, Applications*, Volume II, North-Holland, 2006, pp. 971-1053.

ARULAMPALAM, W., STONEMAN, P., 1995, "An Investigation into the Givings by Large Corporate Donors to UK Charities: 1979-86", *Applied Economics*, 27, pp. 935-945.

BAE, J., CAMERON, G.T., 2006, "Conditioning Effect of Prior Reputation on

Perception of Corporate Giving", *Public Relations Review*, 32, pp. 144-150.

BARDSLEY, N., SUGDEN, R., 2006, "Human Nature and Sociality in Economics", in Kolm, S-C., Ythier, J. M., *Handbook of the Economics of Giving, Altruism and Reciprocity, Foundations*, Volume I, North-Holland, 2006, pp. 731-768.

BARNETT, M.L., SALOMON, R.M., 2006, "Beyond Dichotomy: The Curvilinear Relationship between Social Responsibility and Financial Performance", *Strategic Management Journal*, 27, pp. 1101-1122.

BARRETT., K.S., 1991, "Panel-Data Estimates of Charitable Giving: A Synthesis of Techniques", *National Tax Journal*, 44, pp. 365-381.

BEDNALL, D.H.B., WALKER, D.C., LEROY, H., 2001, "Business Support Approaches for Charities and Other Nonprofits", *International Journal of Nonprofit and Voluntary Sector Marketing*, 6, pp. 172-187.

BERGLIND, M., NAKATA, C., 2005, "Cause-Related Marketing: More Buck than Bang?", *Business Horizons*, 48, pp. 443--453.

BERGSTROM, T.C., 2006, "Natural Kantian or Zoo Economicus? Evolutionary Theories of Selfishness and Altruism among Men and Beasts", in Kolm, S-C., Ythier, J. M., *Handbook of the Economics of Giving, Altruism and Reciprocity, Foundations*, Volume I, North-Holland, 2006, pp. 771-817.

BERMAN, S.L., WICKS, A.C., KOTHA, S., JONES, T.M., 1999, "Does Stakeholder Orientation Matter? The Relationship between Stakeholder Management Models and Firm Financial Performance", *Academy of Management Journal*, 42, pp. 488-506.

BILODEAU, M., STEINBERG, R., 2006, "Donative Nonprofit Organizations", in Kolm, S-C., Ythier, J. M., *Handbook of the Economics of Giving, Altruism and Reciprocity, Applications*, Volume II, North-Holland, 2006, pp. 1271-1333.

BIN, O., EDWARDS, B., 2009, "Social Capital and Business Giving to Charity Following a Natural Disaster: An Empirical Assessment", *The Journal of Socio-Economics*, 38, pp. 601-607.

BLAIR, M.M., 1998, "A Contractarian Defense of Corporate Philanthropy", *Stetson Law Review*, 28, pp. 27-49.

BOATSMAN, J.R., GUPTA, S., 1996, "Taxes and Corporate Charity: Empirical Evidence from Micro-level Panel Data", *National Tax Journal*, 49, pp. 193-213.

BRAMMER, S., MILLINGTON, A., PAVELIN, S., 2006, "Is Philanthropy Strategic? An Analysis of the Management of Charitable Giving in Large UK Companies", *Business Ethics: A European Review*, 15, pp. 234-245.

BRAMMER, S., MILLINGTON, A., 2003a, "The Effect of Stakeholder Preferences, Organizational Structure and Industry Type on Corporate Community Involvement", *Journal of Business Ethics*, 45, pp. 213-226.

BRAMMER, S., MILLINGTON, A., 2003b, "The Evolution of Corporate Charitable Contributions in the UK between 1989 and 1999: Industry Structure and Stakeholder Influences", *Business Ethics: A European Review*, 12, pp. 216--228.

BRAMMER, S., MILLINGTON, A., 2004, "The Development of Corporate

Charitable Contributions in the UK: A Stakeholder Analysis", *Journal of Management Studies*, 41, pp. 1411-1434.

BRAMMER, S., MILLINGTON, A., 2005a, "Corporate Reputation and Philanthropy: An Empirical Analysis", *Journal of Business Ethics*, 61, pp. 29-44.

BRAMMER, S., MILLINGTON, A., 2005b, "Profit Maximization vs. Agency: An Analysis of Charitable Giving by UK Firms", *Cambridge Journal of Economics*, 29, pp. 517-534.

BRAMMER, S., MILLINGTON, A., 2006, "Firm Size Organizational Visibility and Corporate Philanthropy: An Empirical Analysis", *Business Ethics: A European Review*, 15, pp. 6-18.

BRAMMER, S., PAVELIN, S., 2005, "Corporate Reputation and an Insurance Motivation for Corporate Social Investment", *Journal of Corporate Citizenship*, 20, pp. 39-51.

BRAMMER, S., PAVELIN, S., 2006, "Corporate Reputation and Social Performance: The Importance of Fit", *Journal of Management Studies*, 43, pp. 435-455.

BRAMMER, S., PAVELIN, S., PORTER, L., 2009, "Corporate Charitable Giving, Multinational Companies and Countries of Concern", *Journal of Management Studies*, 46, pp. 575-596.

BRÁS CARLOS, A.F., 2008, *Impostos – Teoria Geral*, 2ª Edição, Almedina, Coimbra.

BROWN, W.O., HELLAND, E., SMITH, J.K., 2006, "Corporate Philanthropy Practices", *Journal of Corporate Finance*, 12, pp. 855-877.

BRUCH, H., WALTER, F., 2005, "The Keys to Rethinking Corporate Philanthropy", *MIT Sloan Management Review*, 47, pp. 49-55.

BRUDNEY, V., Ferrell, A., 2002, "Corporate Charitable Giving", *The University of Chicago Law Review*, 69, pp. 1191-1218.

BRUYN, S.T., 1999, "The Moral Economy", *Review of Social Economy*, LVII, pp. 25-46.

BUCHHOLTZ, A.K., AMASON, A.C., RUTHERFORD, M.A., 1999, "Beyond Resources: The Mediating Effects of Top Management Discretion and Values on Corporate Philanthropy", *Business and Society*, 38, pp.167–87.

BURLINGAME, D.F., SMITH, C., 1999, "The Future of Corporate Giving", *New Directions for Philanthropic Fundraising*, 26, pp. 59-78.

CAIN, J.E., CAIN, A.S., 1985, "An Economic Analysis of Accounting Decision Variables Used to Determine the Nature of Corporate Giving", *Quarterly Journal of Business and Economics*, Autumn, pp. 15-28.

CAMPANIÇO, J.P., 2002, Regime Fiscal dos Donativos – Aplicação do Estatuto do Mecenato em Sede de IRS e IRC, Vida Económica, Porto.

CAMPBELL, D., MOORE, G., METZGER, M., 2002, "Corporate Philanthropy in the U.K. 1985-2000: Some Empirical Findings", *Journal of Business Ethics*, 39, pp. 29-41.

CAMPBELL, J.L., 2006, "Institutional Analysis and the Paradox of Corporate Social Responsibility", *American Behavioral Scientist*, 49, pp. 925-938.

CAMPBELL, J.L., 2007, "Why Would Corporations Behave in Socially Responsive Ways? An Institutional Theory of Corporate Social Responsibility", *Academy of Management Review*, 32, pp. 946-967.

CAMPBELL, L., GULAS, C.S., GRUCA, T.S., 1999, "Corporate Giving Behavior and Decision-Maker Social Consciousness", *Journal of Business Ethics*, 19, pp. 375-383.

CARDIA, S.M., 2006, "Em Torno do Conceito de Laicismo", in *Estudos Jurídicos e Económicos em Homenagem ao Prof. Doutor António de Sousa Franco, Volume II*, Edição da Faculdade de Direito da Universidade de Lisboa, Coimbra Editora, Coimbra, 2006, pp. 927-934.

CARNEIRO DA FRADA, M.A., 2007, "A Business Judgement Rule no Quadro dos Deveres Gerais dos Administradores", in *Nos 20 Anos do Código das Sociedades Comerciais, Homenagem aos Profs. Doutores A. Ferrer Correia, Orlando de Carvalho e Vasco Lobo Xavier*, Volume III, Coimbra Editora, Coimbra, 2007, pp. 207-248.

CARROLL, A.B., 1979, "A Three Dimensional Model of Corporate Performance", *Academy of Management Review*, 4, pp. 497-505.

CARROLL, A.B., 1991, "The Pyramid of Corporate Social Responsibility: Toward the Moral Management of Organizational Stakeholders", *Business Horizons*, 34, pp. 39-48.

CARROLL, A.B., 1999, "Corporate Social Responsibility, Evolution of a Definitional Construct", *Business and Society*, 38, pp. 268-294.

CARROLL, R., JOULFAIAN, D., 2005, "Taxes and Corporate Giving to Charity", *Public Finance Review*, 33, pp. 300--317.

CASALTA NABAIS, J., 2005a, "O Regime Fiscal do Desporto Profissional", in *Estudos de Direito Fiscal*, Volume I, Almedina, Coimbra, 2005, pp. 275-293.

CASALTA NABAIS, J., 2005b, "A Constituição Fiscal de 1976, Sua Evolução e Seus Desafios", in *Estudos de Direito Fiscal*, Volume I, Almedina, Coimbra, 2005, pp. 121-155.

CASALTA NABAIS, J., 2005c, "Alguns Aspectos da Tributação das Empresas", in *Estudos de Direito Fiscal*, Volume I, Almedina, Coimbra, 2005, pp. 357--406.

CASALTA NABAIS, J., 2005d, "O Regime Fiscal das Fundações", in *Estudos de Direito Fiscal*, Volume I, Almedina, Coimbra, 2005, pp. 247-273.

CASALTA NABAIS, J., 2006a, "Solidariedade Social, Cidadania e Direito Fiscal", in *Estudos Jurídicos e Económicos em Homenagem ao Prof. Doutor António de Sousa Franco*, Volume II, Edição da Faculdade de Direito da Universidade de Lisboa, Coimbra Editora, Coimbra, 2006, pp. 627-659.

CASALTA NABAIS, J., 2006b, "Liberdade de Gestão Fiscal e Dualismo na Tributação das Empresas", in *Homenagem a José Guilherme Xavier de Basto*, Coimbra Editora, Coimbra, 2006, pp. 419-442.

CASALTA NABAIS, J., 2007, "A Soberania Fiscal no Quadro da Integração Europeia", in *Nos 20 Anos do Código das Sociedades Comerciais, Homenagem aos Profs. Doutores A. Ferrer Correia, Orlando de Carvalho e Vasco Lobo Xavier*, Volume II, Coimbra Editora, Coimbra, 2007, pp. 1025-1056.

CASALTA NABAIS, J., 2008a, "Tributos com Fins Ambientais", *Revista de Finanças Públicas e Direito Fiscal*, 4, pp. 107-144.

CASALTA NABAIS, J., 2008b, "Política Fiscal, Desenvolvimento Sustentável e Luta contra a Pobreza", in *Estudos de*

Direito Fiscal, Volume II, Almedina, Coimbra, 2008, pp. 41-65.
CASALTA NABAIS, J., 2008c, "Reforma Tributária num Estado Fiscal Suportável", *in Estudos de Direito Fiscal*, Volume II, Almedina, Coimbra, 2008, pp. 67-102.
CASALTA NABAIS, J., 2009, *Direito Fiscal*, 5ª Edição, Almedina, Coimbra.
CATARINO, J.R., 2008, *Redistribuição Tributária, Estado Social e Escolha Individual*, Almedina, Coimbra.
CAVA, A., MAYER, D., 2007, "Integrative Social Contract Theory and Urban Prosperity Initiatives", *Journal of Business Ethics*, 72, pp. 263-278.
CHARKHAM, J.P., 1992, "Corporate Governance: Lessons from Abroad", *European Business Journal*, 2, pp. 8-16.
CLARKSON, M., 1995, "Stakeholder Framework for Analyzing and Evaluating Corporate Social Performance", *Academy of Management Review*, 20, pp. 92-117.
CLOTFELTER, C.T., 1985, *Federal Tax Policy and Charitable Giving*, University of Chicago Press, Chicago.
COMISSÃO EUROPEIA, 2001, *Promoting a European Framework for Corporate Social Responsibility, Green Paper*, Office for Official Publications of the European Communities, Luxembourg. (http://ec.europa.eu/employment_social/soc-dial/csr/ greenpaper.htm, acedido em 2 de Junho de 2007).
COMISSÃO EUROPEIA, 2002, *European SMEs and Social and Environmental Responsibility*, Observatory of European SMEs, nº 4/2002. (http://ec.europa.eu/enterprise/enterprise_policy/analysis/doc/smes_observatory_2002_report4_en.pdf, acedido em 2 de Junho de 2007).

CORNELL, B., SHAPIRO, A.C., 1987, "Corporate Stakeholders and Corporate Finance", *Financial Management*, 16, pp. 5-14.
COSTA, R., 2007, "Responsabilidade dos Administradores e Business Judgement Rule", *in Reformas do Código das Sociedades Comerciais*, Instituto de Direito das Empresas e do Trabalho, Colóquios, 3, Almedina, Coimbra, 2007, pp. 51-86.
COUTINHO DE ABREU, J.M., 1996, *Da Empresarialidade – As Empresas no Direito* (reimpressão), Almedina, Coimbra.
COUTINHO DE ABREU, J.M., 2006a, *Curso de Direito Comercial*, Volume I – *Introdução, Actos de Comércio, Comerciantes, Empresas, Sinais Distintivos*, 6ª Edição, Almedina, Coimbra.
COUTINHO DE ABREU, J.M., 2006b, *Governação das Sociedades Comerciais*, Almedina, Coimbra.
COUTINHO DE ABREU, J.M., 2007a, *Curso de Direito Comercial*, Volume II – *Das Sociedades*, 2ª Edição, Almedina, Coimbra.
COUTINHO DE ABREU, J.M., 2007b, "Deveres de Cuidado e de Lealdade dos Administradores e Interesse Social", *in Reformas do Código das Sociedades Comerciais*, Instituto de Direito das Empresas e do Trabalho, Colóquios, 3, Almedina, Coimbra, 2007, pp. 17-47.
COWTON, C.J., 1987, "Corporate Philanthropy in the United Kingdom", *Journal of Business Ethics*, 6, pp. 553-558
COX, P., BRAMMER, S., MILLINGTON, A., 2004, "An Empirical Examination of Institutional Investor Preferences for Corporate Social Performance", *Journal of Business Ethics*, 52, pp. 27-43.

CREMER, H., PESTIEAU, P., 2006, "Wealth Transfer Taxation: A Survey of the Theoretical Literature", in Kolm, S-C., Ythier, J. M., *Handbook of the Economics of Giving, Altruism and Reciprocity, Applications*, Volume II, North-Holland, 2006, pp. 1107-1134.

D'ALTE, S.T., 2007, *A Nova Configuração do Sector Empresarial do Estado e a Empresarialização dos Serviços Públicos*, Almedina, Coimbra.

DAHLSRUD, A., 2008, "How Corporate Social Responsibility is Defined: An Analysis of 37 Definitions", *Corporate Social Responsibility and Environmental Management*, 15, pp. 11-13.

DAVIS, J.H., SCHOORMAN F.D., DONALDSON, L., 1997, "Toward a Stewardship Theory of Management", *Academy of Management Review*, 22, pp. 20-47.

DAY, K.M., DEVLIN, R.A., 2004, "Do Governments Expenditures Crowd Out Corporate Contributions?", *Public Finance Review*, 32, pp. 404-425.

DE BAKKER, F.G.A., Groenewegen, P., Hond, F., 2005, "A Bibliometric Analysis of 30 Years of Research and Theory on Corporate Social Responsibility and Corporate Social Performance", *Business and Society Review*, 44, pp. 283-317.

DEEPHOUSE, D.L., CARTER, S.M., 2005, "An Examination of Differences between Organizational Legitimacy and Organizational Reputation", *Journal of Management Studies*, 42, pp. 329-360.

DIENHART, J.M., 1988, "Charitable Investments: A Strategy for Improving the Business Environment", *Journal of Business Ethics*, 7, pp. 63-71.

DONALDSON, T., PRESTON, L.E., 1995, "The Stakeholder Theory of the Corporation: Concepts, Evidence, and Implications", *Academy of Management Review*, 20, pp. 65-91.

DOURADO, A.P., 2007, *O Princípio da Legalidade Fiscal – Tipicidade, Conceitos Jurídicos Indeterminados e Margem de Livre Apreciação*, Almedina, Coimbra.

DRUCKER, P., 2003, *Sociedade Pós-Capitalista* (Trans. Jesuíno, M.F.), Actual Editora, Lisboa.

DUARTE, F.B., 2008, *Regime Jurídico e Fiscal das Fundações*, Âncora Editora, Lisboa.

DUNCAN, B., 1999, "Modelling Charitable Contributions of Time and Money", *Journal of Public Economics*, 72, pp. 213-242.

EISENBERG, M.A., 1998, "Corporate Philanthropy Symposium", *Stetson Law Review*, XXVIII, pp. 1-27.

ELKINGTON, J., 1997, Cannibals with Forks: The Triple Bottom Line of 21st Century Business, Capstone, Oxford.

ELSTER, J., 2006, "Altruistic Behaviour and Altruistic Motivations", in Kolm, S-C., Ythier, J. M., *Handbook of the Economics of Giving, Altruism and Reciprocity, Foundations*, Volume I, North-Holland, 2006, pp. 184-206.

EPSTEIN, E.M., 1989, "Business Ethics, Corporate Good Citizenship and the Corporate Social Policy Process: A View from the United States", *Journal of Business Ethics*, 8, pp. 583-595.

FAIRFAX, L.M., 2006, "The Rhetoric of Corporate Law: The Impact of Stakeholder Rhetoric on Corporate Norms", *Journal of Corporation Law*, 21, pp. 675-718.

FAVEIRO, V., 2002, *O Estatuto do Contribuinte, a Pessoa do Contribuinte no Estado Social de Direito*, Coimbra Editora, Coimbra.

FEHR, E. SCHMIDT, K.M., 2006, "The Economics of Fairness, Reciprocity and Altruism: Experimental Evidence", *in* Kolm, S-C., Ythier, J. M., *Handbook of the Economics of Giving, Altruism and Reciprocity, Foundations*, Volume I, North-Holland, 2006, pp. 616-691.

FERREIRA, R.F., 2005, "As Instituições do Terceiro Sector", *Ciência e Técnica Fiscal*, 415, pp. 246-258.

FERREIRA, R.F., 2007, *A Tributação dos Rendimentos (Retrospectiva, Actualidade, Tendências)*, Colecção Económicas, II Série, 4, Almedina, Coimbra.

FERREIRA, R.M.F., 2003, "Desenvolvimento Económico e Despesa Fiscal", *Fisco*, 109/110, pp. 67-79.

FIGUEIREDO, M.C.T., HILL, M.M., 2003, "Dados em Painel: Painéis Genuínos vs Pseudo Painéis – Vantagens e Limitações", *in* Reis, E., Hill, M.M., *Temas em Métodos Quantitativos 3*, Edições Sílabo, Lisboa, 2003, pp. 161-180.

FOMBRUN, C., GARDBERG, N., BARNETT, M., 2000, "Opportunity Platforms and Safety Nets: Corporate Citizenship and Reputational Risk", *Business and Society Review*, 105, pp. 85-106.

FOMBRUN, C., SHANLEY, M., 1990, "What's in a Name? Reputation Building and Corporate Strategy", *Academy of Management Journal*, 33, pp. 233-258.

FONG, C., BOWLES, S., GINTIS, H., 2006, "Strong Reciprocity and the Welfare State", *in* Kolm, S-C., Ythier, J. M., *Handbook of the Economics of Giving, Altruism and Reciprocity, Applications*, Volume II, North-Holland, 2006, pp. 1439-1464.

FRANCO, R.C., 2004, "Controvérsia em Torno de uma Definição para o Terceiro Sector – A Definição Estrutural-Operacional da Jonhs Hopkins vs a Noção de Economia Social", *VIII Congresso Luso-Afro-Brasileiro de Ciências Sociais*, 16, 17 e 18 de Setembro de 2004, Coimbra.

FRANCO, R.C., SOKOLOWSKI, S.W., HAIREL, E.M.H., SALAMON, L.M., 2005, *O Sector não Lucrativo Português numa Perspectiva Comparada*, Universidade Católica Portuguesa, Porto.

FREEMAN, R.E., 1984, *Strategic Management: A Stakeholder Approach*, Pitman, Boston.

FREIRE, P.V., 2006, "A Produção Privada de Bens Públicos", *in Estudos Jurídicos e Económicos em Homenagem ao Prof. Doutor António de Sousa Franco*, Volume III, Edição da Faculdade de Direito da Universidade de Lisboa, Coimbra Editora, Coimbra, 2006, pp. 579-590.

FREITAS DO AMARAL, D., 2005, *Curso de Direito Administrativo*, Volume I, 3ª Edição, Almedina, Coimbra.

FREITAS PEREIRA, M.H., 2007, *Fiscalidade*, 2ª Edição, Almedina, Coimbra.

FRIEDMAN, M., 1962, *Capitalism and Freedom*, University of Chicago Press, Chicago.

FRIEDMAN, M., 1970, "The Social Responsibility of Business is to Increase Profit", *New York Times Magazine*, September, pp. 13-33.

FRY, L.M., KEIM, G.D., MEINERS, R.E., 1982, "Corporate Contributions: Altruistic or For-Profit?", *Academy of Management Journal*, 25, pp. 94-106.

FURTADO, J.H.C.P., 2009, *Comentário ao Código das Sociedades Comerciais, Artigos 1º a 19º, Âmbito de Aplicação Personali-*

dade e Capacidade, Celebração do Contrato e Registo, Almedina, Coimbra.

GALASKIEWICZ, J., 1997, "An Urban Grants Economy Revisited: Corporate Charitable Contributions in the Twin Cities, 1979-81, 1987-89", *Administrative Science Quarterly*, 42, pp. 445--471.

GALASKIEWICZ, J., BIELEFELD, W., DOWELL, M., 2006, "Networks and Organizational Growth: A Study of Community Based Nonprofits", *Administrative Science Quarterly*, 51, pp. 337--380.

GAN, A., 2006, "The Impact of Public Scrutiny on Corporate Philanthropy", *Journal of Business Ethics*, 69, pp. 217--236.

GARDBERG, N.A., FOMBRUN, C.J., 2006, "Corporate Citizenship: Creating Intangible Assets across Institutional Environments", *Academy of Management Review*, 3, pp. 329-346.

GLAZER, A., KONRAD, K., 1996, "A Signalling Explanation for Charity", *The American Economic Review*, 86, pp. 1019-1028.

GODFREY, P.C., 2005, "The Relationship between Corporate Philanthropy and Shareholder Wealth: A Risk Management Perspective", *Academy of Management Review*, 30, pp. 777-798.

GOMES CANOTILHO, J.J., VITAL MOREIRA, 2007, *CRP – Constituição da República Portuguesa Anotada*, Volume I, 4ª Edição, Coimbra Editora, Coimbra.

GOUVEIA, J.B., 2006, "Religião e Estado de Direito – Uma Visão Panorâmica", in *Estudos Jurídicos e Económicos em Homenagem ao Prof. Doutor António de Sousa Franco*, Volume II, Edição da Faculdade de Direito da Universidade de Lisboa, Coimbra Editora, Coimbra, 2006, pp. 429-445.

GREENWOOD, M., 2001, "The Importance of Stakeholders According to Business Leaders", *Business and Society Review*, 106, pp. 29-49.

HALEY, U.C.V., 1991, "Corporate Contributions as Managerial Masques: Reframing Corporate Contributions as Strategies to Influence Society", *Journal of Management Studies*, 28, pp. 485--509.

HALL, M.R., 2006, "Corporate Philanthropy and Corporate Community Relations: Measuring Relationship-Building Results", *Journal of Public Relations Research*, 18, pp. 1-21.

HEATH, J., 2006, "Business Ethics Without Stakeholders", *Business Ethics Quarterly*, 16, pp. 553-557.

HEATH, J., NORMAN, W., 2004, "Stakeholder Theory, Corporate Governance and Public Management: What Can the History of State-Run Enterprises Teach Us in the Post-Enron", *Journal of Business Ethics*, 53, pp. 247-265.

HEMPHILL, T.A., 2004, "Corporate Citizenship: The Case for a New Corporate Governance Model", *Business and Society Review*, 109, pp. 339-361.

HESS, D., ROVOSKY, N., DUNFEE, T.W., 2002, "The Next Wave of Corporate Community Involvement: Corporate Social Initiatives", *California Management Review*, 44, pp. 110-125.

HILLMAN, A.J., KEIM, G.D., 2001, "Shareholder Value, Stakeholder Management, and Social Issues: What's the Bottom Line?", *Strategic Management Journal*, 22, pp. 125-139.

HORNE, C.S., JOHNSON, J.L., VAN SLYKE, D.M., 2005, "Do Charitable Donors

Know Enough – and Care Enough – about Government Subsidies to Affect Private Giving to Nonprofit Organizations?", *Nonprofit and Voluntary Sector Quarterly*, 34, pp. 136-149.

HUSTED, B.W., SALAZAR, J.J., 2006, "Taking Friedman Seriously: Maximizing Profits and Social Performance", *Journal of Management Studies*, 43, pp. 75-91.

HYLAND, S.E., RUSSELL, A., HEBB, F., 1990, "Realigning Corporate Giving: Problems in the Nonprofit Sector for Community Development Corporations", *Nonprofit and Voluntary Sector Quarterly*, 19, pp. 111-119.

JEANTET, T., 2001, *L'Économie Sociale Européenne. Ou la Tentation de la Démocratie en Toutes Choses*, Ciem Edition, Paris.

JENSEN, M.C., 2002, "Value Maximization, Stakeholder Theory, and the Corporate Objective Function", *Business Ethics Quarterly*, 12, pp. 235-256.

JENSEN, M.C., MECKLING, W.H., 1976, "Theory of the Firm: Managerial Behaviour, Agency Costs and Ownership Structure", *Journal of Financial Accounting*, 3, pp. 305-360.

JOHNSON, O., 1966, "Corporate Philanthropy: An Analysis of Corporate Contributions", *The Journal of Business*, 39, pp. 489-504.

JOHNSTON, J., DINARDO, J., 2001, *Métodos Econométricos*, 4ª Edição, McGraw-Hill, Lisboa.

JONES, T.M., 1995, "Instrumental Stakeholder Theory: A Synthesis of Ethics and Economics", *Academy of Management Review*, 20, pp. 404-437.

JONES, T.M., WICKS, A.C., 1999, "Convergent Stakeholder Theory", *Academy of Management Review*, 24, pp. 206-221.

KAPSTEIN, E.B., 2001, "The Corporate Ethics Crusade", *Foreign Affairs*, 80, pp. 105-119.

KOLM, S-C., 2006a, "Reciprocity: Its Scope, Rationales and Consequences", *in* Kolm, S-C., Ythier, J. M., *Handbook of the Economics of Giving, Altruism and Reciprocity, Foundations*, Volume I, North-Holland, 2006, pp. 371-541.

KOLM, S-C., 2006b, "Introduction to the Economics of Altruism, Giving and Reciprocity", *in* Kolm, S-C., Ythier, J. M., *Handbook of the Economics of Giving, Altruism and Reciprocity, Foundations*, Volume I, North-Holland, 2006, pp. 1-123.

LAFFERTY, B.A., GOLDSMITH, R.E., 2005, "Cause-Brand Alliances: Does the Cause Help the Brand or Does the Brand Help the Cause", *Journal of Business Research*, 58, pp. 423-429.

LEITE DE CAMPOS, D., 2006, *O Sistema Tributário no Estado dos Cidadãos*, Almedina, Coimbra.

LEITE DE CAMPOS, D., LEITE DE CAMPOS, M., 1997, *Direito Tributário*, Almedina, Coimbra.

LEITE DE CAMPOS, D., SILVA RODRIGUES, B., LOPES DE SOUSA, J., 2003, *Lei Geral Tributária, Comentada e Anotada*, 3ª Edição, Vislis Editores, Lisboa.

LEV, B.I., PETROVITS, C., RADHAKRISHNAN, S., 2006, "Is Doing Good Good for You? Yes, Charitable Contributions Enhance Revenue Growth", (http://pages.stern.nyu.edu/-blev/docs/IsDoingGood-GoodForYou.pdf, acedido em 5 de Novembro de 2008).

LEVITT, T., 1958, "The Dangers of Social Responsibility", *Harvard Business Review*, 36, pp. 36-49.

LEVY, F.K., SHATTO, G.M., 1978, "The Evaluation of Corporate Contributions", *Public Choice*, 33, pp. 19-28.

LOBO, C.B., 2006, "Neutralidade Fiscal das Fusões: Benefício Fiscal ou Desagravamento Estrutural?", *Fiscalidade*, 26/27, pp. 29-61.

LOGSDON, J.M., WOOD, D.J., 2002, "Business Citizenship: From Domestic to Global Level of Analysis", *Business Ethics Quarterly*, 12, pp. 155-187.

MACEDO, A.J.B., 2001, *Sobre as Fundações Públicas e Privadas*, Vislis Editores, Lisboa.

MAIA, P., 2007, "Deliberações dos Sócios", in *Estudos de Direito das Sociedades*, 8ª Edição, Almedina, Coimbra, 2007, pp. 229-269.

MARGOLIS, J.D., WALSH, J.P., 2003, "Misery Loves Companies: Rethinking Social Initiatives by Business", *Administrative Science Quarterly*, 48, pp. 268-305.

MARQUES DA SILVA, I., 2006, "As Implicações Fiscais da Nova Concordata entre a Santa Sé e a República Portuguesa", in *Estudos Jurídicos e Económicos em Homenagem ao Prof. Doutor António de Sousa Franco*, Volume II, Edição da Faculdade de Direito da Universidade de Lisboa, Coimbra Editora, Coimbra, 2006, pp. 173-185.

MARTINS, A., 2008, "Uma Nota sobre o Conceito de Fonte Produtora Constante do Artigo 23º do CIRC: Sua Relação com Partes de Capital e Prestações Acessórias", *Revista de Finanças Públicas e Direito Fiscal*, 2, pp. 29-50.

MARX, J.D., 1998, "Corporate Strategic Philanthropy: Implications for Social Work", *Social Work*, 43, pp. 34-41.

MARX, J.D., 1999, "Corporate Philanthropy: What is the Strategy?", *Nonprofit and Voluntary Sector Quarterly*, 28, pp. 185-198.

MATTEN, D., CRANE, A., CHAPPLE, W., 2003, "Behind the Mask: Revealing the True Face of Corporate Citizenship", *Journal of Business Ethics*, 45, pp. 109-120.

MATTEN, D., MOON, J., 2008, "«Implicit» and «Explicit» CSR: A Conceptual Framework for a Comparative Understanding of Corporate Social Responsibility", *Academy of Management Review*, 33, pp. 404-424.

MCGUIRE, J., DOW, S., ARGHEYD, K., 2003, "CEO Incentives and Corporate Social Performance", *Journal of Business Ethics*, 45, pp. 341-359.

MCWILLIAMS, A., SIEGEL, D., 2001, "Corporate Social Responsibility: A Theory of the Firm Perspective", *Academy of Management Review*, 26, pp. 117-127.

MEIJER, M., BAKKER, F.G.A., SMIT, J.H., SCHUYT, T., 2006, "Corporate Giving in the Netherlands 1995-2003: Exploring the Amounts Involved and the Motivations for Donating", *International Journal of Nonprofit and Voluntary Sector Marketing*, 11, pp. 13--28.

MEIJER, M.M., KLEINNIJENHUIS, J., 2006, "News and Corporate Reputation: Empirical Findings from the Netherlands", *Public Relations Review*, 32, pp. 341-348.

MENEZES LEITÃO, L.M.T., 2003, "Aplicação de Medidas Anti-Abuso na

Luta Contra a Evasão Fiscal", *Fisco*, 107/108, pp. 35-54.

MESCON, T.S., TILSON, D.J., 1987, "Corporate Philanthropy: A Strategic Approach to the Bottom-Line", *California Management Review*, 2, pp. 49-61.

MILL, G., 2006, "The Financial Performance of a Socially Responsible Investment Over Time and a Possible Link with Corporate Social Responsibility", *Journal of Business Ethics*, 63, pp. 131-148.

MINTZBERG, H., SIMONS, R., BASU, K., 2002, "Beyond Selfishness", *MIT Sloan Management Review*, 44, pp. 67-74.

MITCHELL, R.K., AGLE, B.R., WOOD, D.J., 1997, "Toward a Theory of Stakeholder Identification and Salience: Defining the Principle of Who and What Really Counts", *Academy of Management Review*, 22, pp. 853-886.

MORAIS, R.D., 2007, *Apontamentos ao IRC*, Almedina, Coimbra.

MORAIS, R.D., 2008, *Sobre o IRS*, 2ª Edição, Almedina, Coimbra.

MULLEN, J., 1997, "Performance-Based Corporate Philanthropy: How «Giving Smart» Can Further Corporate Goals", *Public Relations Quarterly*, 42, pp. 42-48.

MULLER, A., KOLK, A., 2009, "CSR Performance in Emerging Markets, Evidence from Mexico", *Journal of Business Ethics*, 85, pp. 325-337.

MULLER, A., WHITEMAN, G., 2009, "Exploring the Geography of Corporate Philanthropic Disaster Response: A Study of Fortune Global 500 Firms", *Journal of Business Ethics*, 84, pp. 589-603.

NAMORADO, R., 2004, "A Economia Social – Uma Constelação de Esperanças", *Oficina do CES*, 213, Coimbra.

NAMORADO, R., 2006, "Os Quadros Jurídicos da Economia Social – Uma Introdução ao Caso Português", *Oficina do CES*, 251, Coimbra.

NAMORADO, R., 2007, "Renovar os Quadros Jurídicos da Economia Social?", *Oficina do CES*, 293, Coimbra.

NAVARRO, P., 1988, "Why do Corporations Give to Charity", *The Journal of Business*, 61, pp. 65-93.

OBSERVATÓRIO DO EMPREGO E FORMAÇÃO PROFISSIONAL, 2008, *Estudo sobre o Voluntariado*, Almeida, M.A. (Coord.), Lisboa. (http://www.oefp.pt/admin/upload/Publicacoes/Estudos_e_Analises/255ca876-4c12-49b9-b9b7-f7d58a5a267b.pdf, acedido em 28 de Julho de 2009).

OLIVEIRA MARTINS, G.W.d', 2004, *A Despesa Fiscal e o Orçamento do Estado no Ordenamento Jurídico Português*, Almedina, Coimbra.

OLIVEIRA MARTINS, G.W.d', 2006, *Os Benefícios Fiscais: Sistema e Regime*, Cadernos IDEFF, Almedina, Coimbra.

OLIVER, C., 1991, "Strategic Responses to Institutional Processes", *Academy of Management Review*, 16, pp. 145-179.

OSTRANDER, S.A., 2007, "The Growth of Donor Control: Revisiting the Social Relations of Philanthropy", *Nonprofit and Voluntary Sector Quarterly*, 36, pp. 356-372.

PAJUNEN, K., 2006, "Living in Agreement with a Contract: The Management of Moral and Viable Firm-Stakeholder Relationships", *Journal of Business Ethics*, 68, pp. 243-258.

PALAZZO, G., RICHTER, U., 2005, "CSR Business as Usual? The Case of the Tobacco Industry", *Journal of Business Ethics*, 61, pp. 387-401.

PEARSON, G., 2000, "Making Profits and Sweet Music", *Business Ethics: A European Review*, 9, pp. 191-199.

PEREIRA, P.T., AFONSO, A., ARCANJO, M., Santos, J.C.G., 2009, *Economia e Finanças Públicas*, 3ª Edição, Escolar Editora, Lisboa.

PETROVITZ, C.M., 2006, "Corporate-Sponsored Foundations and Earnings Management", *Journal of Accounting and Economics*, 41, pp. 335-362.

PIRES, M., 2008, *Direito Fiscal – Apontamentos*, 3ª Edição, Almedina, Coimbra.

PIRSCH, J., GUPTA, S., GRAU, S.L., 2007, "A Framework for Understanding Corporate Social Responsibility Programs as a Continuum: An Exploratory Study", *Journal of Business Ethics*, 70, pp. 125-140.

PLATTEAU, J-P., 2006, "Solidarity Norms and Institutions in Village Societies: Static and Dynamic Considerations", in Kolm, S-C., Ythier, J. M., *Handbook of the Economics of Giving, Altruism and Reciprocity, Foundations*, Volume I, North-Holland, 2006, pp. 819-886.

POLONSKY, M.J., GRAU, S.L., 2008, "Evaluating the Social Value of Charitable Organizations: A Conceptual Foundation", *Journal of Macromarketing*, 28, pp. 130-140.

PORTER, M.E., KRAMER, M.R., 1999, "Philanthropy's New Agenda: Creating Value", *Harvard Business Review*, 77, pp. 121-30.

PORTER, M.E., KRAMER, M.R., 2002, "The Competitive Advantage of Corporate Philanthropy", *Harvard Business Review*, 80, pp. 56-68.

PORTER, M.E., KRAMER, M.R., 2006, "Strategy & Society, The Link Between Competitive Advantage and Corporate Social Responsibility", *Harvard Business Review*, 84, pp. 78-92.

PORTUGAL, A.M., 2004, *A Dedutibilidade dos Custos na Jurisprudência Fiscal Portuguesa*, Coimbra Editora, Coimbra.

QUELHAS, A.P., 2001, *A Refundação do Papel do Estado nas Políticas Sociais*, Almedina, Coimbra.

RAIBORN, C., GREEN, A., TODOROVA, L., TRAPANI, T., WATSON, W.E., 2003, "Corporate Philanthropy: When is Giving Effective?", *Journal of Corporate Accounting & Finance*, 15, pp. 47-54.

REBELO DE SOUSA, M., SALGADO DE MATOS, A., 2006, *Direito Administrativo Geral, Tomo I*, 2ª Edição, Dom Quixote, Lisboa.

REED, D., 1999, "Three Realms of Corporate Responsibility: Distinguishing Legitimacy, Morality and Ethics", *Journal of Business Ethics*, 21, pp. 23-35.

Relatório do Grupo de Trabalho de Reavaliação dos Benefícios Fiscais, 2005, *Cadernos de Ciência e Técnica Fiscal*, 198.

RICKS, J.M., WILLIAMS, J.A., 2005, "Strategic Corporate Philanthropy: Addressing Frontline Talent Needs through an Educational Giving Program", *Journal of Business Ethics*, 60, pp. 147-157.

ROCHA, J.F., 2008, *Lições de Procedimento e Processo Tributário*, 2ª Edição, Coimbra Editora, Coimbra.

RODRIGUES, J.P.S., 2002, "Algumas Reflexões sobre a Não Tributação dos Rendimentos Essenciais à Existência como Direito Fundamental", *Fiscalidade*, 9, pp. 5-35.

ROTEMBERG, J., 2006, "Altruism, Reciprocity and Cooperation in the Workplace", in Kolm, S-C., Ythier, J. M., *Handbook of the Economics of Giving,*

Altruism and Reciprocity, Applications, Volume II, North-Holland, 2006, pp. 1371-1407.

ROYD-TAYLOR, L., 2007, "Cause-related Marketing: A New Perspective on Achieving Campaign Objectives amongst Fast Moving Consumer Goods", *Strategic Chance*, 16, pp. 79--86.

RUF, B.M., MURALIDHAR, K., BROWN, R.M., JANNEY, J.J., PAUL, K., 2001, "An Empirical Investigation of the Relationship Between Change in Corporate Social Performance and Financial Performance: A Stakeholder Theory Perspective", *Journal of Business Ethics*, 32, pp. 143-156.

RUMSEY, G.G., WHITE, C., 2009, "Strategic Corporate Philanthropic Relationships: Nonprofits' Perceptions of Benefits and Corporate Motives", *Public Relations Review*, 35, pp. 301--303.

SÁ GOMES, N., 1990, "Teoria Geral dos Benefícios Fiscais", *Ciência e Técnica Fiscal*, 359, pp. 7-153.

SÁ GOMES, N., 1999a, *Manual de Direito Fiscal*, Volume II, 8ª Edição, 2ª reimpressão, Editora Rei dos Livros, Lisboa.

SÁ GOMES, N., 1999b, "Os Benefícios Fiscais na Lei Geral Tributária e na Legislação Complementar" in *Problemas Fundamentais do Direito Tributário*, Vislis, Lisboa, 1999, pp. 79-120.

SÁ, F.O., 2007, "A Transformação de Créditos em Capital e o Problema das Entradas em Espécie Ocultas", in *Nos 20 Anos do Código das Sociedades Comerciais, Homenagem aos Profs. Doutores A. Ferrer Correia, Orlando de Carvalho e Vasco Lobo Xavier*, Volume II, Coimbra Editora, Coimbra, 2007, pp. 671-703.

SACCO P-L., VANIN, P., ZAMAGNI, S., 2006, "The Economics of Human Relationships", *in* Kolm, S-C., Ythier, J. M., *Handbook of the Economics of Giving, Altruism and Reciprocity, Foundations*, Volume I, North-Holland, 2006, pp. 695-730.

SAIIA, D.H., CARROLL, A.B., BUCHHOLTZ, A.K., 2003, "Philanthropy as Strategy: When Corporate Charity «Begins at Home»", *Business and Society*, 42, pp. 169-201.

SALDANHA SANCHES, J.L., 2006, *Os Limites do Planeamento Fiscal, Substância e Forma no Direito Fiscal Português, Comunitário e Internacional*, Coimbra Editora, Coimbra.

SALDANHA SANCHES, J.L., 2007, *Manual de Direito Fiscal*, 3ª Edição, Coimbra Editora, Coimbra.

SÁNCHEZ, C.M., 2000, "Motives for Corporate Philanthropy in El Salvador: Altruism and Political Legitimacy", *Journal of Business Ethics*, 27, pp. 363--375.

SANDFORT, J., 2008, "Using Lessons from Public Affairs to Inform Strategic Philanthropy", *Nonprofit and Voluntary Sector Quarterly*, 37, pp. 537-552.

SANSING, R., YETMAN, R., 2006, "Governing Private Foundations Using the Tax Law", *Journal of Accounting and Economics*, 41, pp. 363-384.

SANTOS, A.C., GONÇALVES, M.E., MARQUES, M.M.L., 2008, *Direito Económico*, 5ª Edição, 2ª Reimpressão, Almedina, Coimbra.

SANTOS, A.C., 2003, "Constrangimentos Internacionais ao Recurso a Medidas Fiscais para Melhorar a Competitividade", *Fisco*, 109/110, pp. 35--45.

SANTOS, B.S., 1999, "A Reinvenção Solidária e Participativa do Estado", *Oficina do CES*, 134, Coimbra.

SANTOS, J.C.G., 2008, "IRC e Discriminação Fiscal Positiva de Entidades Sem Fins Lucrativos. O Caso das IPSS", *Revista de Finanças Públicas e Direito Fiscal*, 3, pp. 77-90.

SARGEANT, A., CRISSMAN, K., 2006, "Corporate Giving in Australia: An Analysis of Motives and Barriers", *Australian Journal of Social Issues*, 41, pp. 477-492.

SASSE, C.M., TRAHAN, R.T., 2007, "Rethinking the New Corporate Philanthropy", *Business Horizons*, 50, pp. 29--38.

SCHOKKAERT, E., 2006, "The Empirical Analysis of Transfer Motives", in Kolm, S C., Ythier, J. M., *Handbook of the Economics of Giving, Altruism and Reciprocity, Foundations*, Volume I, North-Holland, 2006, pp. 127-181.

SCHOLTENS, B., 2006, "Finance as a Driver of Corporate Social Responsibility", *Journal of Business Ethics*, 68, pp. 19-33.

SCHWARTZ, M.S., CARROLL, A.B, 2003, "Corporate Social Responsibility: A Three Domain Approach", *Business Ethics Quarterly*, 13, pp. 503-530.

SCHWARTZ, R.A., 1968, "Corporate Philanthropic Contributions", *The Journal of Finance*, 23, pp. 479-497.

SEIFERT, B., MORRIS, S.A., BARTKUS, B.R., 2003, "Comparing Big Givers and Small Givers: Financial Correlates of Corporate Philanthropy", *Journal of Business Ethics*, 45, pp. 195-211.

SEN, S., BHATTACHARYA, C.B., KORSCHUN, D., 2006, "The Role of Corporate Social Responsibility in Strengthening Multiple Stakeholders Relationships: A Field Experiment", *Journal of Academy of Marketing Science*, 34, pp. 158-166.

SHARFMAN, M., 1994, "Changing Institutional Rules: The Evolution of Corporate Philanthropy, 1883-1953", *Business and Society*, 33, pp. 236-269.

SHAW, B., POST, F.R., 1993, "A Moral Basis for Corporate Philanthropy", *Journal of Business Ethics*, 12, pp. 745--751.

SIRSLY, C.T., LAMERTZ, K., 2008, "When Does a Corporate Social Responsibility Initiative Provide a First-Mover Advantage?", *Business and Society*, 47, pp. 343-369.

SMITH, C., 1994, "The New Corporate Philanthropy", *Harvard Business Review*, 72, pp. 105-116.

SMITH, R.D., 2008, "The Value of Charity in a World of Profit Maximization", *Journal of Human Values*, 14, pp. 49-61.

SOARES, C.D., 2002, *O Imposto Ambiental – Direito Fiscal do Ambiente*, Cadernos CEDOUA, Almedina, Coimbra.

SOARES, C.D., 2003, "A Inevitabilidade da Tributação Ambiental", in *Estudos de Direito do Ambiente*, Publicações Universidade Católica, Porto, pp. 23-48.

SOARES, C.D., 2006, "A avaliação Ex Ante e Ex Post da Despesa Fiscal" in *Estudos Jurídicos e Económicos em Homenagem ao Prof. Doutor António de Sousa Franco*, Volume I, Edição da Faculdade de Direito da Universidade de Lisboa, Coimbra Editora, Coimbra, 2006, pp. 565-590.

SOUSA FRANCO, A.S., 2001, *Finanças Públicas e Direito Financeiro*, Volume II, 4ª Edição – 8ª Reimpressão, Almedina, Coimbra.

Sousa Franco, A.S., 2002, *Finanças Públicas e Direito Financeiro*, Volume I, 4ª Edição – 9ª Reimpressão, Almedina, Coimbra.

Soveral Martins, A., 2007, "Da Personalidade e Capacidade Jurídicas das Sociedades Comerciais", in *Estudos de Direito das Sociedades*, 8ª Edição, Almedina, Coimbra, 2007, pp. 95-126.

Stevelman, F., 2009, "Globalization and Corporate Social Responsibility: Challenges for the Academy, Future Lawyers, and Corporate Law", (http://papers.ssrn.com/ sol3/papers.cfm?abstract_id=1431983, acedido em 3 de Agosto de 2009).

Stole, I.L., 2008, "Philanthropy as Public Relations: A Critical Perspective on Cause Marketing", *International Journal of Communication*, 2, pp. 20-40.

Stoll, M.L., 2008, "Backlash Hits Business Ethics: Finding Effective Strategies for Communicating the Importance of Corporate Social Responsibility", *Journal of Business Ethics*, 78, pp. 17-24.

Sundaram, A.K., Inkpen, A.C., 2004, "The Corporate Objective Revisited", *Organization Science*, 15, pp. 350-363.

Taborda, D., 2006, *Auditoria – Revisão Legal das Contas e Outras Funções do Revisor Oficial de Contas*, Edições Sílabo, Lisboa.

Taborda, D., 2007, "A relação entre a performance social e a performance económico-financeira", *Revista Portuguesa e Brasileira de Gestão*, 3, pp. 40-49.

Taborda, D., 2008, "Os Donativos Atribuídos aos Hospitais E.P.E.", *Fiscalidade*, 33, pp. 87-110.

Taborda, D., Martins, A., 2009a, "Os Determinantes dos Donativos Empresariais: uma Revisão de Literatura", *XIX Jornadas Hispano-Lusas de Gestão Científica*, 5 e 6 de Fevereiro de 2009, Baeza, Espanha.

Taborda, D., Martins, A., 2009b, "Empirical Evidence on the Relevant Factors Determining Corporate Giving in Portugal", *International Conference on The Economics of Charitable Giving*, 8 e 9 de Outubro de 2009, Mannheim, Alemanha.

Tavares, T.M.C.C., 1999, "Da Relação de Dependência Parcial entre a Contabilidade e o Direito Fiscal na Determinação do Rendimento Tributável das Pessoas Colectivas: Algumas Reflexões ao Nível dos Custos", *Ciência e Técnica Fiscal*, 396, pp. 7-177.

Tavares, T.M.C.C., 2002, "A Dedutibilidade dos Custos em Sede de IRC", *Fisco*, 101/102, pp. 37-43.

Teixeira Ribeiro, J.J., 1997, *Lições de Finanças Públicas*, 5ª Edição, Refundida e Actualizada, Coimbra Editora, Coimbra.

Teixeira, F.C., 2007, "Os Tipos Relativamente Abertos como Foco de Segurança Jurídica no Direito Fiscal", *Fiscalidade*, 31, pp. 5-39.

Teixeira, G., 2008, *Manual de Direito Fiscal*, Almedina, Coimbra.

Thompson, J.K., Smith, H.L., Hood, J.N., 1993, "Charitable Contributions by Small Businesses", *Journal of Small Business Management*, 31, pp. 35-51.

Tinkelman, D., Mankaney, K., 2007, "When is Administrative Efficiency Associated with Charitable Donations?", *Nonprofit and Voluntary Sector Quarterly*, 36, pp. 41-64.

Tomaz, J.J.A., 2006, "A Redescoberta do Imposto Proporcional (*Flat Tax*)", in *Homenagem a José Guilherme Xavier de Basto*, Coimbra Editora, Coimbra, 2006, pp. 351-405.

TRACEY, P., PHILLIPS, N., HAUGH, H., 2005, "Beyond Philanthropy: Community Enterprise as a Basis for Corporate Citizenship", *Journal of Business Ethics*, 58, pp. 327-344.

TRIBUNAL DE CONTAS, 2007a, *Parecer sobre a Conta Geral do Estado de 2006*.

TRIBUNAL DE CONTAS, 2007b, *Relatório de Auditoria nº 39/2007, relativo ao Processo nº 10/2008*.

TRIBUNAL DE CONTAS, 2008, *Parecer sobre a Conta Geral do Estado de 2007*.

TROST, S., 2008, "Crowding Out in Corporate Charitable Giving", (http://www.stevenctrost.com/CPPaper0808.pdf, acedido em 2 de Janeiro de 2009).

ULLMANN, A.A., 1985, "Data in Search of a Theory: A Critical Examination of the Relationships among Social Performance, Social Disclosure, and Economic Performance of U.S. Firms", *Academy of Management Review*, 10, pp. 540-557.

USEEM, M., 1988, "Market and Institutional Factors in Corporate Contributions", *California Management Review*, 30, pp. 77-88.

VARADARAJAN, P.R., MENON, A., 1988, "Cause-Related Marketing: A Coalignment of Marketing Strategy and Corporate Philanthropy", *Journal of Marketing*, 52, pp. 58-74.

VASCONCELOS, P.P., 2005, *A Participação Social nas Sociedades Comerciais*, Almedina, Coimbra.

VELAMURI, S.R., VENKATARAMAN, S., 2005, "Why Stakeholder and Stockholder Theories are Not Necessarily Contradictory: A Knightian Insight", *Journal of Business Ethics*, 61, pp. 249--262.

VILAR, E.R., 2007, "Fundações – Legitimidade, Responsabilidade e (Auto-)Regulação", in *Nos 20 Anos do Código das Sociedades Comerciais, Homenagem aos Profs. Doutores A. Ferrer Correia, Orlando de Carvalho e Vasco Lobo Xavier*, Volume II, Coimbra Editora, Coimbra, 2007, pp. 535-550.

WADDOCK, S.A., 2000, "The Multiple Bottom Lines of Corporate Citizenship: Social Investing, Reputation, and Responsibility Audits", *Business and Society Review*, 105, pp. 323-345.

WADDOCK, S.A., SMITH N., 2000, "Corporate Responsibility Audits: Doing Well by Doing Good", *Sloan Management Review*, 41, pp. 75-83.

WANG, J., COFFEY, B.S., 1992, "Board Composition and Corporate Philanthropy", *Journal of Business Ethics*, 11, pp. 771-778.

WARTICK, S., COCHRAN, P., 1985, "The Evolution of the Corporate Social Performance Model", *Academy of Management Review*, 10, pp. 758-769.

WEBB, N.J., 1996, "Corporate Profits and Social Responsibility: «Subsidization» of Corporate Income under Charitable Giving Tax Laws", *Journal of Economics and Business*, 48, pp. 401-421.

WELFORD, R., CHAN, C., MAN, M., 2007, "Priorities for Corporate Social Responsibility: A Survey of Businesses and their Stakeholders", *Corporate Social Responsibility and Environmental Management*, 15, pp. 52-62.

WICKS, A.C., BERMAN, S.L., JONES, T.M., 1999, "The Structure of Optimal Trust: Moral and Strategic Implications", *Academy of Management Review*, 24, pp. 99-116.

WICKS, A.C., FREEMAN R.E., 1998, "Organization Studies and the New Pragmatism: Positivism, Anti-Positivism, and the Search for Ethics", *Organization Science*, 9, pp. 123-140.

WILLIAMS, R.J., SCHNAKE, M.E., FREDENBERGER, W., 2005, "The Impact of Corporate Strategy on a Firm's Reputation", *Corporate Reputation Review*, 8, pp. 187-197.

WILLIAMSON, O.E., 1963, "Managerial Discretion and Business Behaviour", in *Economic Organization. Firms, Markets and Policy Control*, New York University Press, New York, 1986, pp. 6--31.

WILLIAMSON, O.E., 1979, "Transaction-Cost Economics: The Governance of Contractual Relations", in *Economic Organization. Firms, Markets and Policy Control*, New York University Press, New York, 1986, pp. 101-130.

WILLIAMSON, O.E., 1985, *The Economic Institutions of Capitalism*, Free Press, New York.

WOOD, D.J., 1991, "Corporate Social Performance Revisited", *Academy of Management Review*, 16, pp. 691-718.

WOOD, D.J., JONES, E.J., 1995, "Stakeholder Mismatching: A Theoretical Problem in Empirical Research on Corporate Social Performance", *The International Journal of Organizational Analysis*, 3, pp. 229-267.

WULFSON, M., 2001, "The Ethics of Corporate Social Responsibility and Philanthropic Ventures", *Journal of Business Ethics*, 29, pp. 135-145.

XAVIER DE BASTO, J.G., 2007, *IRS: Incidência Real e Determinação dos Rendimentos Líquidos*, Coimbra Editora, Coimbra.